TEA

BOOKS

Za izdavača
Tea Jovanović
Nenad Mladenović

Glavni i odgovorni urednik
Tea Jovanović

Lektura
Vladimir Stokić

Korektura
Agencija TEA BOOKS

Prelom
Agencija TEA BOOKS

Dizajn korica
Agencija PROCES DIZAJN

Izdavač
TEA BOOKS d.o.o.
Por. Spasića i Mašere 94
11134 Beograd
Tel. 069 4001965
info@teabooks.rs
www.teabooks.rs

ISBN 978-86-6142-073-3

Marko Lopušina

TAJNI ČUVARI HRIŠĆANSTVA

(Templari, zmajonosci i masoni u Srbiji)

TEA
BOOKS

DEVET VEKOVA REDA
VITEZOVA TEMPLARA

Navršilo se devet vekova otkako su devet vitezova predvođeni Igom de Pejenom, prvim templarom i Velikim majstorom, 1118. godine odlučili da štite hodočasnike na njihovom putu po Svetoj zemlji. Tadašnji jerusalimski kralj Balduin II dao im je za sedište deo zemlje pored nekadašnjeg Solomonovog hrama. U početku poznati kao Siromašni vitezovi Isusa Hrista i Solomonovog hrama, vremenom su ovi zaštitnici hrišćana i hrišćanstva postali poznati kao vitezovi hramovnici ili templari.

Glavni grad Srbije je oktobra 2018. godine bio centar okupljanja svih templara sveta zbog proslave devetsto godina od tog istorijskog datuma. Moderni templari su udruženi i priznati kao Vrhovni red vitezova jerusalimskog hrama.

Red je sa originalnim nazivom *Ordo Supremus Militaris Templi Hierosolymitani* (OSMTH) formiran 1805. godine u Francuskoj na osnovama drevnih templara. Vrhovni red, koji ima 6.500 članova templara, danas se sastoji od nacionalnih organizacija, koje se nazivaju veliki priorati i njihovih manjih delova, priorata i zapovedništava. Princip u organizaciji Vrhovnog reda jeste jedna zemlja – jedan veliki priorat. Tako i Srbija, kao član tog Reda, ima Vitezove templare Srbije i svoj Veliki priorat.

Odlukom najvišeg templarskog tela Velikog magistralnog veća, vitezovi templari Srbije proglašeni su Velikim prioratom (GP SERBIA) u martu 2003. godine. Organizacija vitezova templara Srbije priznata je kao ravnopravni član pod zaštitom Međunarodne Templarske organizacije – *Ordo Supremus Militaris Templi Hierosolymitani* (OSMTH).

„Organizacija Vitezova templara Srbije formirana je s prevashodnim ciljem baštinjenja vekovne kulture viteštva u svakodnevnim odnosima među ljudima, koja ima duboke korene i u tradiciji na teritoriji Srbije. Vitezovi templari Srbije su potpuno samostalni u svom delovanju i zastupljenosti svojih članova za sva tela Reda, uključujući i stalne komitete, i učestvuju na svim sastancima Velikog magistralnog veća", ističe Dragutin Zagorac, Veliki prior Srbije.

Posle osamnaest godina od inicijalnog osnivanja i petnaest posle prijema u međunarodni red, Veliki priorat Srbije broji blizu dvesta članova uključujući i Priorat Bugarske i Komanderije u Crnoj Gori, na Kipru i u Republici Srpskoj.

U okviru proslave devetsto godina od osnivanja Vrhovnog reda vitezova jerusalimskog hrama, u Beogradu je u oktobru održano Veliko magistralno veće. To je zapravo Godišnja konferencija OSMTH-a, na kojoj su templari raspravljali o problemima organizacije i o njenom delovanju u svetu.

Veliki priorat Srbije imao je privilegiju, ali i odgovornost da bude domaćin i organizator zasedanja Velikog magistralnog veća, što znači da je time potvrdio svoju posvećenost Vrhovnom redu vitezova jerusalimskog hrama i da prezentuje rezultate svog delovanja u Srbiji i regionu.

Vrhovni red vitezova jerusalimskog hrama je u Beogradu predstavio javnosti svoju monografiju *Devet vekova templara*, u kojoj su objavljena 33 stručna rada o OSMTH-u. Jedno poglavlje je posvećeno i Vitezovima templarima Srbije, čime je Veliki priorat Srbije uzdignut na svetski nivo.

Kako tvrdi istoričar Leo Tis, začetak templarskog reda možemo tražiti u priči iz 1072. godine, kada je, kako tvrdi, sultan Džalal al Din Malikšah (1055–1092), seldžučki Turčin, zabranio evropskim katolicima da hodočaste u Svetu zemlju, što je razgnevilo papu Aleksandra II.

Vizantijski car Aleksije Komnen 1095. tražio je od pape u Rimu vojnu pomoć radi odbrane od seldžučkih Turaka. A Urban II, papa od 1088. do 1099. godine, saziva koncil u Klermon Feranu, u Francuskoj, za krstaški rat radi oslobođenja Svete zemlje od Turaka Seldžuka i muslimana, i oslobođenja Hristovog groba uz poklič: „To je božja volja!"

Godinu dana kasnije (1096), Gotfrid Bujonski, vojvoda Donje Lorene, napušta zamak u Bujonu (Belgija) kao jedan od četvorice vođa Prvog krstaškog rata. Zauzima 1099. Jerusalim i osniva katoličko jerusalimsko kraljevstvo. Vojvoda Bujonski uzima naziv Čuvar Svete zemlje.

Devet francuskih vitezova (Ig de Pajen, Gotfrid de Sen-Omer, Andre de Monbar, Gunodmar, Godefron, Roral, Žofroa Bitol, Nivar de

Mondezir i Aršambo de Sen-Ejnjan) formiraju 27. decembra 1118. versku zajednicu za zaštitu hodočasnika.

„Uzevši klasične monaške zavete siromaštva, čistote i poslušnosti po avgustinskoj reguli, dodaju i četvrti zavet – da će garantovati silom oružja sigurnost hodočasnika na putu do Svete zemlje – oni postaju Siromašni saborci Hrista i Solomonovog hrama. Prvi put u hrišćanskoj istoriji osnovan je red monaha vojnika. Ovi vitezovi su se podvrgli vlasti Teokletu, jerusalimskom patrijarhu", objasnio mi je Leo Tis korene začetka Reda vitezova templara.

Njihova baza bila je na ostacima Solomonovog, tačnije Irodovog hrama u Jerusalimu, zbog čega su prozvani vitezovima hramovnicima, odnosno templarima.

SIROMAŠNI BORCI HRISTA

Balduin II, kralj Jerusalima, daje im smeštaj u delu sopstvene palate, u blizini džamije Al Aksa, za koju se pretpostavlja da je sagrađena na ostacima Solomonovog hrama. Kralj ih zadužuje da čuvaju „koliko god mogu, staze i puteve od zaseda lopova i napadača, naročito da vode računa o bezbednosti hodočasnika".

Zvanično ime templara je *Pauperes commilitones Christi temlique Salomonici*, što znači Siromašni saborci Hrista i Solomonovog hrama. Poznatiji su kao vitezovi hramovnici ili templari.

Njihov moto bio je Psalm 115, stih 1:

Ne nama, o Gospode, ne nama, već slavu daj imenu Tvojem.

Krajem 1127. godine devet vitezova odlazi iz Jerusalima u Evropu. Nose pismo kralja Balduina II Jerusalimskog za Bernarda od Klervoa, kojim se moli njegova intervencija kod pape da se templari proglase za vojnički red. Sreli su Bernarda od Klervoa u Seborgi, u Italiji, gde je on postavio viteza Iga de Pajena za prvog Velikog majstora reda.

Naredne godine templari se sreću s Lujem VI, kraljem Francuske, koji ih prihvata. Tada vitez Pajen de Mondidije postaje prvi Majstor Francuske. Poslednjeg dana januara 1128. na koncilu u Troji, pri dvoru Iga, grofa od Šampanje, koji je vodio kardinal Matje d'Albano, Crkva priznaje Red vitezova hrama.

Red tada usvaja monaški kodeks, poznat kao *Latinsko pravilo*, koje se sastoji od 72 člana. Napisano je pod uticajem Svetog Bernarda od

Klervoa. Pravilo je bilo zasnovano na benediktinskoj reguli. Usvojen je beli ogrtač Cistercitskog reda, da ga nose zakleti vitezovi kao simbol lojalnosti i čistote života.

Posvećenost vitezova službi dovela je do toga da 1130. godine Sveti Bernard napiše oduševljeno da su templari nova vrsta vitezova, nepoznata u istoriji profanog sveta – kombinacija viteza i monaha. Takva posvećenost dovela je do napretka Reda, povećanja broja njegovih članova i porasta njegovog značaja i moći.

Istovremeno, vitezovi Templari i njihov Red stiču pravo na posede. Leo Tis tvrdi da je prvo imanje Reda bila kuća u Ipru u Flandriji, u Kraljevini Francuskoj, u srednjem veku, a sada u Belgiji i potom kuća u Škotskoj. Red pribavlja druga važna imanja i kuće u Portugalu, Engleskoj, Francuskoj, Španiji, Egiptu, Kipru, Belgiji. Na osnovu vatikanskih zapisa iz 1302. godine, templari su u vlasništvu imali više od 350 zemljišnih poseda, od čega dva na prostoru današnje Srbije.

U maju 1129. godine, Veliki majstor Ig de Pajen se vraća u Jerusalim u pratnji trista novoregrutovanih vitezova da se bori za hrišćanstvo. Kad se 1136. upokojio, Robert od Kraona iz Burgundije u Francuskoj postaje drugi Veliki majstor reda. Pod njim Red nastavlja svoju borbu i jača. Luj VI, kralj Francuske 1137. godine, poklanja templarima zemlju na kojoj je sagrađena pariska preceptorija (bratstvo).

„Kad je 29. marta 1139. papa Inoćentije II zvanično odobrio *Pravilo reda* u svojoj buli *Omne datum optimum*, templarima je data samostalnost. U dodatku ove papske bule, on određuje da Red ne duguje poslušnost sekularnoj grani vlasti, niti crkvenim vlastima, osim papi. Posledica toga je da Red postaje nezavisan od svih kraljeva, monarha, biskupa i opata. Stoga je Red mogao biti i praktično gospodar jednog autonomnog međunarodnog hrišćanskog carstva", kaže Leo Tis.

Crkva daje Redu pravo da ubira svoje prihode i da samostalno njima raspolaže. Sedam godina kasnije papa Evgenije III ovlašćuje templare da mogu dodati crveni krst na levu stranu prsa svojih mantija i na ramenom delu svojih plaštova, kao simbol sopstvenog žrtvovanja, prolivanja krvi i borbe do smrti za veru.

Ukrašeni crvenim osmokrakim krstom (*croix pattée*) na svojim belim ogrtačima, templari slede Luja VII, kralja Francuske, tokom Drugog krstaškog rata. U zimu 1149–1150. godine templari dobijaju Gazu, kao prvi veliki zamak u Jerusalimskom kraljevstvu. Potom (1153) i grad Askalon pada pod krstašku vlast.

Red sve vreme unapređuje svoja pravila i organizaciju, posebno kad *Staro pravilo Reda*, sačinjeno od 72 člana, pod kontrolom Bertrana od Blankfora, Velikog majstora od 1156. do 1169. godine, dobija 120 članova i naziv *Hijerarhijski ustav*.

„S papskom bulom *Magnus Ordo in Ecclesia* Aleksandra III, templari", kaže Tis, „dobijaju 15. juna 1163. privilegovano mesto unutar Crkve. Red dobija sopstvenu duhovnu vlast (sveštenstvo), koje je potpuno nezavisno od jurisdikcije episkopa. Red je bio odgovoran jedino Velikom majstoru i papi."

DVOSTRUKI PORAZ

Templarski red razvio se u snažnu organizaciju, odanu jedino hrišćanstvu i izvornim principima vere, čija je snaga počela da brine pojedine kraljeve i pape.

U leto 1187. templari gube Jerusalimsko kraljevstvo posle poraza kod Hatina u severnoj Palestini od Saladinovih muslimanskih snaga. Svi vitezovi templari koji su preživeli bitku su pogubljeni.

Tokom Trećeg krstaškog rata (1189–1192), združene snage Ričarda I Lavljeg Srca, kralja Engleske i Filipa II Avgusta, kralja Francuske, ponovo zauzimaju Svetog Jovana od Akre (Izrael), koji postaje nova prestonica Jerusalimskog kraljevstva. Templari osnivaju novo sedište u tom mestu. Ta pobeda širi slavu templara i njihov uticaj u svetu. Red osniva svoje kuće (priorate) po celoj Evropi.

Od 1248. do 1254. godine templari se bore u Egiptu zajedno sa Svetim Lujem, kraljem Francuske, tokom Sedmog krstaškog rata. U bici kod Mansure 1250. godine, pretrpeli su katastrofalan poraz. Četiri decenije kasnije templari su proterani iz Egipta. Limasol na ostrvu Kipru postaje centralna baza Reda hrama i ostaće dom Žaka od Molea, dvadeset drugog, poslednjeg Velikog majstora (od 1293. do 1314. godine).

„Posle serije poraza na Bliskom istoku 1302. godine, gubitka Ruada i pokolja templarskog garnizona, Sveta zemlja izgubljena je u potpunosti i zauvek", tvrdi Leo Tis.

Templari su svoj štab povukli na Kipar, koji su kupili od Ričarda Lavljeg Srca, a potom su otišli na svoje posede u Evropi.

„Tu će njihova moć, uticaj i bogatstvo, koje su stekli bankarskim poslovanjem u savremenom smislu, te poklonima od pape i nekih vladara, trgovinom, a možda i ilegalnim poslovima, izazvati zavist i ljubomoru pojedinih vladara i viteških redova, čije su osnivanje pomagali (tevtonci i hospitalci). Oni su predstavljali i potencijalnu opasnost. Više nisu bili potrebni kraljevima i papi. Tu je začetak kraja monaško-viteškog reda templara", smatra istoričar Milomir M. Marković.

Vojnički poraz Reda imao je za posledicu i političko urušavanje templarske zajednice. Posle konklave u Peruđi i manipulacija Filipa IV Lepog, kralja Francuske, francuski nadbiskup Bordoa, Bertran od Gota je izabran za novog papu. Koristio je novo papsko ime Klement V. Bio je Francuz. Kao papa, preselio je papinsko sedište iz Rima u Avinjon. Budući da se Avinjon nalazio unutar Francuske, kralj Filip IV Lepi imao je znatan uticaj na papu Klementa V.

U leto 1307, kralj Francuske traži i nalazi način da neutrališe Red hrama – putem njegovog razbijanja i gašenja. Kralj Filip Lepi tada naređuje svojim bliskim savetnicima da krivotvore listu optužbi protiv templara i Reda. Svi templari na području celog kraljevstva Francuske su neočekivano uhapšeni.

Tužioci su razvili priču o templarima kao paklenim bićima koja su se odrekla Isusa Hrista i koji obožavaju skaradne idole, posebno rogatu zver nazvanu Bahomet, koja im je, uostalom, i poklonila sve moći.

Sve templarske kuće u Francuskoj su stavljene pod kraljevski nadzor. Celokupna imovina Reda je konfiskovana. Slične mere protiv templara kralj Filip Lepi je tražio i od monarha Engleske, Svetog rimskog carstva, Španije, Belgije i Holandije.

Od uhapšenih i mučenih templara u Francuskoj tražilo se da priznaju 87 optužbi za poricanje Hrista tokom rituala; odbacivanje, gaženje i pljuvanje po krstu; obožavanje đavolje moći, glave zvane Bahomet; opsceni poljupci tokom inauguralnih rituala; homoseksualnost i čedomorstvo tj. savetovanje ženama da same izvrše abortus.

Papa Klement V, koji je potpao pod jak pritisak kralja Filipa, naredio je svojom bulom *Pastoralis Praeeminentia* istraživanje antitemplarskih optužbi u svim evropskim zemljama i hapšenje templara u svakoj državi. Mnogi templari su osuđeni kao jeretici i javno spaljeni u Parizu kod Kapije Svetog Antonija.

„Kako papa nije uspeo da osudi i zabrani Red, Klement V izdao je 1312. godine papsku bulu *Vox in excelso* kojom je naredio raspuštanje Reda vitezova templara. Na drugom sastanku Generalnog koncila u Vijenu, aprila meseca, ova papska bula je odobrena", piše Leo Tis u svojoj knjizi *Istorija Reda jerusalimskog hrama od 12. do početka 21. veka.*

Legenda govori da su templari na početku svog postojanja bili siromašni plemići i vitezovi koji su čuvali sigurnost puta kroz Palestinu na putu do Svete zemlje. S vremenom stiču sve značajnije pozicije na evropskim dvorovima i zahvaljujući enormnom bogatstvu, moćnoj floti i bankarskoj mreži, postaju najjača društveno-politička formacija tadašnjeg sveta.

Novom papskom bulom *Ad providam* sva imanja i imovina vitezova templara dodeljena su rivalskom redu Bolnice Svetog Jovana Jerusalimskog (Malteški red), s izuzetkom imovine u zemljama van kraljevstva Francuske, u Španiji i Portugalu.

Hroničar sudbine evropskog bogatstva i novca Dejvid Ajk utvrdio je da su vitezovi templari bili među prvim bankarima u zapadnom svetu.

„Od hrišćana koji su pomagali krstaške ratove dobijali su ogromna bogatstva, kao i velika nasledstva od onih koji su se često nadali da time kupuju sebi mesto u raju. U svakoj zemlji u kojoj bi se ustoličili, njihova organizacija bi ubrzo postala najbogatija, a njihovi hramovi u Parizu i Londonu postali su finansijski centri. Kralj Filip IV, u savezu s papom Klementom V, uništio je templare i oteo njihovu imovinu kako bi platio dugove", ističe Dejvid Ajk.

Jednog petka 1307, 13. dana u mesecu, u krvavoj raciji, po nalogu francuskog kralja Filipa IV Karolinga, oko 13.000 vitezova templara uhapšeno je i većina je pobijena. Tu brižljivo planiranu operaciju, zbog koje se petak koji se poklopi sa 13. danom u mesecu naziva „crnim petkom", Filip Lepi izveo je u dosluhu s papom Klementom.

Posebna papska komisija je odlučivala o sudbini Velikih majstora Žaka de Molea, Iga de Pajena, Žofroa de Gonvila i Žofroa de Šarnea, Velikog preceptora Normandije. Iako 18. marta 1314. izjavljuju da su oni i Red hrama nevini po svim optužbama, proglašeni su za jeretike. Veliki majstor Žak de Mole i Veliki preceptor Normandije Žofroa de Šarne su po naređenju Filipa IV Lepog, kralja Francuske, spaljeni na lomači na jednom malom ostrvu na Seni pred kapijom kraljevske palate.

Otimanje bogatstva Reda vitezova templara, strah od države u državi, strah od gubitka francuske teritorije, od osvajanja Evrope jer su templari imali posede od Kipra preko Nemačke do Pruske, kao i osećaj pretnje opstanku institucije Crkve, bili su po mišljenju istoričara Lea Tisa glavni razlozi zbog kojih je kralj Francuske zajedno s papom ugasio templarsku zajednicu.

Prvi i istovremeno najmoćniji Red monaha vojnika i njegovih vođa je tako uništen. Postoje neki izveštaji da je Veliki majstor i templar Žak de Mole pri smaknuću rekao da će „Bog osvetiti njegovu smrt“.

Već mesec dana nakon spaljivanja Žaka de Molea papa Klement V je umro, što je izazvalo glasine da je veliki meštar na lomači prokleo ukidače templarskog reda. Kralj Filip IV Lepi je umro u četrdeset šestoj godini.

TIHI OPSTANAK TEMPLARA

Belgijski templar Leo Tis, autor kultne knjige *Istorija Reda jerusalimskog hrama*, tvrdi da je posle gašenja Reda viteza templara u Francuskoj i Evropi ta zajednica otišla u ilegalu.

„Pojava *Povelje o baštinjenju*, poznata i kao *Larmenijusova povelja*“, kako kaže Leo Tis, „ukazivala je da je postojala loža 'tihih' Velikih majstora od 1326. do 1804. godine. U toj povelji bila su ispisana njihova imena, titule i funkcije preživelih Templara jerusalimskog hrama.“

Doktor Robert J. Kovarik, istoričar Velikog priorata SAD pri Vrhovnom redu jerusalimskog hrama, zato i tvrdi da je „templarizam preživeo u zamagljenom svetu legendi i mita, zahvaljujući kontroverznom završetku Reda i herojskoj smrti njegovog vođe“.

– Početkom osamnaestog veka, templarizam se iznova pojavio kao deo slobodnog zidarstva škotskog obreda u Francuskoj, privlačeći članove francuskog plemstva. U početku pod dominacijom jakobinskih škotskih plemića, dobio je izgled Krstaškog rata za povratak stjuartovskog kralja u Škotsku – kaže Robert J. Kovarik i navodi da je 1736. godine Endrju Majkl Remzi, škotski slobodni zidar i katolik, održao govor u masonskoj loži u Parizu, insistirajući da je slobodno zidarstvo započelo u Palestini među krstašima, naročito među vojnim redovima templara. Nemački plemić i mason, baron Karl fon Hund, tvrdio je da je otkrio jednu novu formu slobodnog zidarstva, koja je direktno potekla od templara koji su izbegli u Škotsku. Poznata kao *Strogo poštovanje*, ona je uticala na prihvatanje rituala i simbola za koje se mislilo da su povezani sa srednjovekovnim templarima.

„Kad se *Larmenijusova povelja* pojavila u Parizu 1804, iste godine kada je Napoleon postao imperator, Fabre-Palapra, katolički sveštenik, poznat kao vodeća masonska ličnost, pridružio se neotemplarima iz

Ordre du Temple. Tačnije, *Larmenijusova povelja*, koja je okupila ljude oko nove ideje, obezbedila je 'tajni' opstanak Reda vitezova templara", smatra Kovarik.

Napisan u šiframa, taj dokument je sadržao imena, takođe u šiframa, skrivenih Velikih majstora do Fabre-Palapra. Drugi dokument koji je govorio o „tihom opstanku templara" bio je *Statut* iz 1705. godine za koji se tvrdilo da je bio napisan pod upravom Filipa, vojvode od Orleana, koga su videli kao obnovitelja templarskog reda.

Istorijski gledano, kako templari tvrde, moderni Red vitezova templara je nastao 1804. godine kad je Napoleon pokušao da pred revoluciju spase nacionalnu elitu i francuske patriote.

Naime, kad je papa Klement V 1312. godine raspustio Red vitezova templara, izdao je bule kojima se zahteva poslušnost. Templarski red time nije bio u potpunosti uništen. U Škotskoj, pod kraljem Robertom Brusom pod ekskomunikacijom, bule nisu mogle biti sprovedene. Neki od templara su mogli naći utočište u Škotskoj, pridruživši se svojoj škotskoj braći. Kasnije, kad se Škotski red pomirio s Crkvom, kralj je spojio templare s hospitalcima (Redom Svetog Jovana) u Red hrama i Svetog Jovana. Pošto je Red Svetog Jovana dobio kontrolu nad templarskim konventom u Parizu, „obnovitelji" iz 1804. iz Reda vitezova templara verovatno su očekivali da dobiju nazad od Napoleona Red hrama.

„Iz ličnih razloga, Napoleon Bonaparta je 1805. odobrio ovu 'obnovu' Reda vitezova templara, dozvolivši čak veliku ceremoniju u Parizu, odavši počast Žaku de Moleu i drugim templarskim mučenicima. Možda je Napoleon u ovim neotemplarima video kontratežu masonima, kojima nije verovao zbog njihovog republikanizma. Do 1808. godine, preko uspešne regrutacije, Red je formirao priorate po celom Velikom carstvu", smatra Robert Kovarik.

Kada je 1811. masonski Veliki orijent Francuske pokušao ponovo da izvojuje kontrolu, Red je objavio svoju autonomiju i privrženost „katoličkoj apostolskoj i rimskoj veri". Kako je 1827. Fabre-Palapra bio Veliki majstor, koji je povratio jedinstvo, Red je ponovo prosperirao. Red vitezova templara podržavao je restaurisanog Luja XVIII kao ustavnog monarha. Kralj je zauzvrat priznao templare. Kad je Šarl X pokušao da povrati kraljevski apsolutizam, templari su podržali pobunu iz 1830. godine.

U Redu je, međutim, postojala šizma. Veliki majstor Fabre-Palapra je formirao Jovanovsku crkvu primitivnih hrišćana kao frakciju, Ig de

Pajen je, kao Veliki pontifeks, stvorio među vitezovima templarima tajnu grupu jovanovaca, a engleski ser Sidni Smit je izdao manifest protiv Fabre-Palapra i sazvao generalni konvent.

Fabre-Palapra je umro 18. februara 1838, a ser Vilijam Sidni Smit je izabran za regenta i Velikog majstora, kome je opozicija bila frakcija poznata kao Palaprijenski templari. Posle smrti Sidnija Smita 1840, „ortodoksni" templari, pod vojvodom od Šoasula, nastavili su da postoje izvesno vreme. Izgleda da je 1853. godine Napoleon III priznao jednu od dve grupe.

U Parizu je 1825. osnovan Veliki priorat Belgije. Osnivač markiz Alber Fransoa di Šastelera i devet bivših članova Trojstva kule uzeli su ime Suvereni i vojni red jerusalimskog hrama. Ubrzo su preduzete radnje da se obnovi Međunarodni red vitezova templara, uspostavljajući odnose s raznim velikim prioratima koji su preživeli, kao što su oni u Italiji, Portugalu i Švajcarskoj. Time je prekinuta „templarska tišina" i započeo tihi oporavak Reda vitezova templara jerusalimskog hrama.

DVADESETI VEK

Robert J. Kovarik, istoričar Velikog priorata SAD, tvrdi da je markiz Alber Fransoa di Šastelera ujedinio templare. Stvorio je Međunarodnu zajednicu *Ordo Supremus Militaris Templi Hierosolymitani* (OSMTH) i Magistralno veće s Teodorom Kovijasom kao regentom. Posle smrti markiza 1934, nasledio ga je Emil Isak Vanderberg, koji je radio na revitalizaciji templara kao Međunarodnog reda.

U knjizi *Novo viteštvo – istorija Reda templara*, koju je objavio 1994, autor Malkolm Barber ovako je okarakterisao nove templarske zajednice:

„... Suvereni Red jerusalimskog hrama je patriotska organizacija, posvećena dobrobiti svojih zemalja. Naš Red posvećen je očuvanju slobode, koja je esencijalna za očuvanje slobode svesti i veroispovesti i za efikasno dobročinstvo. Glavna misija modernih templara jeste milosrđe. Red ispunjava tu misiju delima koja pomažu ljudima da pomognu sebi, dajući im nadu."

Vrline vere, nade, ljubavi i milosrđa jesu ideje vodilje Reda, čiji članovi žele da služe baš kao što su to činili i drevni templari. Moto Reda je citat iz *Biblije* koji glasi:

Ne nama, o Gospode, ne nama, već slavu daj imenu Tvojem.

Smatrajući nemačku okupaciju Belgije posle 1941. godine pretnjom opstanku templara, regent Emil Isak Vanderberg je privremeno premestio arhive kod Antonija Kampelo de Susa Fontesa, portugalskog Velikog priora da brine o njima. Kada se rat završio, Vanderberg je zahtevao povratak arhiva, ali je grof De Susa Fontes nije vratio i zadržao ju je u Portu. Čim je Emil Isak Vanderberg umro, De Susa Fontes je uzeo titulu regenta i preuzeo vođstvo Reda.

Sledećih pola veka Red vitezova templara će vojevati bitku s grofom Fontesom i njegovim sinom, kao naslednikom titula, oko regentstva Reda sa svim ovlašćenjima, pravima i privilegijama Velikog majstora. Naime, posle grofove smrti 1960, njegov sin Fernando de Fontes preuzima arhive i svu imovinu i sve dokumente Reda, iako ova dva regenta De Fontes, ni otac ni sin, nikad nisu bili izabrani na taj položaj.

„Prvi je bio imenovan na tu funkciju zbog istorijskih okolnosti (Drugi svetski rat), a drugi očevim testamentom nesigurne autentičnosti. I pored toga, od 1995. je zabeleženo da je Fernando de Fontes kao svoj lični grb uzeo templarske krstove i simbole Velikog majstora reda, uključujući ogrlicu Velikog majstora. Roj Redgrejv je otkrio da su jedini članovi Reda bili sâm Fernando de Fontes, njegova supruga i njihov sin“, otkriva Robert Kovarik.

Međunarodna OSMTH konklava, održana od 23. do 25. juna 1995. u Londonu, na kojoj su bili Engleska, Finska, Francuska, Nemačka, Irska, NATO, Palestina, Poljska, Škotska, Španija, Švedska, Švajcarska i SAD, suprotstavili su se Fernandu de Fontesu i njegovom metodu vođenja Reda. Na još pet konventa osporavano je vođstvo grofovog sina Fernanda, kome je ponuđeno, radi templarskog mira u kući, da bude „počasni regent“. Fernando de Fontes je tu ponudu odbio.

Veliki priori evropskih zemalja, NATO i SAD, članovi OSMTH-a doneli su 1996. konačnu odluku o razdvajanju od regenta Fernanda de Fontesa i o novom institucionalizovanju samostalnog Reda vitezova templara jerusalimskog hrama – OSMTH.

SRBI I RED TEMPLARA

Templari su lutajući drumovima i prostranstvima kojima se nekada kretao Isus Hrist sa svojim apostolima i kasnije njihovi učenici i sledbenici misionarski širili reč jevanđelja i po balkanskim zemljama, od Slovenije preko Hrvatske do Crne Gore i Srbije. Stigli su do Nemanjića i Svetog Save.

„U tome je bio njihov najveći uticaj i trag na zemlji", smatra istoričar Miomir Marković.

BALKANSKI TRAGOVI

Srednjovekovni vitezovi templari su o svom postojanju ostavili brojna svedočanstva i tragove širom sveta, od Škotske preko centralne Evrope do Bliskog istoka i Amerike. Na tom prostoru templari su imali 1.600 dvoraca i kuća, odnosno svojih templarskih organizacija i sedišta.

Kako tvrdi profesorka Snežana Besermenji s Prirodno-matematičkog fakulteta u Novom Sadu, „kad je 1139. papa Inoćentije II potvrdio instituciju Reda templara svojom bulom *Omne datum optimum*, od tada se templarski red još brže širio".

„Godine 1147. samo u Jerusalimu Red je brojao 350 vitezova i oko 2.000 braće u raznim službama. Iz Jerusalima se templari šire Evropom. U Parizu osnivaju svoje prvo evropsko sedište, koje kasnije postaje sedište templarskog reda. Templari potom širom Evrope osnivaju svoje templarske pokrajine: u Francuskoj (Provansa, Il de Frans, Poatu i Burgonja), Engleskoj, Španiji (Aragon, Katalonija, Kastilja), Portugalu, Italiji (Toskana, Lombardija, Sicilija – Apulija), Ugarskoj, Hrvatskoj i Nemačkoj (Magdeburg, Majnc). Na Bliskom istoku osnivaju se pokrajine Jerusalim, Tripoli i Antiohija", tvrdi Snežana Besermenji.

Sve pokrajine i sva imovina templara bili su podložni „generalnom kapitulu", skupu poglavara, koji je jedini imao pravo da određuje poglavare pojedinih pokrajina. Na čelu Reda stajao je Veliki magistar („veliki meštar"). Drugi po časti bio je Senešal, koji je zamenjivao Velikog magistra. Maršal je bio vrhovni vojni zapovednik.

Prvi balkanski trag templara otkriven je u Turjaškoj tvrđavi, smeštenoj u Sloveniji, dvadeset kilometara južno od Ljubljane u pravcu Kočevja. Tvrđava se u analima prvi put pominje 1067. godine kao stecište krstaša. Kroz Sloveniju je u 12. veku vodio templarski put prema jugu Evrope.

Naime, pre Trećeg krstaškog rata, tokom 12. veka, templari u većem broju stižu na Balkan. Narod ih je ovde nazvao božjaci, od izreke

„ubogi siroti vitezovi". Njihov zadatak na Balkanu je bio da čuvaju putnike i štite hodočasnike na njihovom putu na Bliski istok. Balkanski putevi su u to doba bili opasni za Evropljane.

„Templari su došli i na prostore severne Hrvatske u drugoj polovini 12. veka. U Dalmaciju su se počeli naseljavati kad im je papa Aleksandar III poklonio samostan u Vrani, koji se nalazi u blizini Biograda. Prednost Vrane bila je blizina mora. Između Vrane i mora leži Vransko jezero ili Vransko blato, pa se zemlja između jezera i mora zove Zablaće. To je bilo i ime luke u koju su pristajali brodovi, kojima su templari dovozili žito iz Italije", piše Snežana Besermenji.

Godine 1163. i grad Bela pored Varaždina dolazi u ruke templara. Ugarski kralj Bela III je poklonio Senj s Crkvom Svetog Jurja. Bela je templare oslobodio poreza i dozvolio im korišćenje pašnjaka i vode. Uživali su posebnu naklonost ugarskih kraljeva Emerika i Andrije II, koji su im poklonili Gacku, Božjakovinu kraj današnjeg Dugog Sela kod Zagreba, gde Templari uspostavljaju Perceptorat Svetog Martina. I Dubicu su izgradili templari i uredili prema svojim zakonima.

Templari su još posedovali Glogovnicu pokraj Križevaca, koju su dobili od zagrebačkog biskupa Prodana između 1170. i 1175. godine. Takođe, posedovali su deo Gorske županije u Pokuplju. Tu su imali Komanderiju Gora, a u istočnoj Slavoniji pokraj Požege, Ljesnicu, Račešće i Našice. U Novoj Rači, templari su sagradili Crkvu Uznesenja Blažene Device Marije 1312. godine. Iz tog vremena, u crkvi je sačuvana gotička sakristija. Boravili su i još u nizu drugih hrvatskih mesta, gde su imali svoje perceptorate i ogromne posede, tako da su bili gospodari županija. Posle propasti Reda imovinu templara uzeli su isusovci.

Bosanska Dubica, grad na desnoj obali reke Une, pripadao je različitim carstvima i državama. Istoričari su zapisali da je grad u 13. veku bio sedište Dubičke županije. Tu županiju prvo su dobili templari, a potom jovanovci Vranskog priorata.

Dvojica crnogorskih istraživača, Vojislav Nikčević i Miško Đukić, u svojim delima svedoče o postojanju krstaša i templara u Crnoj Gori od 1090. do 1264. godine. Kao dokaze obojica nude nadgrobne ploče s mačevima. To su grobnice na kojima se nalazi tafos – pečat čuvara Hristovog groba na ostrvima Skadarskog jezera. Đukić tvrdi da su u vreme kad su kralj Filip Lepi i papa Klement V progonili 15.000 templara hrabri vitezovi uspeli da prebegnu brodovima, jedni u Ameriku, a drugi u uvale duž reke Bojane i Jadranskog mora.

U filmu koji je radio Miško Đukić kao templarsko delo prikazani su crkve na ostrvima Skadarskog jezera iz doba Kraljevine Duklje, kapiteli i plastika iz nalaza u Martinićkoj gradini, kapiteli i sarkofag iz crkve na Zlatici kod Podgorice, kao i prastari nalazi iz doba Duklje u reci Zeti.

Upućeniji kažu da je za početak priče o templarima u Crnoj Gori dovoljno posetiti Biljardu na Cetinju. U grbovima, simbolima na njima i na zastavama je, dakle, veoma važna veza naših velikaša i jovanovaca i templara, od krstova, preko boja, dvoglavih orlova, vukova, ljiljana, veprova...

„Njegoš nije baš bio bez para. Ali po mom dubokom ubjeđenju njegova Biljarda je upravo templarski monaški dvor", tvrdi arhitekta Srđa R. Babić.

Prema njemu, „bezbroj je očitih templarskih tragova po Crnoj Gori". Na primer, „ružin krst" postoji i danas na crkvici u obližnjim Podima.

Pitanja i dilema je mnogo.

„Crnogorci sve do knjaza Danila, na primer, nose krstove na kapama, a gde je ikad bila slična hrišćanska vojska?! Izvesno da su kod knjaza Danila neki barjaci bili beli s crvenim krstom, kao i crveni s belim krstom! A donijeli su ga peraški mornari, koji su, dakako, morali biti templari", kaže Babić.

Neki istraživači tvrde da je Sevenard ispred Bogorodičine crkve u Prčnju zapravo bio templarska riznica.

Za crnogorskog istoričara Miomira Markovića, „templari jesu bili istovremeno sveštenici – smerni monasi i fanatični ratnici":

„Osnovani su u jevrejskom hramu Templum Salamonis s plemenitom namerom da pomognu novoosnovanom Jerusalimskom kraljevstvu i štite hodočasnike u Svetoj zemlji. Uskoro će postati najbrojnija i najmoćnija monaško-vojnička formacija koja je ušla u istoriju uz tutnjavu kopita i zveket mačeva", kaže Marković o tim sveštenicima ratnicima.

Od prvih devet Francuza, Red je izrastao u plurietničku monaško-vitešku organizaciju koju su sačinjavali Francuzi, Englezi, Flamanci, Normani, Sloveni... To će je, pored ostalog, učiniti i najuticajnijom grupacijom na svetu.

Marković tvrdi da su templari lutajući drumovima i prostranstvima kojima se nekada kretao Isus Hrist sa svojim apostolima, i kasnije njihovi učenici i sledbenici, misionarski širili reč jevanđelja i po balkanskim zemljama, od Slovenije preko Hrvatske do Crne Gore i Srbije.

„U tome je bio njihov najveći uticaj i najjači trag na zemlji", smatra istoričar Miomir Marković.

NASLEĐE TEMPLARA U SRBIJI

„Prolazak vitezova preko naših teritorija ostavio je ogromne tragove. Zbog turske okupacije ideja viteštva na našim prostorima u vidu tajnog organizovanja zaživela je pre svega preko ideje pobratimstva. Tu ideju najviše su širili devetorica braće templara, koji su osnovali svoj Red vitezova, a Srbi su se na njih posebno ugledali. Ne treba zaboraviti da su templari u svom pohodu odbrane hrišćanstva 1204. godine, pored Carigrada osvojili i zaštitili i veliki deo Svete Gore", tvrdila je književnica Isidora Bjelica.

Autorka knjige *Tajna društva u Srbiji* napominje da su u Srbiji, na više lokacija, arheolozi i istoričari pronašli tragove viteške kulture i vitezova templara. Te tragove je posebno istraživala Snežana Besermenji, koja je napravila malu studiju o mestu Bač, smeštenom na granici Panonske nizije i Dunavskog regiona, u Vojvodini.

„U centru Bača nalazi se franjevački samostan kome su temelje postavili pripadnici viteško-monaškog reda Vitezovi Svetog groba jerusalimskog, koji su se borili u krstaškim ratovima 1169. godine. Palatin Mog posedovao je veliku površinu plodne zemlje u Baču, pa je deo te zemlje ustupio za izgradnju crkve Redu vitezova templara. Crkvu su u 12. veku podigli templari jer se Bač nalazio na putu krstaša, koji su kretali u Treći krstaški rat na Istok", tvrdi Snežana Besermenji.

Kompleks se sastoji iz samostana s crkvom i konakom. Zbog različitih faza u izgradnji, karakteriše ga više umetničkih stilova. Najstariji deo kompleksa predstavlja apsida izgrađena u romanskom stilu od opeke i tesanika, uz koju se nalazi i masivan zvonik. Jedini dokaz da su ovde boravili templari su zvonik i apsida, dok drugih ostataka templarskih građevina nema. Samostanska crkva je izgrađena u kasnoromaničkom i ranogotičkom stilu.

Kasnije, u svojim osvajačkim pohodima, Turci su franjevački samostan delimično porušili, a toranj pretvorili u minaret.

„Vitezovi iz reda kanonika Svetog groba jerusalimskog, koji su podigli samostan, sagradili su i bolnicu u Baču. Bez obzira na to što su pre svega bili ratnici, templari su mnogo doprineli napretku evropske civilizacije. Oni su se prvi organizovano brinuli za bolesnike, osnivali prve bolnice, hodočasnička svratišta, kao i prve hotele i banke", kaže fratar Josip iz Bača.

Koviljski manastir, takođe, spada u red onih za koje se tvrdi da su ga posećivali templari. Do danas se ne zna pouzdano ko ga je podigao, kao ni tačno vreme kad je nastao. Za nastanak tog manastira je vezano predanje a prema kome je manastir podignut na mestu gde se prvi srpski kralj Stefan Prvovenčani pomirio sa ugarskim kraljem Andrijom. Do izmirenja dvojice srednjovekovnih vladara je došlo uz pomoć brata Stefana Prvovenčanog Rastka Nemanjića (Svetog Save). Prvobitno je na tom mestu podignuta bogomolja, u koju su se doselili monasi iz Žiče.

„Pored predanja o osnivanju manastira Kovilj, za njega se vezuju mnoge zanimljivosti. Jedna od njih govori o boravku Antoana, Velikog majstora iz Reda templara, koji se skrivao u tom manastiru. Njegov boravak se desio u 16. veku. Kao dokaz se navodi krst s raspećem, koji se nalazi iznad ikonostasa. Taj centralni krst na svakom od četiri kraja ima simbol zvezde sa osam krakova i ružom u sredini, što je jedan od simbola Reda templara", tvrdi Snežana Besermenji.

Veroslav Rančić u svojoj knjizi *Robert, Lujka i kristalni kovčeg Aleksandra Makedonskog* piše o boravku templara u manastiru Kovilj, a kao dokaz pominje simbole templara, koji se nalaze na dverima i na ikonostasu, što je u suprotnosti s kanonom Srpske pravoslavne crkve.

„Rančić navodi fresku *Tajna večera*, koja se nalazi iznad oltara, koja po njemu predstavlja veliku misteriju", piše profesorka Besermenji. „Sveštenici nose epitrahilje sa simbolima templara i koriste parafinske sveće. A u obredima Srpske pravoslavne crkve koriste se isključivo voštane. Toranj u porti manastira izgrađen je po strogim pravilima templarske arhitekture."

Današnja manastirska crkva nastala je između 1741. i 1749. godine, kao zadužbina Petra Andrejevića iz Sremskih Karlovaca. Koviljsko bratstvo je za graditeljski uzor svog hrama izabralo Manasiju jer je postojala naglašena potreba za sećanjem na drevne srpske zadužbine.

Crkvu Svetog Stefana u Sremskoj Mitrovici novinari i javne ličnosti uporno zovu Mala crkva i karakterišu kao templarski hram. Misterija je zašto kultni hram posvećen Svetom Stefanu, zvanično podignut pre četiri veka, nije građen u centru grada već na mestu gde su masovno pogubljivani prvi hrišćani rimskog Sirmijuma, pa i njihov episkop Sveti Irinej. Današnja crkva je oblik i dimenzije dobila prilikom poslednje velike obnove u osmoj deceniji 18. veka, kad je postavljen i ikonostas (1775). Tačna godina podizanja se ne zna. Samo se pretpostavlja da je sadašnja crkva građena na temeljima skromne bogomolje iz ranog 17. veka.

„Za ovu crkvu je neobično i daje joj dozu misterije da nije podignuta na nekom od gradskih trgova, u centru već na obali reke i prilazima mostu, na prostoru gde su stradali hrišćani i gde još od 4. veka traje kontinuitet obeležavanja njihovog pogubljenja. Dakle, ovo mesto je sveto još od pozne antike“, objašnjava Gordana Krstić iz Sremske Mitrovice.

Prema postojećim hipotezama, Crkva Svetog Stefana je sagrađena u periodu od početka 15. do kraja 17. veka. Novinar Živan Negovanović je prvi izneo u javnost tezu da su Crkvu Svetog Stefana izgradili templari jer postoji pretpostavka da je Crkva Svetog Stefana martirijum, na čijim temeljima je izgrađena današnja crkva.

„Kao prilog ovoj pretpostavci navode se neki motivi na ikonostasu jer su neponovljivi u svetskom slikarstvu kao, na primer, prizor *Vaskrsenja Hristovog* na drugom spratu ikonostasa, gde je Hrist prikazan kako drži ašov u rukama, a ispred njega kleči Marija Magdalena“, kaže Snežana Besermenji.

Negovanović se pozivao na svedočenje mitrovačkog slikara Dragana Martinovića, koji se seća čudnih priča prvog srpskog templara, pokojnog Dragana Maleševića Tapija o Maloj crkvi.

„Malešević je pre više decenija u Crkvi Svetog Stefana imao izložbu originala. Tada je starešina bio sveštenik Mirko Žeravić. Na moje čuđenje, Malešević mu je govorio da je to hram koji su izgradili templari. Tri godine kasnije, prilikom kopanja za staze oko crkve, pronađen je templarski krst, koji danas tamo stoji. Ovde je nekada pogubljen Sveti Irinej, a za ovo područje se vezuju i Sveti Dimitrije, Sveta Anastazija, 40 mučenika klesara. Tapi je govorio da će od njih jednog dana u ovom gradu biti 40 reinkarniranih klesara, simbolički 40 templara.“

Ova priča privukla je pažnju starešina Vitezova templara Srbije, koji su jednom prilikom posetili hram Svetog Stefana u Sremskoj Mitrovici.

I slavno rudničko selo Boljkovci, 22 kilometra od Gornjeg Milanovca, krije do sada nerazjašnjene templarske misterije. Vekovima postoji, tvrdi se, pouzdana veza ovog kraja s tajnim Redom vitezova templara. Naime, Crkva Svetog Nikole građena je u ranom 18. veku na ruševinama iskonske bogomolje, koja je po legendi bila građena u romaničkom stilu, ali nije spaljena. Lokalni svedoci su potvrdili: u njene zidove i trotoar oko nje ugrađeni su kameni spomenici sa obližnjeg groblja.

„Postoji pouzdana veza ovog kraja s tajnim Redom vitezova templara jer sa četiri strane zvonika, pod njegovim krovom, vrlo precizno stilizovani prozori imaju oblik krsta u krugu", priča vajar Velibor Krstić iz ovog kraja.

Nad glavnim ulazom u crkvu je vrlo neobična isklesana ornamentika: levo glava žene, desno muška sa osmehom, između njih dva uzdignuta lava, a među lavovima krstasti templarski mač.

NEMANJIĆI SU BILI TEMPLARI

Na pitanje da li su od 12. veka postojali viteški redovi u Srbiji i jesu li Srbi učestvovali u krstaškim ratovima i borili se u Svetoj zemlji, Veliki majstor Reda hrama Svetog Jovana jevanđeliste Milan Vidojević odgovara:

„Nema istorijskih podataka, u crkvenim hronikama to nije zabeleženo ili nije obelodanjeno, ali se nešto od toga može naslutiti. Nekolicina vladara Srbije bili su i Templari i Sioni. Stefan Nemanja je osnivač Reda Svetog Stefana, koji je bio zavetni red svih kasnijih Nemanjića i svi vladari ove loze bili su u njemu. Stefan Nemanja je osnivač i Bratstva Svetog Đorđa, 1171, čija je organizacija i način života njegovih članova imao sličnosti s Redom templara."

Vidojević objašnjava da su članovi Bratstva Svetog Đorđa kod Nemanjića, takođe, bili „vitezovi monasi" jer su se bavili čuvanjem relikvija, verovatno i čuvanjem imovine crkve i države, i nije nemoguće da su organizovano odlazili i u Svetu zemlju i verovatno učestvovali i u borbama i pohodima krstaša. Pripadnici Bratstva su po okončanju vojne karijere prelazili u monahe, nisu se vraćali u svetovni život, i po tom principu potpuno podsećaju na templare, takođe vitezove-monahe.

Vitezovi Svetog Đorđa pratili su Svetog Savu na njegovim hodočašćima u Svetu zemlju, a brodove za ova putovanja sigurno su dali templari jer je jedino tako bilo bezbedno ploviti Sredozemljem i odbraniti se od napada Arapa i gusara.

Jedna srpska legenda, međutim, kazuje i da su templari na Svetoj Gori otkrili Rastka Nemanjića, sina Nemanjinog, smelog i darovitog junošu, kojeg su tokom zajedničkog života uveli u svoj Red. Mlad, ne-obuzdan, bistar, radoznalošću ispunjen Rastko Nemanjić brzo je učio. Tajne poretka vladavine templara savladao je Rastko Nemanjić i s nji-ma u skladu delovao na prostorima zemlje Srbije.

I istoričar Dušan Tešić Lužanski ima svoju viziju o Rastku Nemanjiću:

„Iz onoga što istorijska literatura beleži kao pomen na Nemanji-će dolazi se do spoznaje da je Rastko Nemanjić, na primer, svoj život proveo moleći se. Bio je monah, kažu istoričari. Isto ponavljaju filo-zofi i sociolozi. Monah je najniži rang u crkvenoj hijerarhiji. I, pro-sjačkog je porekla. Nemanjić je sedeo na prestolu. U petnaestoj godini vladao je Raguzom. Držao je Dubrovnik sa okolinom prema Neretvi, oblast zvanu Hum. Srpska država epohe Nemanjića je prva monarhija u Evropi na koju je, posle propasti Franačkog carstva pod dinastijom Karolinga u drugoj polovini devetog veka, prenet atribut božanskog porekla prestola. Primajući ovu milost Božju, Rastko Nemanjić je pred srpskim prestolom posrbio Sveto Trojstvo: Bog otac isijavao je iz lika Svetog Simeona, počivšeg kralja Stefana Nemanje; Proviđenje Sina Božjeg svetlelo je iz lika brata Stefana, kralja Prvovenčanog srpskog; Duh sveti počivao je u delatnoj potenciji sina Rastka koji je sve ovo uredio i izveo“, kaže Dušan Tešić Lužanski.

Mladi Rastko Nemanjić stvorio je državni poredak pred kojim je rimski papa ostao zadivljen i poslao 1217. krunu, ovenčavši srpski pre-sto milošću božjom.

Lužanski u svom radu *Monaštvo – uzvišeno iznad prestola* preci-zno definiše odnose templara i Nemanjića:

„Templari su bili pod suverenitetom pape, a dinastija Nemanjića je delovanjem mladog Rastka na utvrđivanju veza između dinastije i Templara bila počastvovana pripadanjem Redu vitezova templara. S templarima je Rastko došao u vezu 1204. godine kad su krstaši okupi-rali Vizantiju i na njenim prostorima proglasili Latinsko carstvo s Ca-rigradom kao prestonicom. Na iskustvima stečenim među vitezovima Templarima, mladi Rastko stvorio je državu i poredak u njoj koji su vekovima predstavljali obrazac svim dinastijama Evrope prema kome su organizovali svoje države i u njima uređivali vladajući poredak. Osnov-na vrednost poretka koji je junoša Nemanjić stvorio jeste *Božansko poreklo* srpskog prestola“, tvrdi Dušan Tešić Lužanski.

Svoju tvrdnju ovako obrazlaže:

„Papa je krunisao Nemanjića templara. A viteški Red templara sta-jao je pod suverenitetom Njegove svetosti – rimskog pape. Papskom

krunom koju je 1217. poslao u Srbiju, Sveti otac je ovenčao Stefana Ne-
manjića, brata Rastkovog, *Milošću božjom*, a činom krunisanja, srpski
presto ovenčan je *Carstvom nebeskim*. Posle pape nastupio je junoša
Nemanjić.“

Jedna narodna priča o Nemanjićima je vrlo slična ovoj analizi Du-
šana Tešića Lužanskog:

„Dinastija Nemanjića zaogrnuta je čašću uvođenjem u templarski
red Evrope. Pripadnost redu održala se za sve vreme postojanja države
Nemanjića, do 1354, posle čega se templarskom redu Srbije gubi svaki
trag“, kazuje ova legenda koja se, iako nedokazana istorijski, često pre-
pričava u medijima i javnosti Srbije.

SVETI SAVA I TEMPLARI

U tekstu *Sveti Sava srpski i templari – geopolitika svetosavlja*, pro-
fesor Ljubiša Despotović, starešina Priorata Vojvodina, analizira uti-
caj Reda vitezova jerusalimskog hrama na dinastiju Nemanjić i Srbiju.
Tekst prenosim u celini:

„Ne tako retko je u našoj istoriografiji prećutkivana ili sklanjana
sa strane veza koju je naša srednjovekovna vlastela imala s viteškim
redovima Zapadne Evrope. Nekada ta veza naprosto nije bila dovoljno
istražena, no u svakom slučaju može se konstatovati da je literatura o
njoj oskudna. U takvom kontekstu i mi na skroman način možemo
da ponudimo samo neke činjenice koje bi kasnije valjalo podrobni-
je istražiti. Zanimljivo je da su opisi putovanja Svetog Save u Svetu
zemlju, kojih je bilo nekoliko, ostajali bez svedočanstava ko ih je be-
zbednosno pokrivao. U pitanju nije bio samo fizički aspekt bezbed-
nosti Svetitelja i njegovih saputnika nego i raznih relikvija, novca i
drugih dragocenosti koje je sa sobom nosio bilo u pogledu pokrivanja
troškova samog puta, bilo u pogledu bogatih darova koje je darivao
manastirima i svojim usputnim domaćinima, a pogotovo kad je inve-
stirao kupujući i gradeći manastire.

Teško nam je i da zamislimo da se to moglo ostvariti bez organi-
zovane podrške i pratnje. Neki izvori govore da je on imao takvu vrstu
podrške viteškog reda templara, čija je jedna od osnovnih misija u tom
vremenu bila i zaštita hodočasnika na putu za Jerusalim i u povratku
iz njega kao i drugih svetih mesta Bliskog istoka. S jednog od takvih

putovanja Sveti Sava je u jesen 1219. svratio u manastir Filokal kraj Soluna, koji je i ranije znatno materijalno pomagao. U njemu je ostao nekoliko meseci vredno radeći na pravno-kanonskom ustrojstvu srpske države i Crkve.

Zanimljiva je i veoma indikativna činjenica da je manastir Filokal u to vreme bio pod upravom templarskog viteškog reda. 'U Solunu su sad gospodari Latini. U manastiru Filokal, u kome je ranije često odsijedao, sad se nalaze rimokatolički monasi templarskog reda. Njemu je ranijem priložniku i dobrotvoru ovog manastira, bilo dato na upotrebu nekoliko odaja. Tu on, zajedno sa saradnicima, vrši još jednom detaljan pregled cjelokupnog rada; posebno pregleda ogromni kanonsko-pravni korpus u kome je sadržana rimska pravna građa koja će preko njega ući u temelje naše pravne kulture. Tu on sprema i druge knjige koje su bile potrebne njegovoj sabornoj crkvi', ističe Domentijan, misleći na Žiču koja će biti stolica cijele nove autokefalne pomjesne crkve.“ (D. Kalezić)

Istu činjenicu ističe i D. Obolenski smatrajući je značajnom čak i kad spekuliše da vitezovi templari možda u tom trenutku nisu bili prisutni iako je manastir bio pod njihovom upravom. Templarsko gostoprimstvo koje je uživao u tom manastiru, a taj boravak kako smo videli nije bio kratak, značajan je pokazatelj Savinog odnosa prema ovom viteškom redu, ma koliko bilo logično da on boravi u manastiru koji je i pre toga izdašno pomagao. „Oba njegova biografa kažu da je boravio u 'svom' manastiru Filokal gde je, po Domentijanovim rečima, živeo i tokom prethodne posete Solunu... Filokal je 1219. već bio u rukama vitezova templarskog reda, ali oni možda nisu boravili u njemu; Savin boravak u Solunu koji se morao protegnuti dobro u 1220. godinu pokazao se značajnim za budućnost srpskog zakonodavstva.“ (D. Obolenski)

Osobito zanimljiva konotacija ove posete i boravka u manastiru Filokal leži u činjenici da je ona došla nakon Savine uspešne misije sticanja autonomije (ili autokefalije) Srpske crkve u statusu arhiepiskopije u odnosu na Nikejsku patrijaršiju. Dakle, on je tamo boravio „kao novorukopoloženi srpski arhiepiskop Sava, zadržao se u Solunu, koji je još bio pod latinskom vlašću. Savu je prijateljski primio mitropolit grada, a boravio je u poznatom solunskom manastiru Filokalu, kome je darovao dve velike ikone.“ (*Istorija srpskog naroda*, 2000). Poznati pisac *Istorije srpske pravoslavne crkve* Đoko Slijepčević taj boravak objašnjava kao posledicu Savinog prijateljskog odnosa s tadašnjim solunskim mitropolitom Konstadijem Mesopotamitom. I on navodi nekoliko već konstatovanih činjenica, da je svratio u Solun koji je u to vreme još bio pod vlašću Latina a koji su ga izgubili tek krajem 1224, tačnije da je boravio u manastiru Filokalu čiji je bio ktitor. „U Filokalu je, uz podršku svog prijatelja, s kojim još od mladosti 'imađaše veliku ljubav', Sveti Sava mogao neometano da pripremi sve što mu je trebalo za izvršenje crkvene organizacije." (Đ. Slijepčević)

Posebno zanimljiv primer veze s templarskim kontekstom može se pratiti preko uticaja na tadašnje srpsko sakralno graditeljstvo. Carska lavra manastir Studenica kao i mnogi drugi značajni manastiri po Srbiji u organizaciono-prostornom smislu građeni su po uzoru na tadašnje cistercitske opatije na Zapadu. Osnivač tog vrlo zanimljivog i uticajnog reda bio je Sveti Bernard od Klervoa koji je ujedno bio i tvorac unutrašnje konstitucije templarskog monaškog reda kao prvog vojnog reda te vrste u hrišćanstvu.

Dakle, „Studenica je, povrh svega, postala uzor za velike kraljevske zadužbine koje su tako mnogo doprinele onoj bliskoj saradnji Crkve i države... Bogato obdarene zemljom i imanjem, čuvene po freskama u svojim crkvama, one su često bile građene kao cistercitske opatije u zapadnoj i srednjoj Evropi..." (Obolenski)

„Iako za početak skromni u rezultatu, ovi primeri saradnje i kontakata treba da budu podstrek za dalja istraživanja ove teme, tim pre što su dobar pokazatelj i orijentir i nama danas kako treba postupati u sličnim okolnostima i koliko treba izbegavati put isključivosti, krajnosti i fundamentalističke zaslepljenosti. Takav put nikada ne donosi dobro nikome ko je njime hodio, a vodio je u nove podele, konfrontacije i nepotrebne sukobe. Vlastiti identitet se najbolje čuva i razvija u aktivnom propitivanju njegove sadržine, simbola, vrednosti i značenja. A to se radi kroz razmenu i kulturni dijalog s drugim identitetima koji su ultimativni uslov prepoznavanja i potvrđivanja vlastite identitetske pripadnosti. Tome nas je najbolje učio naš Sveti Sava kao 'svetac civilizator'", zaključuje profesor Ljubiša Despotović.

KRALJ DRAGUTIN

Iako je potrebno još dodatnih istraživanja, što će biti jedan od zadataka Velikog priorata Srbije, već danas možemo sa sigurnošću govoriti o pripadnosti Redu Uroša I Vukanovića, velikog župana Raške (1112–1145) i njegovog sina Beloša (Balše), koji je sa sestrom Jelenom Balšić bio vladar tadašnje Ugarske. A Jelenin potomak je i Džejms Stjuart. Za ovu priliku pominjemo još i podatak da su svi Balšići, takođe, bili templari.

Hroničari tajnih društava tvrde da su i mnogi drugi članovi plemićkih porodica bili vitezovi templari. Tako se kao templari pominju vlastela Dejanovići, Hrebeljanovići, Brankovići, Balšići, Vojinovići...

Prema kazivanju vajara Velibora Krstića, templar je bio i despot Đurađ Branković, čiji je grob, o trošku templara dvadesetih godina prošlog veka, tražen oko Rudnika. Vršena su iskopavanja, ali pravi dokazi o pripadnosti Redu nisu nađeni.

„Organizovan dolazak templara u Srbiju i njihov stalni boravak i rad moguće je", kako tvrdi Milan Vidojević, „identifikovati u ponašanju velikaša Stefana Uroša I, sina Stefana Prvovenčanog, unuka Stefana Nemanje, oko 1250. Tada su u pratnji neveste, buduće supruge kralja Uroša I, Jelene (Ane) Anžujske, stigli i vitezovi templari. Bili su to francuski plemići Rože de la Tur de Overnj, Ig de Mont Sen-Žan i Žan de Šatijon."

Od trenutka udaje Jelene za Uroša I, Srbi su smatrani prijateljima i saveznicima, a kralja Uroša zvanično oslovljavaju sa „odlični prijatelj".

„Dragutin, najstariji sin Jelene i Uroša, biće ne samo templar, kao i mlađi sin Vladislav, nego će se nalaziti i na čelu Sionskog priorata, istočni ogranak, i za sve vreme svoje vladavine bio je odan svojim rođacima Anžujcima, i Kraljevstvu obeju Sicilija i Ugarskoj. Pa se Dragutin Nemanjić i oženio Katalinom, ćerkom ugarskog kralja Stefana V Anžujskog (1270–1272)", kategoričan je Milan Vidojević.

Stefan Dragutin Nemanjić je rođen pre 1253. Bio je kralj Srbije između 1276. i 1282. Potom sebe proglašava kraljem Srema i to ostaje do smrti 1316. Zamonašio se pod imenom Teoktist i umro je u svom prestonom gradu Debrcu, nedaleko od današnjih Vladimiraca u Mačvi. Grob mu se nalazi u manastiru Đurđevi stupovi. Srpska pravoslavna crkva slavi ga kao sveca 12. novembra.

Kralj Dragutin podelio je tadašnje srpsko kraljevstvo na tri gubernije. Kosmet i Jug vodio je njegov brat Milutin, Crnu Goru i Hercegovinu je kao guverner vodila majka Jelena, a sâm kralj je vladao severom Srbije. Uveo je srpsku valutu dinar s ćiriličnim natpisom. Oženjen Katalinom, ugarskom ćerkom kralja Stefana, imao je troje dece – sinove Uroša i Vladislava, i ćerku Jelisavetu. U miraz je dobio Mačvu, Tuzlu i Beograd, koje je nazvao južni Srem.

„Kralj Dragutin je prvi Veliki majstor Sionskog priorata u staroj Srbiji, što je potpuno nepoznato Srbiji", kaže Vidojević. „Rože de la Tur de Overnj osniva Red hrama pri dvoru i postaje prvi prior. Sudbina templara Ig de Mont Sen-Žana, po dolasku u Srbiju, nije poznata. Templar Žan de Šatijon postao je ugledni velikaš, takođe u službi kralja Dragutina, imao je posede u okolini Sirmijuma (Sremske Mitrovice) i bio oženjen ćerkom Andrije II Ugarskog."

Kao pravoslavac i Templar kralj Dragutin je sa svojim bratom, kraljem Milutinom podigao manastir Svetog Ahilija u Arilju. Pominje se kao ktitor Tronoše kod Loznice, Ćelija kod Valjeva, Rače pored Drine, manastira Paparaće kod Banjaluke i još mnogo manastira i crkava u Srbiji i Bosni.

Predstavljen je na freskama u Đurđevim stupovima, Arilju, Peći, Sopoćanima i Gračanici. Njegov lik nalazi se i na ikoni Svetog Nikole koja se čuva u Bariju i na ikoni Svetih apostola Petra i Pavla, zajedno s majkom Jelenom Anžujskom i bratom Milutinom, koja se nalazi u *Vatikanskom muzeju* u Rimu. Obe su nastale u 14. veku.

Osnova Dragutinove politike postaju događaji u Ugarskoj i pokušaji proširivanja vlasti na njenu teritoriju ponajviše na Slavoniju, koju je darivao sinu Vladislavu (1292). Nije dobio Slavoniju i nije uspeo da otme bratovljevo nasledno pravo. Nagodio se s Milutinom da bude njegov vazal i vazal njegovog sina Vladislava. Potom je abdicirao u korist sina kralja Vladislava Dragutina Nemanjića.

Očigledno je, piše Vidojević, da Rože de la Tur de Overnj nije dugo ostao u templarima. Napušta Red i prelazi u službu kod Velikog majstora Sionskog priorata. Oženio se devojkom Marijom iz porodice Kosača. S njom je imao kći Milenu i sina Lazara. Milena se udaje za Konstantina Škodrina (jedna od pobočnih grana Nemanjića iz okoline Skadra), a njihov sin Marko biće predak Nikodiju Škodrinu, Velikom majstoru templara u Srbiji. Od tog Škodrina razviće se porodica Nikodijevići. Još jedan Škodrin, Jefta Škodrin, bio je Veliki majstor templara. Nažalost, o njima nema mnogo istorijskih podataka.

„Posle prividnog gašenja dinastije Nemanjića, titula Velikog majstora Siona prešla je na porodicu Škodrin-Nikodijević, kasnije na porodicu Karađorđević, onda na Josipa Broza Tita, da bi se devedesetih godina prošlog veka vratila na porodicu Škodrin-Nikodijević", tvrdi Milan Vidojević, hroničar viteških redova.

On kaže da su se templarske veze sa Škodrin-Nikodijevića prenele na dinastiju Karađorđevića. Objašnjavajući ideale i metode rada te organizacije koja baštini tradiciju drevnog monaško-ratničkog reda, jedan bivši kancelar Velikog priorata Srbije je rekao:

„Templari u Srbiji i templari u dijaspori su povezani teritorijalno. Primera radi, jednog od najviših funkcionera templara u Americi u Red je primio u Čikagu počivši kralj Petar II Karađorđević, koji je i sâm bio Templar."

Slične izjave nalazimo u srpskoj štampi kojima se i kralj Petar I Karađorđević, navodno dok je bio student u Švajcarskoj i borac u Crnoj Gori, predstavljao kao vitez templar.

Političar Vojislav Milošević iz Beograda je kao inicijator negovanja tradicije krstaša pravoslavaca svojevremeno tvrdio da Red vitezova templara ima kraljevski kod jer su članovi bili ruski car Pavle I iz dinastija Romanovih, a iz dinastije Karađorđevića kralj Petar I Karađorđević, kralj Aleksandar i kraljica Marija, kralj Petar II Karađorđević i princ Vladimir Karađorđević iz Nemačke.

Iz templarskih krugova u Rimu stizale su informacije da je prvo knez Pavle, a potom i princ Andrej Karađorđević, za života bio član Srpskog bratstva Svetog Jovana jerusalimskog, koje je delovalo u Italiji i inostranstvu.

„Ne postoji nijedan član dinastije Karađorđević koji je bio templar, niti postoje dokazi, ni istorijske beleške, da su kralj Petar I i kralj Petar II Karađorđević bili templari. Dok je bio u Americi, kralj Petar II Karađorđević pristupio je redu koji nije bio templarski, ali je vrlo brzo iz njega istupio", demantovao nam je sve ove informacije istoričar Dušan Babac, član Krunskog saveta Kraljevskog dvora Karađorđevića u Beogradu.

ZMAJONOSCI DESPOTI, PATRIJARH, KNEZ I PRINC

Pretpostavke su da su Vitezovi reda Zmaja bili car Dušan Silni, despot Stefan Lazarević, despoti Đurađ i Vuk Branković, kosovski junaci Miloš Obilić, Milan Toplica i Ivan Kosančić, patrijarh Arsenije Crnojević, ustanici Janko Katić, Stojan Čupić, Vasa Čarapić, Jovan Jovanović Zmaj, ali i knez Aleksandar Pavlov Karađorđević i princ Vladimir Karađorđević.

VITEZOVI REDA ZMAJA

Naši istoričari nisu se temeljno bavili srpskim vladarima kao pripadnicima viteških redova. Kako tvrdi Živojin Andrejić, autor knjige *Vitezovi reda Zmaja*, viteški redovi bili su uobičajena pojava u srednjem veku, kad je plemstvo vodilo državu i bilo elita, a narod obična raja. Prema njegovom mišljenju, templare, zmajonosce i masone u srpskoj istoriji povezuje njihovo viteštvo, a to znači i čovekoljublje i hrišćanska svest.

„Poznato je, na primer, da su 1308. vođeni pregovori o ponovnoj udaji Zorice, ćerke kralja Milutina, za sina Karla od Valoa, koji je bio jedan od najznačajnijih francuskih templara. Pretpostavlja se da je Zorica stradala s porodicom Valoa u pokolju templara 1312. u Parizu", piše Živojin Andrejić.

Pretpostavke su da su Vitezovi reda Zmaja, na primer, car Dušan Silni, njegov naslednik Stefan Lazarević, gospodar Raške, pa kosovski junaci Miloš Obilić, Milan Toplica i Ivan Kosančić. Svi oni su nosili kao simbol lik zmaja.

„U srpskim epskim pesmama o boju na Kosovu, knez Lazar kao zmaj ili Miloš kao zmajev sin ubija neprijatelja, alu. Postoji i pesma *Miloš Obilić zmajski sin*. Za Miloša Obilića, junaka koji je ubio sultana Murata, piše se da je Miloš Kobilić, ali turski istoričari tvrde da mu je pravo ime bilo Dimitrije Kobilić. Hronika o turskim sultanima beleži da je taj junak bio Mihalis, odnosno isto kao arhanđel Mihailo, Božji anđeo. Najvažnije je da najstariji izvori tumače ishod bitke na Kosovu 1389. godine kao 'veliku pobedu hrišćanske vojske' Srba", kaže Živojin Andrejić, autor knjige *Vitezovi reda Zmaja*, koji povezuje kosovske zmajonosce s hrišćanstvom i pobedom nad antihrišćanskim neprijateljima.

Da li su Srbi bili glavni zmajonosci na Balkanu? Na ovo pitanje odgovor je istorijska pretpostavka da su pre cara Dušana, kneza Lazara i kosovskih junaka zmaja na grbu i zastavama nosili župan Mutimir, župan Časlav Klonimirović i župan Vukan, sin Stefana Nemanje.

Kako tvrdi Živojin Andrejić, zmajonosac je bio i vožd Karađorđe, ali i porodica Andrije Zmajevića iz Perasta, ustanici Janko Katić, Stojan Čupić, Vasa Čarapić, pesnik Jovan Jovanović Zmaj, knez Aleksandar Pavlov Karađorđević i princ Vladimir Karađorđević.

Pitanje je da li je taj zmaj bio samo znak heraldike ili obeležje pripadnosti tajnom redu Vitezova reda Zmaja. Prema zvaničnim tumačenjima, Red Zmaja nastao je 1408, dakle posle smrti mnogih od ovih srpskih velikaša i to prema ugledu na burgundijski viteški Red Svetog Đorđa. Red je prvobitno bio zadužen za zaštitu kraljevske porodice cara Svetog rimskog carstva Žigmunda kad je bio kralj Ugarske. Simbol reda je zmaj s repom obavijenim oko vrata. Na leđima zmaja, od vrata pa do repa, nalazio se crveni krst Svetog Đorđa, dok je čitav simbol bio na srebrnoj pozadini.

Kako tvrdi Živojin Andrejić, ugarski viteški Red Zmaja imao je dva ranga – zlatni i srebrni.

Trinaestog decembra 1408. godine objavljena je povelja reda u kojoj je naznačeno da je osnovni zadatak reda odbrana krsta od neprijatelja, naročito od Turaka. Među 24 viteza koji su učestvovali u uspostavljanju reda nalazili su se Žigmund Luksemburški, kralj Ugarske i njegov vazal Stefan Lazarević, despot Srbije. Pripadnici tog reda imali su pravo da na svom grbu prikažu zelenog zmaja, koji repom drži vrat, a na sklopljenim krilima ima crveni krst.

Sin kneza Lazara i kneginje Milice, despot Stefan Lazarević, bio je sjajan diplomata i vojskovođa, vešt igrač u političkim igrama; čovek koji posle bitke kod Ankare 1402. godine, ponovo osamostaljuje srpsku državu, visok, lep, fizički izuzetno snažan i obrazovan, koji je imao svoju školu borilačkih veština.

Stevan Visoki, kako su ga zvali, rođen je u Kruševcu 1377. a umro 1427, u Glavici kod Mladenovca. Vladao je Srbijom i bio jedan od najboljih vitezova i vojskovođa. Cilj mu je bio snaženje Srbije u političkom, ekonomskom, kulturnom i vojnom pogledu. Bio je veliki pokrovitelj umetnosti i kulture.

Glavni interes kralja Žigmunda bila je odbrana Ugarske. Jedna od mera učvršćivanja odbrane bilo je i formiranje Reda, zapravo političkog saveza, ugarskih i stranih velikaša koji su imali posede na granicama Ugarske ka Nemačkoj, preko Srbije i Erdelja do Galicije. Članovi Reda Zmaja potpisivali su osnivačku povelju onim redom koji je istovremeno odražavao unutrašnju hijerarhijsku strukturu Reda, ali i značaj pojedinih oblasti za odbranu Ugarske. Zato se na prvom mestu nalazio despot Stefan Lazarević.

Članstvo u Redu donosilo je i neke privilegije, poput prava da se određen broj ljudi proizvede u vitezove Reda, a poznato je da je ovo pravo koristio despot Stefan. Smatra se da je koristio i obeležja Reda u vidu heraldičkih simbola, ali nije poznato kako je izgledao njegov grb i da li su u njega bili uključeni simboli Reda.

Članovi Reda su takođe imali određen način ponašanja, odevanja i obavezu davanja milostinje. Pored simbola zmaja koji se nosio oko vrata, članovi reda nosili su plavi plašt od somota sa zlatnom insurekcijom plamenog krsta u kome je bila ispisana deviza reda. Simboli reda nalazili su se i na drugim odličjima viteškog staleža, na primer mačevima.

Živojin Andrejić tvrdi:

„Prvi rang Zlatni zmaj bio je nasledan i nosili su ga despot Stefan Lazarević, Jakov Lacković de Sento, mačvanski ban Ivan Morović, Simon Konjović Sečen, hercog Hrvoje Vukčić, bosanski kralj Ostoja, vitez Pribislav Vukotić, despot Vuk Branković, poznatiji kao Zmaj Ognjeni Vuk. Pripadnici Srebrnog Zmaja bili su knez Lazar, Đurađ Branković, Tarzarevići, Crnojevići, Dinjčići, Frankopanovići, Kačići, Klešići iz Bosne, Pikolominovići iz Bosne, Tarcarovići iz Bosne, Zmajevići iz Perasta, Crnojevići iz Zete, junak Janko Katić zvani Zmaj od Kosmaja, Zmaj od Topole, Zmaj od Noćaja, odnosno Stojan Čupić čiji je praunuk Nikola Čupić postao mason, kao i Zmaj od Avale junak Vaso Čarapić. I grb dinastije Obrenović imao je zmaja kao simbol.“

ZMAJ OGNJENI VUK

Kako despot Stefan Lazarević nije imao sopstvene dece, za naslednika je odredio svog sestrića Đurađa Brankovića. Stefan je tako hteo da objedini snage Lazarevića i Brankovića kako bi zaštitio i sačuvao i državu i narod. Zmajonosac despot Đurađ Branković, naš najtragičniji i najbogatiji vladar kojeg smo ikada imali, rođen je oko 1377, a umro 24. decembra 1456. Kao despot vladao je Srbijom od 1427. godine. Otac mu je čuveni Vuk Branković, a majka Mara, ćerka kneza Lazara.

U to vreme, početkom 15. veka, Srbija se nalazila između čekića i nakovnja, između Turske i Ugarske. Srpski vladari morali su da vode politiku na ivici noža, da hodaju po žici jer su istovremeno bili u vazalskom odnosu i prema turskom sultanu i prema ugarskom kralju. U tom sukobu svetova, despot Đurađ raspolagao je relativno malom vojnom snagom, ali je imao jedno drugo moćno oružje, a to je novac. Godišnji prihodi despota Đurađa Brankovića samo od rudnika kod Novog Brda iznosili su do 200.000 dukata. Za dve godine, od 1428. do 1430, sazidao je Smederevsku tvrđavu.

Despot Đurađ je trošio ogromna novčana sredstva kako bi zaštitio sebe i svoju mnogobrojnu porodicu, iz dva braka, despotovinu i njeno stanovništvo. Uspeo je da se pomiri sa ugarskim kraljem, te se vratio u Ugarsku, a zatim i u svoju despotovinu.

Dakle, despot Đurađ je čas vodio prougarsku, čas protursku politiku, u zavisnosti od sopstvene procene koja je strana u tom trenutku bila jača, te mu na kraju niko nije verovao. Ono po čemu se despot Đurađ razlikovao od drugih u tom surovom i bespoštednom vremenu bili su njegovo obrazovanje i kultura iz kojih je i proisticala njegova privrženost pravoslavlju.

U tom sukobu katolika i muslimana, između kojih su se našli pravoslavci, ovi poslednji trpeli su ogromne pritiske i jednih i drugih da se odreknu svoje i da prihvate njihovu veru. Očigledno je da despot Đurađ Branković nije bio izuzetak, nije se nimalo razlikovao od drugih uticajnih ljudi tog vremena i čak je od većine njih bio i bolji. Turci su vršili pritiske na pravoslavne da prihvate muslimansku veru, a isto to su činili i Ugri i njihovi saveznici uz papin blagoslov da pređu u katoličanstvo. Na to je Đurađ Branković odgovorio: „Ja bih pre pristao da umrem nego da izneverim predanja svojih predaka."

Njegov unuk Vuk Branković postao je poznat u narodnim pesmama kao Zmaj Ognjeni Vuk ili Jajčanin Vuk. Nadimak je dobio po viteškom redu tog imena ili možda po specijalnom oružju koje je „bljuvalo vatru" poput aždaje, ali od gvožđa.

Ratovao je s Mađarima protiv Čeha, Poljaka i Austrijanaca, a naročito protiv Turaka. Dobio je zbog vojničkih zasluga od kralja Matije 1469. godine grad Belu Stenu i distrikt Totuševinu u Slavoniji. Imenovan je za despota Srbije 1471. godine i dobio je velike posede na području današnje Vojvodine, koji su nekad bili svojina despota Đurđa.

Po legendi, osnovao je fruškogorski manastir Grgeteg i Crkvu Svetog Nikole u Slankamenu. U toj crkvici je visoko u zidu bio ukucan klin, o koji je on dolazeći na službu „svoj klobuk vešao".

Kao despot, Vuk se posebno proslavio 1476, provalivši u Srebrenicu i boreći se ispod Šapca i Smedereva. Naročito je čuven njegov smeo pohod 1480. na Sarajevo. Ratovao je sa uspehom protiv Turaka po Srbiji i 1481. doveo odatle, iz okoline Kruševca, oko 50.000 ljudi, koji su naseljeni oko Temišvara. U stalnoj borbi s Turcima, nakon borbe na reci Uni, despot je umro 16. aprila 1485.

ZMAJEVIĆI I CRNOJEVIĆI

„I porodica Zmajevića iz Perasta u Boki Kotorskoj je iznedrila više znanih ličnosti čija se tradicija baštini na viteškom Redu Zmaja", kaže Živojin Andrejić.

Prvi Zmajevići su u Kotoru bili trgovci kožom i mesari, potom carinici i oficiri. Zvali su se Andrija, Nikola, Krsto, Matija i Vicko. Za Zmajeviće se može reći da su bili pravoslavci, a potom i Srbi katolici. To kazuje biografija Andrije Zmajevića zmajonosca i duhovnika. Rođen je u Perastu 1624. i bio je srpski barokni književnik, ali i nadbiskup barski i primas srpski. Papa Klement IX ga je 23. februara 1671, nakon petnaestogodišnjeg perioda upražnjenosti nadbiskupske stolice, imenovao za nadbiskupa barskog i primasa Srbije.

Andrija Zmajević je stolovao u Budvi jer je Bar tada bio pod osmanskom upravom. Naučio je crkvenoslovenski jezik i ćirilicu i tim je pismom (za koje je rekao da se njime „služi čitava naša nacija") i sâm pisao. Za sebe je govorio da je „vatreni katolik i vatreni Srbin".

Svoje glavno delo *Ljetopis crkovni* pisao je na „slovinskom" jeziku ćirilicom i latinicom. U duhu tadašnje unijatske katoličke propagande održavao je prijateljske veze s najistaknutijim srpskim prvacima svog doba, s hercegovačkim mitropolitom Vasilijem Jovanovićem (Sveti Vasilije Ostroški) i s patrijarhom Arsenijem III Čarnojevićem (Crnojevićem). Za poslednjeg je pisao da je „po starini zemljak naš, drag prijatelj".

Najpoznatiji je u svetu postao Matija Zmajević, admiral u carskoj Rusiji. Rođen je u porodici kapetana Krsta (Krila, Kristifora) Zmajevića i Jelene Burovice 1680. Završio je pomorsku školu u Perastu, a veštinu navigatorstva savladao je na brodu svoga oca. Optužen i osuđen za zaveru beži 1709. u Dubrovnik, pa u Carigrad kod pobratima Petra Andrejeviča Tolstoja, onovremenog ruskog konzula u Turskoj. Primljen je 1710. u rusku službu kao kapetan. U Karlovim Varima je 1712. upoznao cara Petra Velikog, koji ga šalje u Petrograd u Pomorsku flotu. Plovio je od Finskog zaliva do Kopenhagena. Spasao je cara sigurne smrti, a ovaj ga 1719. unapređuje u čin kontraadmirala i imenuje za glavnog inspektora galerne flote Baltika.

Kad je Matija Zmajević porazio Švedsku mornaricu 1721, postao je član Admiralitetskog kolegijuma i viceadmiral. Vodio je Brodogradilište u Petrogradu i povereno mu je 1722. da bude komandant Ruske flote. Stvorio je Rečnu flotu i razvio Rusku mornaricu sa oko 600 velikih i manjih brodova. Carica Katarina Velika 1725. odlikovala ga je *Ordenom Aleksandra Nevskog*. Matija Zmajević bio je prvi stranac koji je dobio ovaj orden. Dve godine, kasnije carica Katarina Velika ga je imenovala admiralom, čime je dostigao najviši rang u Ruskoj mornarici. Učestvovao je u osnivanju flote u Astrahanu na obali Kaspijskog jezera, gde je postavljen za guvernera oblasti. Od 1728. bio je komandant Tavrova.

Zmajević je umro 1735, za vladavine carice Ane Ivanovne, na teritoriji oblasti Voronjež. Sahranjen je uz najveće vojne počasti u Moskvi, u rimokatoličkoj Crkvi Svetog Ljudevita, koju je sâm sagradio. Zadarski nadbiskup preneo je zemne ostatke u Zadar i sahranio ih u Crkvi Svetog Marije od zdravlja. U Voronježu je 2017. otkrivena spomen--ploča ovom srpskom admiralu.

Interesantno je, piše Andrejić, da Zmajevići vode poreklo od stare srpske porodice Crnojevića iz koje je bio i srpski patrijarh Arsenije III Crnojević.

„I Crnojevići i Zmajevići su u svom grbu i zastavi imali zmaja. A narodni pesnici su opevali Crnojeviće u stihovima 'Zmaja i sokola siva, glavom slavnog Crnojević Iva'“, kaže Živojin Andrejić.

Arsenije III Crnojević je rođen u selu Bajice, u Crnoj Gori 1633, a preminuo 1706. u Beču. Bio je patrijarh srpski, ali nema pouzdanih dokaza da je bio zmajonosac. Pokretač je Velike seobe Srba. Zamonašio se i 1665. postao iguman manastira u Peći, a 1669. je izabran za episkopa hvostanskog. Kad je patrijarh Maksim onemoćao postavljen je za pomoćnika – koadjuktora patrijarha. Godine 1672. izabran je za patrijarha srpskog. U to vreme je Srpska patrijaršija obuhvatala ogroman prostor od Soluna na jugu do Budima na severu i od Samokova, Rilskog manastira na istoku do manastira Marče na zapadu.

Posle poraza od Turaka, a strahujući od odmazde Osmanlija, da bi zaštitio preostali deo svog naroda, poveo ga je januara 1690. prema Beogradu. Odmah po dolasku u Beograd saziva sabor na kome je u prisustvu sveštenstva i svih narodnih vođa dogovoreno da se caru Leopoldu uputi zahtev o „priznanju crkvene autonomije i patrijarhove jurisdikcije“. Pošto je kao odgovor od cara Leopolda stigla povelja koja izražava saglasnost o autonomiji srpske crkve, veliki broj Srba prešao je preko Save i Dunava, napustivši Beograd neposredno pre nego što je pao pod vlast Turaka, 1690.

Brojne izbeglice, procenjuje se oko 40.000 porodica, tada su krenule na sever, uz Dunav i zaustavile se u okolini Budima. Dozvolu komorskih vlasti da se nasele na teritoriji opustele Sentandreje, Srbi su dobili 19. novembra 1690. Ovaj datum je uzet za obeležavanje Dana Seobe.

Svoja stalna putovanja, kanonske vizitacije, patrijarh Arsenije je preduzeo čim je 1692. dobio dozvolu državnih vlasti da može činiti kanonske posete u Ugarskoj, Hrvatskoj, Srbiji, Hercegovini i Dalmaciji. Mirom u Karlovcima zaključenim 1699. između Otomanske imperije i hrišćanskih sila završen je Bečki rat, ali je granica povučena na Morišu, Tisi, Dunavu i Savi, pa su se srpski narod i srpska crkva našli podeljeni između dva carstva što je predstavljalo novu i tešku situaciju za opstanak Srpske pravoslavne crkve. Uprkos nastojanju dve velesile očuvano je jedinstvo pod patrijarhom Arsenijem. Bio je arhiepiskop i patrijarh austrijskih Srba 1690–1706. Stolovao je u Sremskim Karlovcima, Sent Andreji i Beču, u kome je u dva navrata bio carskom silom zadržavan 1705.

U već poodmakloj starosti, poželevši da se vrati u Peć, patrijarh Arsenije Crnojević pokušao je da uredi odnose u okviru Srpske pravoslavne crkve kako u matici, tako i izvan njenih granica, u Habzburškoj monarhiji. Jerusalimski patrijarh savetovao je patrijarha srpskog da svi arhijereji i svi pravoslavni budu podređeni Presvetoj stolici u Peći i patrijarhu Kaliniku kojeg je Porta postavila na mesto pećkog prvosveštenika. Sahranjen je u manastiru Krušedol, u grobnici Svetog Maksima, srpskog despota.

ZMAJ OD NOĆAJA

„Janko Katić, čuveni srpski knez i vojvoda iz Prvog srpskog ustanka, u narodu je poznat kao Zmaj od Kosmaja. Rođen je oko 1770. u selu ispod ove planine. Tukao se s Turcima, a već 1795. bio je buljubaša kosmajske nahije. Na svojoj sablji nosio je zmaja", tvrdi pisac Živojin Andrejić.

Zmaj od Kosmaja poginuo je u bici s Turcima u selu Krnić, u okolini Šapca 1806. U Muzeju Prvog srpskog ustanka, u Orašcu kod

Aranđelovca, izloženo je Jankovo sačuvano oružje – jatagan belosapac i pištolj kremenjak. Janku Katiću je 2004. godine podignut bronzani spomenik u Rogači, rad vajara Milanka Mandića. Spomenik je visok 2,4 metra. U centru sela Krnić postavljen je spomenik Janku Katiću 1954. godine, na sto pedeset godina od početka Prvog srpskog ustanka.

U narodnim pesmama junak Stojan Čupić opevan je kao Zmaj od Noćaja. Ne zna se kad je rođen, ali se pričalo da je poreklom iz Pive i da se doselio u Mačvu. Svideo se Strahinji Čupiću iz Salaša Noćaj-skog, bogatom čoveku bez svoje dece koji ga je posinio. S Karađorđem se Stojan prvi put sreo u Valjevskoj nahiji, gde je išao zarad trgovine svinjama. Zajedno s Ilijom Srdanom iz Prnjavora i drugim viđenijim Mačvanima podigao je Mačvu na ustanak.

Druga značajna Čupićeva akcija iz 1804. jeste likvidacija turske po-sade u Mačvanskoj Mitrovici, gde je zapalio han i pobio posadu. Ka-rađorđe ga je postavio za mačvanskog vojvodu i ovlastio da sâm bira i postavlja niže vojne starešine. Na skupštini u Bogatiću, potvrđen je njegov izbor za vojvodu i izvršen izbor četnih starešina.

Pred kraj leta 1813. ratovao je protiv Turaka zajedno s Milošem Obrenovićem i 3.000 ustanika. S knezom Milošem se našao u Valje-vu, gde je dobio instrukcije da digne Mačvu na oružje. Srbi poturice su ga izdali i Čupić je bačen u zvorničku tamnicu gde je, posle mesec dana, zadavljen gajtanom, a u narod je pušten glas da je umro od kuge. Vuk Karadžić ga je svrstao među najhrabrije Srbe, a Filip Višnjić ga je opevao u više pesama: *Boj na Mišaru, Bjelić Ignjatije, Hvala Čupićeva, Boj na Salašu, Boj na Loznici, Miloš Stojićević i Meho Orugdžić, Luka Lazarević i Pejza.*

Jedan od najznačajnijih ustanika protiv dahija bio je Vasilije Vasa Čarapić iz Belog Potoka, sela ispod Avale, u kome je rođen 1770.

U ratu između Turske i Austrije Vasa se borio kao dobrovoljac pro-tiv Turaka. Tom prilikom se odlikovao izuzetnim junaštvom, pa je stekao i veliki ugled. Zbog toga je na nahijskoj skupštini izabran za kneza gročanske nahije. Vasa je bio poznat i po jednoj stvari – velikoj mržnji prema Turcima, koja je postala poslovična.

Dahije su se spremale 1804. pred zimu da počnu seču srpskih kne-zova, a Vasa, saznavši za to, s još dva Čarapića pobeže na Avalu. Kad su Turci iz Beograda došli u Beli Potok da ga traže, on ih napade i otera. Ubrzo posle toga Turci ubiše Vasinog brata Marka Čarapića u Kaluđe-rici. Tada je Vasa Čarapić spalio turski han i odmetnuo se u hajduke. U planini je proveo jednu tešku zimu i jedva je preživeo. Priča se da je, kad je gora počela da lista, stavio srebrnjak u prvo olistalo drvo koje je video, opalio iz pištolja i od radosti uskliknuo: „E, čik sad Turo, Vasa steče krila!"

Okupio je oko sebe četu hrabrih ljudi u borbi protiv Turaka. Ime Vase Čarapića posebno se pročulo kad je presreo kod Leštana Turke krdžalije, sa zloglasnim harambašom Gušancem na čelu, razbio ih i stekao veliko blago. Sve što je dobio podelio je narodu.

Na početku ustanka Čarapić postaje jedan od glavnih vojskovođa, a Karađorđe ga je toliko cenio da je bio jedan od retkih koji je u njegov čador smeo da uđe nenajavljen. Poginuo je 29. novembra 1806. u borbi za oslobođenje Beograda. Zbog iskazanog junaštva narod ga je prozvao Zmaj od Avale. U Beogradu ima svoju ulicu i spomenik kod *Narodnog pozorišta*.

KNEZ I PRINC

Red vitezova Zmaja krajem 19. veka nestaje iz javnosti sve dok ga početkom trećeg milenijuma nije obnovio knez Aleksandar Pavlov Karađorđević pod nazivom Srpski red Zmaja.

Najstariji sin kneza Pavla Karađorđevića i kneginje Olge, knez Aleksandar je rođen u Vajt Lodžu, Ričmond Park, u Ujedinjenom Kraljevstvu 1924. godine. Oženio se princezom Marijom Savojskom, ćerkom kralja Italije Umberta II, s kojom je dobio četvoro dece – Petra, Mihajla, Sergeja i Umberta. S drugom ženom Kristinom Baurota--Galeoti ima sina Dušana.

Knez Aleksandar bio je jedan od četiri osnivača Kongresa srpskog ujedinjenja, pokrovitelj Centra za istraživanje pravoslavnog monarhizma i Suverenog vojnog viteškog reda Zmaja, rekonstrukcije starog Reda Zmaja. Suvereni vojni viteški red Zmaja knez je osnovao na Vidovdan, 28. juna 2011, na predlog Srđana Stanišića i Dejana Damnjanovića. Potpisivanjem osnivačke povelje koja je upriličena u Parizu proglasio je gospodina Srđana Stanišića za viteza i Kancelara Reda, a gospodina Dejana Damnjanovića za viteza i Komandanta Reda.

Njegovo kraljevsko veličanstvo knez Aleksandar je ovom poveljom, koja predstavlja najvažniji dokument Reda, ovlastio gospodu Stanišića i Damnjanovića da sprovedu potrebnu proceduru u vezi s registracijom i organizacijom Reda. U osnivačkoj povelji je odredio da će sedište Reda biti u Beogradu u Srbiji.

„S obzirom na to da je stari Red Zmaja bio najvećim delom svog postojanja najuticajniji u Mađarskoj, Srbiji i Rumuniji, i da je plemstvo iz tih zemalja učestvovalo u osnivanju Reda, neoborivo je istorijsko pravo i osnova časti da potencijalni osnivač novog Reda Zmaja bude plemić isključivo iz neke od ove tri države. Njegovo kraljevsko veličanstvo knez Aleksandar Karađorđević se prihvatio tog odgovornog i velikog istorijskog zadatka. Suvereni vojni viteški red Zmaja ustrojen je kao vojna hijerarhijska organizacija. Sastoji se od Vrhovne komande, kao najvišeg tela, čiji su članovi Veliki majstor Reda, Kancelar Reda i Komandant Reda, od 24 viteza, koji predstavljaju unutrašnji krug Reda, i od neograničenog broja pešadinaca, koji predstavljaju spoljni krug Reda", rečeno nam je u Redu Zmaja.

Slava Suverenog vojnog viteškog reda Zmaja je Vidovdan koji se praznuje 28. juna. Svetac zaštitnik Suverenog vojnog viteškog reda Zmaja je Sveti velikomučenik knez Lazar Hrebeljanović, srpski vladar koji je poginuo na Vidovdan 1389. u Kosovskoj bici, dragovoljno izabravši carstvo nebesko i time postavši simbol za celokupnu istoriju. Ovaj svetac se proslavlja na Vidovdan, 28. juna. Red poseduje ikonu tog sveca i nju čuva Vrhovna komanda Reda.

„Osnovno polazište i cilj Suverenog vojnog viteškog reda Zmaja je pomoć onima kojima je ona neophodna. Drugo važno polazište jeste da se članu Reda pruži konkretna metodologija delovanja i ustrojavanja sopstvenog života u funkciji samousavršavanja i dostizanja jednog kvalitetnijeg, pre svega, duhovnog stanja. Treće važno polazište i cilj jeste da se na kolektivnom planu celokupnom društvu pruži metodologija uspostavljanja zdravog i organskog društva zasnovanog na sabornosti. U tom nastojanju, Suvereni vojni viteški red Zmaja nastoji da u savremenom kontekstu postane relevantna i bitna društvena snaga u duhovnom, prosvetiteljskom, ali i političkom pogledu", tvrde u Viteškom redu Zmaja u Beogradu.

Njegov osnivač knez Aleksandar Pavlov Karađorđević živeo je u Parizu gde je i preminuo 12. maja 2016. godine. Sahranjen je 20. maja 2016. u porti Crkve Svetog Đorđa na Oplencu.

„Od 2016. godine i upokojenja Njegovog kraljevskog veličanstva kneza Aleksandra Karađorđevića, Njegovo kraljevsko veličanstvo princ Vladimir je pokrovitelj i predvodnik Suverenog vojnog viteškog reda Zmaja. Pokroviteljstvo je potpisao Njegovo kraljevsko veličanstvo princ Vladimir Karađorđević o Svetom Andreju Prvozvanom, 13. decembra 2016, u Nemačkoj", saznali smo u Kabinetu princa Vladimira Karađorđevića.

Simbol Suverenog vojnog viteškog reda Zmaja je crveni zmaj koji ima rep omotan oko svog vrata, s belim krstom na leđima i iza koga se nalazi zlatni ravnokraki krst s trolistima. Crvena i zlatna boja su boje vizantijske zastave. Simbol označava usklađenost ovozemaljske moći, koju predstavlja zmaj, i duhovnosti, koju predstavlja krst. Sinergija ovozemaljske moći i duha jeste osnova viteštva. Položaj zmaja simbolizuje neprestano obnavljanje, cikličnost dešavanja u univerzumu i vaskrsenje.

Princ Vladimir Karađorđević je najstariji sin pokojnog kraljevića Andreja Karađorđevića i unuk kralja Aleksandra I Karađorđevića. Princ Vladimir je čukunčukununuk britanske kraljice Viktorije i sinovac kraljice Elizabete. Majka princa Vladimira je princeza Kira Melita od Lajnigena, ćerka Marije, Velike kneginje Rusije i šestog princa od Lajnigena.

Princ Vladimir je rođen u Londonu u Ujedinjenom Kraljevstvu 1964. godine, gde je živeo sa svojim roditeljima, bratom Dimitrijem i sestrom Lavinijom Marijom sve do 1968, kada su se preselili u Portugal. Nakon razvoda njegovih roditelja, do koga je došlo 1973, princ Vladimir se s majkom, bratom i sestrom vraća u Ujedinjeno Kraljevstvo 1975, gde je završio Kraljevski mornarički koledž u Londonu. Nakon srednje škole, završio je ekonomiju i menadžment.

Radio je u nekoliko trgovačkih firmi dok nije otvorio svoju kompaniju u oblasti turizma. U ovom trenutku, princ Vladimir je direktor kompanije iz oblasti marketinga i odnosa s javnošću. Bavi se letenjem i pilotiranjem iz hobija. Još od početka rata u bivšoj Jugoslaviji intenzivno je posvećen humanitarnom radu i projektima pomoći srpskom stanovništvu na svim prostorima gde je Srbima bila potrebna pomoć.

Zajedno sa svojom suprugom, princezom Brigitom, rukovodi humanitarnom organizacijom Fondacija za pomoć majci i detetu koja je od 1999. organizovala veliki broj projekata pomoći širom srpskog etničkog prostora, a pogotovo na Kosovu i Metohiji. Pored te, princ Vladimir je rukovodio još dvema humanitarnim organizacijama koje su usmeravale pomoć ka našim prostorima od izbijanja rata 1991.

Sredinom januara 2019, u prostorijama Kabineta princa Vladimira upriličeno je potpisivanje pokroviteljstva nad Isetskom kozačkom vojskom. Tada je organizovan radni sastanak princa Vladimira Karađorđevića s predstavnicima kabineta i Suverenog vojnog viteškog reda Zmaja. Veći deo sastanka bio je u vezi sa situacijom na Kosovu i Metohiji.

BRATSTVO HRAMA
SVETOG JOVANA JERUSALIMSKOG

I templari i masoni imali su zmaja u simbolima svog reda.

Ključnu ulogu u pristupanju Srba krajem osamdesetih godina prošlog veka italijanskom Redu *Supernus Ordo Equester Templi* imali su slikari Vladimir Pajević iz Rima i Dragan Malešević iz Beograda. To je i bio razlog da zamolim Pajevića da nam objasni poreklo i suštinu aktivnosti Reda vitezova templara bratstva hrama Svetog Jovana jerusalimskog.

Objavljujem tekst Vladimira Pajevića pod naslovom „Kratka istorija Srpskog bratstva hrama Svetog Jovana jerusalimskog, od svog nastanka do danas", o slovenskom i srpskom angažovanju kod tih templara:

„Posle 1760. godine, kratkog carevanja Petra III i dolaska na ruski presto carice Katarine, koju će svet nazvati 'Velika', odnosi Otomanske imperije i Rusije postaju centralno pitanje budućnosti Evrope. U tim okolnostima, ohrabreni voljom Rusije da zaštiti hrišćanske interese porobljenih naroda u evropskom delu Turske, nastaju brojni pokreti s jedinstvenim ciljem oslobađanja naroda od islamskog zavojevača. Ekonomski moćna trgovačka zajednica Grka fanariota, prisutna u celoj Evropi i sa značajnim političkim uticajem i pozicijama u Rusiji, motivisana idejom o vaskrsu Vizantije kao zajedničke kulturne kolevke balkanskih hrišćana, počinje da radi na ideji zajedničkog ustanka i moguće zajedničke države, koja bi okupila u svom sastavu Grke, Srbe, Aravite, Vlahe, Moldavce i druge koji bi se u toj ideji prepoznali.

Oslanjajući se na realnost iseljeničkih vojnih zajednica Srba u Rusiji (Nova Srbija i Slavenosrbija), fanarioti ulažu značajna novčana sredstva u korist buduće zajedničke borbe protiv

Otomanske imperije. Četvrtog novembra 1768. godine carica na sastanku državnog saveta direktno interpelira grčke i srpske prvake okupljene u tajnom udruženju 'Crna braća', koje za cilj ima borbu protiv Turske na Balkanu, a koja je romantičarski inspirisana zajedničkim srednjim vekom Srba i Grka. Grčki pokušaj je da se širom evropskih prestonica obezbedi simpatija i politička podrška za oslobodilački pokret, dok se sa srpske strane na Balkan šalju Srbi već u službi imperijalnog dvora (pukovnik Jezdimirović, Gagić, Ivelić i drugi) da bi u Srbiji, Crnoj Gori i Hercegovini obezbedili dovoljan broj boraca za vojne operacije. Ideja je precizna i predviđa vojnom operacijom Rusije u savezu s balkanskim ustanicima, obnovu 'Grčkog carstva', čiju krunu bi poneo Konstantin, unuk carice Katarine Velike.

Međutim, opšta situacija u Evropi je nepovoljna (poljsko pitanje, Francuska revolucija, rusko-švedski rat i nezainteresovanost Engleske i Pruske za balkanski teatar), zaustavile su pre realizacije grčko-srpski polet u oslobodilačkoj borbi. 'Crna braća' se ne pominju dalje u istorijskim izvorima i realno je pretpostaviti da je doneta zajednička odluka o povlačenju Bratstva u duboku tajnost, budući da će za samo nekoliko decenija ponovo postati (pod drugim imenima) značajan faktor u organizovanju borbe protiv Turaka. U godinama koje slede, Francuska od revolucionarne liberalne države masonske inspiracije prerasta u imperijalnu silu i u okvirima Napoleonovih vizija 'Nove Evrope' otpočinje kampanju stvaranja jedinstvenog evropskog carstva.

Vizionar i sjajni strateg, Korzikanac koji je prigrlio masoneriju kao svoje verovanje, postaje nezaustavljivi ekspanzioni faktor koji slama jednu za drugom evropsku državnu realnost, donoseći nelagodnost vojne okupacije, ali i neosporni progres, čiji je predstavnik Francuska tog vremena. U okviru svog napredovanja, Napoleon širi i ideju moderne masonerije ulazeći odmah u sukob sa starim protomasonskim organizacijama religiozne ekstrakcije (hospedalijeri s Malte, Kalatrava, Hristovi vitezovi) i ukida sve redove koji se ne prilagođavaju njegovim zahtevima. Malteški (koji u sebi već objedinjuje templare stavljene van zakona odlukom pape Bonifacija), neposredno pred Napoleonovu vojnu akciju, traži i dobija imperijalni protektorat ruskog dvora i tako imperator Pavle I postaje i zvanični Veliki majstor objedinjenih Jerusalimskih viteških bratstava (jovanovci Svetog hrama, templari koje je preuzeo Red hospedalijera, sami hospedalijeri Svetog Jovana i Red Svetog Georgija Konstantinopoljskog).

Autoritet i pravo na dignitet nad katoličkim viteškim redovima proizlazi iz bule koju je potpisao vizantijski imperator Jovan Anđel Flavio Komnen 1128. godine, koja prihvata *Omnibus in primus sermo noster dirigitur, quicumque proprias voluntates sequi contemnut, e summo ac vero Regi militare animi puritate cupiunt, ut obedientiae armaturum praeclaram assumere intensissima cura implendo praeptent, e perseverando impleant.* Na osnovu ove odluke vizantijskog Vasileusa, kroz istoriju su dokazivana transverzalna zajednička delovanja katolika i pravoslavaca, iako dokaza o takvim delima zapravo nema.

Ovaj gest ruskog cara, vojnog primata svih pravoslavaca, neće sačuvati Red hospedalijera Svetog Jovana od proterivanja s Malte, ali će caru Pavlu I i naslednicama dati mogućnost da svoje antičke prerogative pretoči u njemu korisne organizacije Srba i Grka u Rusiji. Koristeći spremnost srpskog avanturiste Nerandžić-Zorića, koji je bio u posebnoj milosti carice Katarine, kada je i dobio plemićku titulu i ogromno bogatstvo, imperator Pavle I dao je okvir antičkog porekla Srpsko-grčkom bratstvu, koje se pretvaralo u tajni masonski entitet političkih pretenzija i koji će se ubrzo pojaviti kao dvojna organizacija: Filiki Heterija i 'Ujedinjenje ili smrt', zavisno od potrebe akcije koja se nametala kao i od ciljeva (grčkih ili srpskih) koje je trebalo ostvariti.

'Ujedinjenje ili smrt', poznata odmah kao 'Crna ruka' (zbog grba koji je koristila), ubrzo nestaje s vidljive scene i samo se po odličnoj organizaciji u izvedenim akcijama može zaključiti njeno trajanje kroz vreme. Srbi počinju rat s Turcima prvi, i nakon sjajnih početnih pobeda i skoro potpunog oslobođenja bivaju žrtvovani interesima Rusije i njenog saveza sa Austrijom u borbi protiv Napoleona i težnji za pomirljivim odnosima sa Otomanskom imperijom.

'Heterija', na čijem čelu su najviđeniji grčki patrioti, vojno se organizuje za ustanak u Grčkoj (srpski je već u toku) i uz pomoć uticajnih fanariota s dvora u Moskvi (Rodofinikin) pokušava da u Vlaškoj i Moldaviji stvori realnost koja će naterati

Turke na pregovore i ustupke. Princip delovanja i ponašanje u okviru organizacije su preuzeti od Plave masonerije, ali s jasnim istorijskim pretenzijama na vizantijsko poreklo udruženja. U obrede i ritual se uvode insinuacije na Eleusinske misterije, i pojedine vođe žele da ograniče mogućnost pripadanja samo na helenski (svegrčki) i elazgički (aravitski, tribalski i vlaški) etnički supstrat, čime bi se pripadnost vojnom krilu 'Heterije' ograničila na Grke, Srbe, Vlahe i Bugare, ali se ubrzo shvatilo da je bilo kakav ograničavajući faktor kontraproduktivan i da je svako ko deli iste političke ideale dobrodošao. Tome je posebno doprineo Riga od Fere, pesnik i inspirator revolucionarne ideje balkanskih naroda, borac u Tesaliji protiv Turaka sa Spirosom Zerasom, mason-učitelj, koga je izdao sabrat Grk, a Austrijanci predali Turcima. Ubijen je u Beogradu 1798. godine i smatra se herojem i Grka i Srba.

Posle smrti Rige od Fere na čelo 'Heterije' dolaze radikalni fanarioti, nespremni da čekaju bolje okolnosti za delovanje i rad se ubrzava.

Imajući na umu iskustvo Prvog srpskog ustanka 1804, jasno je da za akciju mora biti obezbeđena i naklonost britanske krune i nemačkog carstva. U toj akciji propagande Grci su postigli bolji rezultat nego pre njih Srbi i borba za oslobođenje od Turaka je u Evropi bila prihvaćena kao svehrišćanski poduhvat. U međuvremenu Karađorđe, koji je u izgnanstvu i ne mnogo omiljen kod Rusa, pokušava da preko 'Heterije' ponovo pređe u Srbiju i suprotstavi se jačanju političke moći Miloša Obrenovića. Njegov pokušaj organizovan je uz pomoć Mihaila Sucoša, gospodara Moldavije (i samog iniciranog u 'Heteriju') i naročito Atanasa Čakalova, trijumvira 'Nevidljive apostolske vlasti' same 'Heterije' i osnivača Lože 'Grčki hotel'.

O Karađorđu se zna da je, takođe, bio iniciran u stepenu Strategosa, ali je nejasno zašto mu je dopušteno da pređe u Srbiju kad se znalo da Miloš o svemu uredno obaveštava kako turske, tako i ruske tajne službe, koje su prisutne u Srbiji. U svakom slučaju, aktivno učešće 'Heterije' na Karađorđevoj strani je posle njegovog brutalnog ubistva, koje je organizovao knjaz Miloš Obrenović, navuklo otvoreno neprijateljstvo vladajuće strukture prema 'Heteriji' i njenim ciljevima. Obrenovići koji vide budućnost Srbije vezanu za Rusiju i Tursku onog vremena su protiv uticaja Zapada, naročito Austrije i zato pomažu rusku kulturnu inicijativu koja propagira zajedničko slovensko poreklo (teza koja nastaje u to vreme), istu religiju i sličan jezik. Grčka cilja na zajedničko poreklo (balkanski koreni), istu religiju i dugi saživot.

U tom ratu uticaja, Rusija kao potencijalni saveznik ima svakako veću težinu. To je početak organizacionog i formalnog razdvajanja grčke i srpske zajednice u dve samostalne, zbratimljene, ali odvojene lože sa zasebnim hijerarhijskim strukturama. 'Heterija' nastavlja u formi koja je snažno karakterisana vizantijskim i antičkim elementima, dok se 'Crna ruka' refundira pod pritiskom svog ruskog članstva u građanski modernu i masoneriji blisku organizaciju koja svoj ritual i stepene preuzima (uz mala izuzeća) od Plave masonerije francuske obedijencije. Rađa se Bratstvo hrama Svetog Jovana jerusalimskog.

Grci na svom daljem putu ostaju vezani za tradiciju. Filiki Heterija pomalo gubi od svoje masonske orijentacije i okreće se prevashodno nacionalnim interesima. Snažno doprinosi uspehu grčkog rata za oslobođenje i vođena Aleksandrom Ipsilantesom (koga je na cedilu ostavila Rusija, kao i Srbi pre toga) koji započinje borbu u Moldaviji i Vlaškoj, gde trpi poraze od neuporedivo snažnijih turskih trupa. Kao i njegov pobratim i prijatelj Karađorđe, umire mučenički u austrijskim kazamatima sâm i ostavljen od saveznika bez pomoći i potpore (bio je ađutant cara Aleksandra I).

Međutim, plamen revolucije koji su zapalili je neugasiv i pod zastavom 'Heterije', Grčka se oslobađa od Turaka 15. januara 1822. Filiki Heterija zvanično prestaje da postoji zamenom svoje zastave u korist državne plavo-bele grčke zastave, i samo će povremeno kroz istoriju, u nekim aktima koje su zajednički u ime starog bratstva potpisali Grci i Srbi, ime 'Crne braće' svedočiti o 'nevidljivom' postojanju te lože Majke balkanskih masona pravoslavaca.

Posle ovog burnog, revolucijama ispunjenog vremena, o radu Srpskog bratstva hrama Svetog Jovana jerusalimskog ne postoji mnogo tragova. Nakon sticanja samostalnosti i u vreme kneza Mihaila Obrenovića (zabeležen kao prvi Veliki majstor bratstva), postoje određeni zapisi koji svedoče o uzajamnoj vezi Macinija i Garibaldija sa srpskom masonerijom. Pored regularnih loža koje se formiraju (uglavnom pod italijanskim svetlom), Srpsko bratstvo hrama Svetog Jovana jerusalimskog (sada prebačeno u Srbiju i sa sedištem u Beogradu) nastavlja rad kao tajna organizacija vezana za Krunu i vladarsku kuću. Tako postaje neka vrsta bezbednosnog filtera srpskih interesa i umnogome određuje politiku Dvora.

Kroz burne političke i dinastičke promene, imena Genčića, Belimarkovića, Misirlića i Protića govore o značaju ličnosti koje su pripadale Bratstvu, kao i o njihovoj ulozi u političkom životu Srbije. Međutim, upravo prisustvo jedne grupe oficira koji sa zanosom i romantičarskim shvatanjem srpskog državnog bića daje presudan pečat Bratstvu u tom vremenu.

Mladi i sposobni pukovnik Dragutin Dimitrijević Apis, izabran za Velikog priora Srpskog bratstva hrama Svetog Jovana jerusalimskog, organizuje dinastički prevrat koji treba da vrati presto Karađorđevićima. Okuplja oko sebe grupu istomišljenika nezadovoljnih mestom i ulogom Srbije u Evropi. To je trenutak najveće slave 'Crne ruke' koja ponovo izlazi u javnost, ovaj put tragično viđena kao teroristička zaverenička klika s jedinim ciljem da promeni uspostavljeni poredak u Evropi. Istorija nikada nije razjasnila šta je bila realna pozadina prevrata i zašto je Apis (poštujući tradiciju, ali ne i statut Bratstva) tražio da kralj Aleksandar prvo prihvati zvanje Velikog majstora i vođstvo Srpskog bratstva hrama Svetog Jovana jerusalimskog, i tek onda pokrene akciju kraljeubistva, kasnije prihvatio ideju Jugoslavije čiji je istinski protivnik bio kako ideološki, tako i politički (izgleda da mu istorija daje za pravo).

U odluci da deluje javno Apis se pridržava statuta 'Crne braće' i pokriva Bratstvo novoformiranom, javnom strukturom koja *ad hoc* dobija (prepisan i prilagođen) akt o nastajanju i dopunjene ciljeve. U svakom slučaju, činjenica je da se Srpsko bratstvo hrama Svetog Jovana jerusalimskog nikada nije odreklo, niti ogradilo od ove Apisove inicijative (a moglo je) i da je čak aktom Apostolskog Kapitola osudilo kao Bratstva nedostojan čin suđenje i smrt Apisovu, lišavajući tako prvi put Velikog majstora njegovih prava i prerogativa. Nikola Pašić, od početka otvoreni neprijatelj 'Crne ruke' koristi nastale okolnosti da pretekluu braću udalji i onemogući u daljim akcijama.

Tako se formira 'Bela ruka' kao ekspozitura Dvora protiv 'zaverenika i masona' i 'Crna ruka' ponovo nestaje sa scene.

Aleksandrova smrt u Marselju 1934. godine nema nikakve veze sa 'Crnom rukom' i navodnim prokletstvom koje je Apis uputio kralju pred streljanje. To je svet legendi.

Sudbina Srpskog bratstva hrama Svetog Jovana jerusalimskog, osiromašenog, kako u članovima tako i finansijski (postoji priča da je princ Pavle Karađorđević održavao finansijski Bratstvo do refundacije), ostaje nepoznata sve do ponovnog saziva u Veneciji 1959, kad se u zvanje Velikog majstora Srpskog bratstva hrama Svetog Jovana jerusalimskog inicira Petar II Karađorđević, a zvanje preceptora preuzima princ Valentin Trubecki. Nakon Petrove smrti, njegov brat princ Tomislav Karađorđević odbija dostojanstvo Velikog majstora Srpskog bratstva hrama Svetog Jovana jerusalimskog, pa je Kapitol izabrao preceptora. A. Stanković, predsednik *Amital banke* iz Luksemburga, za Velikog majstora predlaže princa Andreja Karađorđevića iz Libertvila. Andrej to prihvata i do svoje (nerazjašnjene) smrti bio je poslednji Veliki majstor Srpskog bratstva hrama Svetog Jovana jerusalimskog koji ima pravo na kraljevski blazon.

Nakon smrti Andreja Karađorđevića (1990) i interregnuma u kontinuitetu za Velikog majstora Srpskog bratstva hrama Svetog Jovana jerusalimskog, voljom markiza Viljersa de l'il Adama, izabran je Dragan Novak Malešević, kome je data titula barona bez zemlje, tvrdi u svom eseju o masonima i templarima rimski slikar Vladimir Pajević, odani prijatelj prvog srpskog modernog templara Dragana Maleševića."

DRAGAN MALEŠEVIĆ,
PRVI TEMPLAR I MASON

(BARON OD RAŠKE)

Prvi srpski templar 20. veka je slikar Dragan Malešević Tapi. Ovo mi je otkrio njegov školski drug Vladimir Pajević i „prijatelj iz kraja" oko Hrama Svetog Save u Beogradu, slikar u Rimu, koji je imao ključnu ulogu u pristupu Maleševića redu *Supernus Ordo Equester Templi* (SOET) iz Italije.

„Krajem osamdesetih godina, kad je Dragan Malešević počeo da zaokružuje svoju jugoslovensku i svetsku umetničku karijeru, iz Rima je stiglo priznanje kome se nije nadao. Godine 1988. godine Tapi je dobio poziv od vitezova templara Bratstva hrama Svetog Jovana jerusalimskog da postane njihov član", kaže Vladimir Pajević.

Kad je Malašević odgovorio da prihvata čast da postane templar, iz Rima je u Beograd došao jedan vitez reda SOET i rekao mu:

„Mi smo, brate Dragane, vas prepoznali kao zaštitnika vere i naroda. Dobili ste titulu templara svojim rođenjem. I mi vam dodeljujemo Povelju Bratstva hrama Svetog Jovana jerusalimskog, status i titulu Velikog bajlifa. Vi ste od danas duhovni zaštitnik našeg Reda i čuvar naše bezbednosti!"

Zvanje koje je Malešević dobio bilo je veoma visoko, treće u hijerarhiji tog Reda vitezova templara. Prvo mesto u tom Redu imao je Veliki prior, drugo Veliki ispovednik, a treće Veliki bajlif.

Pravo ime reda je Bratstvo hrama Svetog Jovana jerusalimskog i jedan je od retkih oblika udruživanja kroz istoriju koji je na hrišćanskoj bazi prihvatao i katolike i pravoslavce. O tome govori Bula imperatora Jovana IV Komnena.

„Rimski templari su Draganu Maleševiću darivali sveti predmet, nož iz prošlog života i templarsku Povelju na latinskom, ispisanu snjegovim imenom. Tada je dobio i titulu Baron iz oblasti Raška. Istovremeno je ušao u templarsku heraldiku", objasnila mi je njegova supruga

Bojana Malešević, koja čuva templarsku Povelju posvećenu Draganu Maleševiću.

I Dragan i Bojana Malešević su u to vreme bili dobro obavešteni o templarima kao čuvarima Hristovog groba i nasleđa jer su čitali knjige i pokušavali da otkriju suštinu hrišćanstva.

„Razgovarali smo o templarima. Čitali smo knjige i Draganova radoznalost i uverenje da su templari vitezovi dobra je pobedila. Pridružio se templarima jer je verovao da može da doprinese da se dobro širi po Srbiji i svetu. Oni su ga prihvatili kao starešinu Srpskog bratstva hrama Svetog Jovana jerusalimskog, poštovali ga i priznavali kao Vrhovnog templara", rekla mi je Bojana Malešević, koja mi je otkrila da je Tapi imao i nosio u Srbiji templarsku odoru, koju je kupio u Rimu.

Nažalost, Dragan Malešević je 2002. godina umro u policijskoj stanici u Beogradu. Danas počiva na Centralnom groblju na kome su sahranjeni i njegovi roditelji Novak i Jelisaveta Malešević. Vredni kradljivci i pljačkaši beogradskih groblja skinuli su s crnog mermernog spomenika bronzanog orla, a s nadgrobne ploče veliki zlatni templarski krst. Odneli su ih i prodali na otpadu. Ostavili su netaknutim mali krstaški krst, jedini znak koji govorio da je Dragan Malešević bio Isusov ratnik i borac za hrišćanstvo.

„Dragan Malešević je bio templarski vitez, duhovnik srpskih masona, pionir magičnog nadrealizma u jugoslovenskom slikarstvu, divan suprug i otac. Bio je legenda urbanog Beograda i naš brat", govore njegovi najbolji prijatelji.

Rođen je krajem četrdesetih godina prošlog veka u Beogradu, gde se školovao i diplomirao spoljnu trgovinu. Kad je Malešević na Bahamima doživeo inkarnaciju u slikara Jana van Ajka 1975. godine, posvetio se slikarstvu.

Dragan Malešević je pokrenuo likovni pravac u Jugoslaviji – hiperrealizam. Likovni analitičar Dejan Đorić i umetnički kritičar Đorđe Kadijević su taj pravac nazvali „magični realizam". A to ime je preuzeo Momo Kapor za naslov svog portreta Dragana Maleševića u listu *Duga*.

Prva Maleševićeva slika bila je *Sicilijanac*, lice jednog fantastičnog čoveka. Zatim sledi slika *Dalmatinac*. Polje sreće je Malešević oslikao kao da je priroda i cveće s neke druge planete, a ne sa Zemlje.

I u tom umetničkom rađanju novog beogradskog slikara Dragana Maleševića vodeću ulogu imao je njegov drug iz kraja Vladimir Pajević.

Malešević je rastao i odrastao u okolini Slavije, Crkve Svetog Save i okruženju Mutapove ulice. Šezdesetih godina kretao se od Makenzijeve ulice, dole do starog kraja oko *Radio Beograda* i *Politike*, pa sve do stadiona *Tašmajdan* i *Doma omladine*. U njegovom društvu „iz kraja", kako se to u žargonu govorilo, bili su Vladimir Pajević, Vladimir Mendelson, Dobrivoje Glavonić, Aleksandar Aca Kostić, Aleksandar Pantović i Đorđije Martinović.

Pajević je živeo s majkom u Mutapovoj ulici. U osnovnu školu je išao s Bojanom Bubalo, „najlepšom devojčicom u razredu", kako ju je zvao, koja je postala Draganova devojka i supruga.

„Jednog septembarskog dana, ranih šezdesetih, Dragan je ušao u naša već oformljena drugarstva i naše živote kao đak Osnovne škole 'Sveti Sava'", seća se Vladimir Pajević. „Nastavili smo naše druženje u prilično velikom stanu nekad moje porodične kuće, gde sam imao malu, samo moju sobu, ali moje carstvo u kome su bile pohranjivane tajne našeg detinjstva."

Pajević je rođen 1948. u Beogradu. Njegovi preci su poreklom iz Rovaca, bratstvo Bulatovića, koje se odatle raselilo u Srbiju oko 1900. godine. Otac i majka su mu bili intelektualci, pa je mladi Vladimir bio posvećen učenju i obrazovanju. Škola ga je i povezala s Draganom Maleševićem.

„Dragan je meni bio kao brat jer smo od 1962. godine zajedno s još nekoliko drugara, i bili smo nerazdvojni. Već tada više nismo bili beogradski klinci. Potreba da se dokažemo i pokažemo počela je da preovlađuje nad elementarnim uživanjima. Bili smo mladi, umeli smo da sanjamo i svet nam je bio nadohvat ruke. Bio sam već pri kraju gimnazije, odlučio sam da se posvetim slikarstvu i nastavim studije na Likovnoj akademiji. Dragan je pored neverovatnog i neospornog likovnog talenta odbijao da ide na Akademiju. Tada je više voleo da bude avanturista", iskren je Vladimir Pajević.

Dragan Malešević je uradio stotinu originalnih slika, od čega su danas 33 u posedu porodice. Štampao je kopije tih originala, obogaćenih potezima uljanim bojama, u milion primeraka. Imao je zvanično 25 izložbi, a nezvanično mnogo više.

„Krajem 1989. Dragan Malešević je bio najvažnija ličnost kulture u Srbiji. Ljudi su se prosto tukli da uđu na njegove izložbe, da ga vide, da se slikaju s njim i uzmu autogram", tvrdi njegov drug iz mladosti Dobrivoje Boban Glavonić.

Tapi je bio napadan, osporavan, ali i priznat u svetskim enciklopedijama kao pionir hiperrealizma.

„Svaka njegova slika bila je njegov lični pečat života", smatra danas Dragutin Zagorac, prvi srpski templar.

Maleševićevo delo *Osamnaesta rupa*, nastalo 1988. godine, najzagonetnije je njegovo platno. Oslikava izgubljenost crnca u američkom društvu. Sliku je kupila porodica Buš i držala neko vreme u Beloj kući.

A Tapi je najviše je cenio plavi portret srpskog genija Nikole Tesle.

Ponekad mističan kao ličnost, templar, čovek univerzuma, Dragan Malešević je govorio da ima pet života.

„U suštini, imao je četiri velike strasti: porodicu, slikarstvo, masoneriju i Srbiju. Imao je i veliku ljubav prema svojim prijateljima", kaže njegov drug i templar Milan Lajhner.

Kao templar bio je druželjubiv čovek. Imao je petnaestak najboljih prijatelja, čak pedeset puta bio je kum, imao je hiljadu poznanika, od kojih su mnogi tvrdili da su mu prijatelji. Pomagao je unesrećenima i siromašnima. Tragao je za ostacima templarske arhitekture u Srbiji.

Dragan Malešević uhapšen je krajem oktobra 2002. pod sumnjom da je organizovao „bandu za rušenje državnog poretka". Umro je prilikom saslušanja u gradskom SUP-u Beograda.

„Dragan Malešević je verovao da je jači od smrti. Poručio nam je pre odlaska na onaj svet da će kad se vrati u život biti mnogo bolji čovek", kazao je Milan Lajhner, njegov templarski brat.

ISPOVEST PROTE PETRA LUKIĆA

Starešina Saborne crkve u Beogradu, protojerej-stavrofor Petar Lukić bio je lični i porodični prijatelj Dragana Maleševića. Kao dalji rođak, poznavao je i Dragana i njegove pretke, a kao sveštenik ga je znao u dušu.

Otac Pera, kako ga vernici najčešće zovu, rođen je 1948. u selu Žljebac, zavičaju Draganovog oca Novaka i njegovih roditelja. Završio je Bogosloviju „Svetih Kirila i Metodija" u Prizrenu, a diplomirao na Bogoslovskom fakultetu u Beogradu.

Petar Lukić je rukopoložen za sveštenika 1971. u Tešnju. Posle službovanja u Bijeljini, 1982. je postavljen za starešinu Saborne crkve Svetog Arhanđela Mihaila u Beogradu. Imao je samo trideset tri godine. Složen i veoma odgovoran posao starešine najznačajnijeg beogradskog hrama obavljao je rukovodeći ne samo bogoslužbenim životom već i organizacijom najzahtevnijih protokolarnih zadataka vezanih za mnogobrojne svečanosti i događaje koji se odvijaju pod svodovima Saborne crkve.

Maleševići i Lukići su dalji rođaci, ali i komšije u selu Žlijebac, smeštenom između Bratunca i Skelana. U tom selu je Petar Lukić sretao Tapijevog oca Novaka, koji je dolazio u posetu kod protinog oca Luke. Maleševići su u Podrinju bili poznati kao ugledni ljudi i porodica, jedna od četiri najpoznatijih i najvrednijih. Pored njih, bili su poznati Gajići i Lukići.

„Draganov deda stric Borislav Malešević i moj otac Luka bili su članovi Crkvenog odbora u parohiji i članovi Mirovnog veća u selu. Oni su delili pravdu i imanja braći prilikom ostavinske rasprave. Sve je rađeno časno i pošteno“, kaže prota Petar Lukić.

Kraj u kome su živeli Maleševići, sa one strane Drine, bio je četnički, jer tamo druge vojske nije ni bilo. Stanovništvo oko Drine, s bosanske strane, stradalo je u Drugom svetskom ratu od Handžar-divizije i muslimanskih nacionalista. Bežali su preko Drine u Srbiju i spasavali se. Tako je bilo, nažalost, i devedesetih godina prošlog veka.

„Maleševići su dinarski tip ljudi, časni i dostojanstveni“, nastavlja svoja sećanja otac Petar Lukić. „Dragan je bio odraz svojih predaka jer je nasledio njihov častan karakter. Znao sam Dragana kao dete, dok je dolazio sa ocem Novakom u selo kod dede i babe. Posle, početkom osamdesetih, kada sam stigao u Beograd, mi smo se stalno družili. Prvo je on dolazio kod mene u Sabornu crkvu na poverljive razgovore, a potom s porodicom i kod mene kući na slavu Đurđevdan. Pa sam počeo onda i ja da odlazim kod Dragana i Bojane na njihovu slavu.“

Prota bi kod Tapija dolazio u vreme slave Svetog Mrate, obično malo ranije, pre nego što stignu gosti, da bi s Draganom sedeo u njegovom ateljeu, pričao i gledao kako stvara svoja dela. Uzeo bi lupu i kičicu s dve dlake i slikao.

„*Ovo je neverovatno*, bio je najčešće moj komentar njegovog slikarskog umeća“, kaže prota.

Jednog dana Dragan Malešević mu je poklonio divnu sliku. Naslikao je sveštenika u mantiji i s kamilavkom. Pop stoji u bašti pored ruže, ispod koje se igra jedna mačka.

„Oče Pero, ovu sliku sam namenio vama. Nazvaću je *Liturgija*.“

„Nemoj, Dragane, mislim da je bolje da je nazoveš *Posle bdenija*.“

Kad su Maleševići narednog proleća došli kod prote Petra kući na slavu, Dragan mu je poklonio tu sliku. I danas je prota Petar Lukić drži u svom stanu.

„Jednom prilikom, tokom izložbe u Novom Sadu, Dragan je javno rekao da se slika *Posle bdenija* nalazi kod sveštenika Petra Lukića u Beogradu. Prijatelji i poznanici su me zvali telefonom i pitali koliko ta slika vredi i da li sam ja kao pop postao bogat čovek. Molio sam prijatelje da ne pričamo o Tapijevoj slici i njenoj vrednosti jer može nekome da padne na pamet da mi provali u stan i da je ukrade", našalio se prota Petar.

Po sećanju oca Petra Lukića, njegov rođak Dragan Malešević bio je čovek posebnog senzibiliteta. Imao je karakter pravog čoveka i izvornu osećajnu dušu. Uz to, kaže prota, Dragan Malešević je od svojih predaka nasledio i dar čovekoljublja.

„Bio je darovan od Boga mnogim talentima", opisuje ga prota Petar Lukić. „Meni je Dragan ličio na dečaka s antenama, radoznalog, uvek spremnog da nešto istražuje, i koji je tim antenama privlačio frekvencije iz čitavog sveta. A onda bi od tih frekvencija stvarao informacije i svoja čudesna dela. Bio je veliki dečak koji sve upija, sve prima, a mnogo daje. U duhovnom smislu, Dragan Malešević je preko njiva gladi stigao do hleba života."

Tapi se ispovedao ocu Peri diskretno, kroz razgovor dvojice prijatelja. Nisu ulazili u njegovu intimu već su pričali o društvenim problemima i njihovom uticaju na život Dragana Maleševića.

„Bio je u problemima i borio se s njima. Bio je svetski čovek na našim prostorima, daleko ispred svih oko sebe. Vrtlozi života su ga nosili kao tajfuni, ali se on odupirao, borio i pobeđivao te tajfune", otkrio mi je deo njihovih razgovora.

Tesno je Draganu Maleševiću bilo u Srbiji i u Srpskoj pravoslavnoj crkvi. Otišao je u svet, postao je templar i mason.

„Razgovarao je sa mnom o masoneriji. Savetovao sam ga da bude svetski čovek jer sam video da mu je ovaj naš balkanski prostor mali, ali da treba da sačuva sebe, odnosno svoj nacionalni identitet i srpsku kulturu. Ko ima Belog anđela, Pećku patrijaršiju, Njegoša, Vuka, Teslu i Pupina, taj je pripadnik velikog naroda. Potrudi se da svojim delima doprineseš da naš narod i dalje bude veliki", savetovao je Dragana Maleševića starešina Saborne crkve u Beogradu.

I Tapi ga je poslušao. Malešević je postao veliki svetski umetnik sa srpskim imenom.

„I, što je najvažnije", ističe prota Petar Lukić, „Dragan se nije odselio u tuđinu. Ostao je u otadžbini jer je iznad svega voleo toplinu i radost svog doma i svoje porodice."

O Draganu Maleševiću ljudi su imali, uglavnom, lepo mišljenje.

„O Draganu se isplelo mnogo neverovatnih i mahom neistinitih priča, koje je ponekad i on iz raznih pobuda ostavljao da kruže po čaršiji. Dragan Malešević bio je prevashodno dobar čovek. I čak i ako je u našim životima bilo i ponekog skretanja i lutanja, to je on svojom iskrenom katarzom svakako ispravio", definisao je svog pokojnog druga Vladimir Pajević.

Za likovnog kritičara Đorđa Kadijevića, Tapi je bio čudan slikar:

„Sačuvati u saznanju vedrinu duha i radost življenja, to je specijalnost Tapijevog 'stila', čiju formulu samo on zna. Uvek jasno gledati stvari, onakve kakve jesu, više lepote radi nego zbog istine. I tako trajati. To je Tapijevo liturgijsko geslo. Stvarno, čudan neki slikar", napisao je 1995. godine Đorđe Kadijević.

Za Mjuću Miloševića je bio veliki igrač:

„Život je igra, a Dragan Malešević Tapi je od života dobro izučio tu veštinu izazova i iluzija, lutajući po belom svetu, od Skandinavije do Majamija. Da nije postao slikar, Tapi bi verovatno bio veliki mađioničar u bleštavom cirkusu naših snova ili kabareu današnjice, svejedno."

Malešević je bio i veliki humanista, i veliki vitez, i veliki nacionalista.

„Kao čovek velikog srca i široke duše, Dragan je darivao ljude i decu oko sebe slikama, novcem, raznim poklonima, svojim osmehom i radošću. Kao starešina Velike nacionalne lože Srbije i Veliki komander, Dragan Malešević je s članovima veoma uspešno vodio mnoge humanitarne akcije", otkriva Dušimir Zabunović.

„Bio je zanesen čistotom bele boje. Nosio je belo odelo i vozio beli rols-rojs s belim kožnim sedištima. Svi zidovi u njegovim kućama bili su blistavo beli. Dragan je bio naš beli vitez", kaže kum Vladimir Mendelson.

„Tapi je bio veliki srpski nacionalista i Veliki komander masonske lože, koji se borio da Srbi budu svetski, a ne samo balkanski narod", smatra Despot Despotović, izdavač iz Niša.

Još jedan njegov prijatelj, Momčilo Moca Kovačević, novinar *Politike ekspres*, cenio je Tapija kao neobičnog čoveka:

„Bio je vizionar. Govorio je: 'Borba dobra i zla u Srbiji biće završena 2004. godine! Rusija i Kina će biti zajedno. I Srbija s njima!'"

I to se ostvarilo.

BRAT MASON I BRAĆA

Kao templar visokog ranga, Dragan Malešević je imao pravo da uđe u Bratstvo slobodnih zidara. Viđao se u međuvremenu s mnogim beogradskim masonima. Poznavao je Velikog majstora Zorana Nenezića i profesora Andriju Gamsa, s kojima je početkom devedesetih sve češće kontaktirao. Kod kuće je Dragan razgovarao sa suprugom Bojanom da uđe u masoneriju.

„Razgovarali smo i o templarima i o masonima. Čitali smo knjige o tim čuvarima hrišćanstva. Pobedila je Draganova radoznalost da još bolje upozna masone. Pridružio se masonima jer je poverovao da može da doprinese da se dobro širi po Srbiji i svetu. Masoni su ga prihvatili, poštovali i priznavali kao vrhovnog vođu i u jednom momentu izabrali za Velikog komandera, što je najveća titula u škotskom ritualu i u masoneriji“, kaže Bojana Malešević.

Tri osobe su imale presudan uticaj da Dragan Malešević postane brat mason. Prvi je bio njegov školski drug Vladimir Pajević. Drugi je bio njegov novi prijatelj Milan Lajhner, sportista i poslovni čovek iz Beča, a treći Zoran Nenezić, Tapijev poznanik iz Beograda.

Pajević, koji je u Rimu dodirnuo samu Kraljevsku umetnost, bio je opsednut masonerijom toliko da je ona bila deo njegovog stalnog razmišljanja. Dolazeći u Beograd razgovarao je sa starim drugarima. Tražio je, kako priznaje, saborce u svom opredeljenju da bude slobodni zidar.

„Jedino je Dragan Malešević, od svih mojih prijatelja, pokazao veliko interesovanje i želju da se uključi u rad Bratstva slobodnih zidara. Bilo je to vreme rekonstitucije masonerije na prostorima bivše Jugoslavije. Došao sam u Beograd da predložim da se u duhu tradicije i istorijskog nasleđa, masonerija uspostavi pod italijanskim patronatom. Postojala je potreba za stvaranjem jedne više forme i jedne specifične lože. Traženo je od mene da predložim pogodnu ličnost koja bi objedinjavala određene neophodne uslove za to. Predložio sam Dragana i, poput nečega što je već bilo odlučeno ranije i mimo mog predloga, započeo je Maleševićev put kroz Kraljevsku umetnost Jovanovskog bratstva“, otkriva malo poznatu istoriju srpske masonerije Vladimir Pajević, koji je napisao predlog srpskim masonima da Dragan Malešević postane njihov brat.

Prema njegovim saznanjima, Tapi je u red ušao 1992. godine kad je, neposredno posle toga, kooptiran u „plavu“ masoneriju.

Neke okolnosti su uslovile da se Pajević povuče iz aktivnog delovanja slobodnih zidara, tako da je o Draganovom masonskom putu saznavao samo posredno.

„Poslednji put smo se videli nakon njegovog povratka iz Tomara, kada je bio proizveden za Velikog nadzornika reda. Razgovarao sam tada s Draganom Maleševićem kao s novim čovekom, koji je pronašao svoj mir i bio spreman da prihvati svako iskušenje koje mu život bude postavio“, posvedočio mi je Vladimir Pajević.

Tapi je iz Beograda odlazio u London, Prag, Milano, Beč, Ženevu, Njujork. Upoznao je poslovnog čoveka Milana Lajhnera, koga je oduševio svojom pojavom i karakterom. Lajhner je ušao u Tapijev krug prijatelja.

„Bio je nasmejan čovek s divnim pričama. Neverovatan kozer. Gospodin čovek, elegantan i šarmantan. Harizmatična i veoma interesantna ličnost. Plenio me je svojom pojavom i karakterom, tako da sam sve više vremena provodio s Draganom i njegovom porodicom. Gledao sam ga kako danima i nedeljama stvara svoje slike“, izneo mi je Lajhner svoje prve utiske o Maleševiću.

U to vreme, 21. marta 1991. godine, na rođendan svog sina Marka, koji je punio dvanaest godina, Milan Lajhner je iniciran kao mason u loži „Pobratim“ u Beogradu. Za prijem u Bratstvo slobodnih zidara predložio ga je advokat Slobodan Perović, sekretar Velike lože „Jugoslavija“ i sin čuvenog pravnika Mirka Perovića, kao i Zoran Nenezić, Veliki majstor Velike lože „Jugoslavija“.

U svojoj biografiji Lajhner je naglasio da su njegovi poreklom Sremci. Deda po ocu Steva Lajhner je rodom iz Srema. Živeo je u selu Bapska kod Erdevika i bio zanatlija. Doveo je sina Marka Lajhnera u Beograd sa šest meseci. Nastanili su se na Čuburi, na mestu gde se danas nalazi Narodna biblioteka Srbije, ispod tadašnjeg Cirkusa, a u neposrednoj blizini Hrama Svetog Save.

Milanov otac Marko je upoznao devojku Bojanu u Beogradu. Ona je rodom iz Slavonije, ali je poreklom Ličanka od oca Danila (Dane) Delića i majke Jelene Svilar. Njen otac Dane Delić je radio u Americi. Došao je kao dobrovoljac na Solunski front. Preživeo je ratne golgote i kralj Aleksandar mu je, kao i mnogim drugim dobrovoljcima, dodelio zemlju i kolonizovao ih u Slavoniju, u selo Spanat kod Gornjeg Miholjca.

Familija Delić je izbegla iz Slavonije 1941. i ratne godine provela u Srbiji. Na svoje imanje u Slavoniji vratila se tek u leto 1945. Milanova majka Bojana Delić ostala je u Beogradu. Zaposlila se kao radnica u štofari Vlade Ilića. Upoznala je Marka Lajhnera i zavolela ga. Venčali su se i dobili prvog sina Milana. O svom detinjstvu Milan Lajhner mi je ispričao neke detalje.

„Rođen sam u avgustu 1949. godine u Beogradu, gde je moj otac Marko Lajhner bio vozač preduzeća *Automobilsko Beograd* i prvi predsednik Radničkog saveta. Završio sam Osnovnu školu 'Svetozar Marković', srednju Brodarsko-tehničku školu, mašinski smer i zaposlio se kao strojar u *Bagersko-brodarskom preduzeću*, tada najboljem u Jugoslaviji. Bavio sam se džudom u *Partizanu*. Kada su Rusi 1968. godine okupirali Čehoslovačku, u Jugoslaviji je izvršena mobilizacija mladića i ja sam otišao u JNA. Bio sam u mornarici. Služio sam u Puli i Splitu u diverzantskoj jedinici", priča o sebi Lajhner.

Posle odsluženja vojske, otišao je na rad u Beč, na šest meseci. Zaradio je Milan nešto para i oženio se Olgom, devojkom iz crnogorske porodice Rašović, poreklom iz okoline manastira Morača. Dobili su dvoje dece, ćerku Moniku 1973. i sina Marka 1979.

LOŽA „POBRATIM"

U međuvremenu, Milan Lajhner je opet krenuo na rad u inostranstvo. Boravio je u Hamburgu i Beču, gde je razvio trgovačke poslove prodaje i izvoza motornih delova za kamione, lokomotive i brodove. Svoju firmu je nazvao *Automotiv suplais*.

„Do 1991. firma je rasla i razvijala se toliko da sam otvorio predstavništva u Moskvi, Varšavi, Sofiji, Budimpešti i Beogradu. Širio sam poslove na zemlje Istočne Evrope, ali sam se pripremao za povratak kući", priča Lajhner. „Slutio sam zlo u Jugoslaviji jer dok sam poslovao s Hrvatima i Slovencima i dok sam boravio u svojoj kući na Krku, gledao sam kako Slovenci i Hrvati pripremaju rasturanje SFRJ. Titova smrt je samo ubrzala taj proces. Moja Olga je radila u državnoj spoljnoj trgovini u Beogradu i osećala je isto što i ja. Kad je premijer Ante Marković početkom devedesetih dozvolio da i privatnici mogu da se bave spoljnom trgovinom, odlučio sam da prodam firmu u Beču i svoj biznis preselim u Srbiju."

Osnovao je u Beogradu novu firmu *Patrimons*, ali je sve više vremena provodio sa svojom braćom masonima. Čak je odsustvovao i s proslave rođendana svog sina Marka da bi bio na sastanku u loži „Pobratim".

„U loži 'Pobratim' bilo nas je veoma malo. Tu sam se opredelio više za operativne nego za duhovne poslove, jer sam voleo da se bavim organizacijom raznih aktivnosti lože", nastavlja Lajhner. „Posle izvesnog vremena, jednom prilikom kada je sekretar Slobodan Perović bio odsutan iz lože, Veliki majstor Zoran Nenezić me je pitao šta da rade."

„Jedan ugledan čovek predlaže slikara Dragana Maleševića za prijem u Veliku ložu 'Jugoslavija'."

„Može, čovek je poznati slikar i ugledna javna ličnost", odgovorio je Milan Lajhner.

„Da, ali ono što se priča o njemu ne ide zajedno s masonerijom", primetio je Nenezić.

„Ne znam za to. Malešević je umetnik svetskog nivoa", bio je uporan u svojim tvrdnjama Lajhner.

Puna tri sata se raspravljalo u loži „Pobratim", majci svih masonskih loža Velike lože „Jugoslavija" (VLJ), o prijemu Dragana Maleševića. Nenezić je Lajhneru pokazao pismo koje je loži poslao Vladimir Pajević, slikar iz Rima, zet Mome Kapora i ugledni templar.

„Posle duge rasprave i glasanja, Malešević je primljen u Veliku ložu 'Jugoslavija' početkom 1992. Danas mogu s ponosom da kažem da sam i ja jedan od onih koji je primio Tapija u masonsku ložu."

Kako Velika loža „Jugoslavija" nije početkom devedesetih imala svoj hram, masonski obredi su se održavali u kancelarijama Matice iseljenika Srbije u Nušićevoj ulici, kod Dušimira Dušana Zabunovića na IV spratu preduzeća MPS kod autobuske stanice, kod advokata Borka Simonovića, vlasnika prve Advokatske radne zajednice, prekoputa Savezne skupštine, u centru Beograda.

„Zajednički rad u loži zbližio me s Draganom. On je, kao i ja, bio odličan organizator. Tapi je bio zadužen da brine o bezbednosti svih masona u Velike lože 'Jugoslavija'. Privatno smo često sedeli zajedno i pričali", kaže Lajhner.

Kao mason, Malešević je bio veliki propagator ideja Bratstva slobodnih zidara. Velika loža „Jugoslavija" dala mu je dozvolu da javno priča o masoneriji ne bi li se ova obedijencija približila javnosti, koju su komunisti decenijama plašili masonima.

„Narod ga je pažljivo slušao i sledio. Po svojim idejama Malešević je bio daleko ispred svih nas masona. Imao je viziju masonerije kao društva budućnosti. Bio je sjajno informisan jer su mu se ljudi poveravali i obaveštavali ga o svemu. Na tim informacijama Tapi je gradio viziju da masoni mogu da spasu Srbe i svet", priča Milan Lajhner.

Rezultat javnog delovanja Dragana Maleševića kao masona bio je veoma uspešan. Masoni su držali svoje radove, završavali škole i kurseve, dobijali više činove i napredovali u unutrašnjoj hijerarhiji Velike lože „Jugoslavija". I sâm Milan Lajhner je kasnije postao Veliki majstor.

Tapi je imao izgrađen masonski autoritet. Na sednicama Saveznog veća i Saveta velike lože, glavnim telima Velike lože „Jugoslavija", vodio je raspravu i često svojim argumentima uticao na konačne zaključke i odluke.

Kad je Zoran Nenezić u ložu doveo glumca Lazara Ristovskog, Dragan Malešević i Milan Lajhner su s njima dvojicom neko vreme uspešno vodili Veliku ložu „Jugoslavija". U njoj su članovi bili i Asim Kurjak, čuveni lekar iz Sarajeva i Silvio Degan, poznati advokat iz Zagreba, kao i mnogi drugi ugledni ljudi.

Na vrhuncu svog uspeha, kad je formirana sredinom devedesetih Velika nacionalna loža „Jugoslavija" imala je 360 članova i čak 13 loža u Beogradu, Nišu, Novom Sadu, Sjenici. Njeni organi su bili Savezno veće, koje su činili visoki oficiri, veliki majstori i starešine i delegati loža, i Savet velike lože, u kome su bili samo visoki oficiri i veliki majstori.

U to doba razvoja srpske masonerije, u život Dragana Maleševića ušao je još jedan novi prijatelj. Bio je to industrijalac Dragutin Zagorac, Beograđanin, koji se interesovao za masoneriju jer je njegov deda Dragutin Vojinović bio slobodni zidar.

„Kao mladić nisam mogao da budem deo Tapijeve družine. Šezdesetih godina su generacijske razlike bile bitne i mi mlađi nismo mogli da se družimo sa starijim momcima. Upoznao sam Dragana mnogo kasnije preko svog zeta Zorana Sredojevića, biznismena i muža moje sestre Svetlane. Zoran je bio poznati graditelj Olimpijskog sela u Minhenu. U Beogradu je s Tapijem bio prijatelj", ispričao mi je Dragutin Zagorac.

Rođen u Beogradu 1954, diplomirao je tehnologiju i 1989. nasledio fabriku *Neoplastika*, koja je proizvodila 2.500 artikala. Danas se Zagorac bavi istraživanjem voda i projektima u oblasti pijaće i industrijske vode.

LJUDI S KECELJAMA

Dragutin Zagorac je prvo bio mason u Velikoj loži „Jugoslavija", a potom je 2001. godine postao prvi templar Srbije.

„Kad sam u oktobru 1992. iniciran u Veliku masonsku ložu 'Jugoslavija', upoznao sam mnogo bolje brata masona Dragana Maleševića. Jedno vreme smo intenzivno radili u masoneriji Milan Lajhner, Malešević i ja. Postali smo bliski prijatelji i privatno smo se družili. Drakče je bio posvećen masoneriji. Ona je bila njegova velika strast i obaveza. Ulagao je veliku energiju i svoje znanje u masoneriju", tvrdi Zagorac.

Kao mladi masoni, i Malešević i Zagorac su zajedno s Lajnerom brzo napredovali u masoneriji. Tapi je imao duh, širinu, pamet i mudrost da animira i privuče veliki broj uglednih ljudi u masoneriju.

Ako se sabere broj ljudi koji su prilazili Maleševiću, može se reći da se njih oko 1.500 interesovalo da budu masoni. Masoni u ložama kod Dragana Maleševića bili su glumci Lazar Ristovski, Milorad Mandić Manda, Dragan Nikolić Gaga, Miki Manojlović i Dragan Bjelogrlić, kao i režiser Dragan Marinković iz Kanade.

Masonsku kecelju su nosili i slikar Dragan Martinović, braća Goran i Damir Savić iz Sremske Mitrovice, roker Saša Žigić, biznismen Dušan Zabunović, biznismen Zlatanović iz firme *Duga*, pevač Ljubiša Stojanović Luis, Stanko Čolak, načelnik u SDB Jugoslavije, vidovnjak Lav Geršman, profesor Aleksandar Pantović, galerista Đorđije Martinović, doktor Zlatko Zlaja Bešlagić, političari Goran Svilanović, Slobodan Vuksanović i Beba Popović.

Vuk Bojović, čuveni direktor beogradskog Zoološkog vrta, bio je mason i prijatelj Dragana Maleševića Tapija, kao i majstor fotografije Žika Slika iz beogradskog Gradić Pejtona. Ovaj velegradski fotograf je rođen kao Miroslav Đurić pre pola veka u Tuzli, ali se početkom sedamdesetih s majkom i bratom Miladinom obreo u Beogradu. Prve snimke je napravio u Tuzli, ali je u Beogradu, dok je studirao DIF, nastojao da svoj hobi pretvori u profesiju.

Za tri decenije, koliko Miroslav i njegov brat Miladin vode foto-studio, snimili su tri i po miliona fotografija. Na nekim od njih su najveće svetske i domaće zvezde. S nekima od njih se Žika Slika okumio, a mnogi su postali njegovi prijatelji i dragi poznanici. Sa zidova studija u Gradić Pejtonu, gde je i Tapi imao svoj slikarski studio, posetioce gledaju Milovan Ilić Minimaks, Milena Dravić, Lepa Brena, Severina,

Ana Ivanović, Dragan Nikolić i Bata Živojinović, sudija Kolina, Maradona, zvezde NBA lige, princ Aleksandar Karađorđević i krunisane glave iz još dvadesetak dinastija.

Na posebnom, tajnom mestu Žika Slika drži fotografije Dragana Maleševića Tapija.

Slobodni zidari su bili Milorad Crnjanin, novinar, Dejan Lučić, publicista, Miroslav Rodić, Vladimir Đurić, Nebojša Atanacković iz Unije poslodavaca, kao i njegovi drugovi i prijatelji.

„Dragan Malešević se kao brat stalno borio da srpski masoni budu ujedinjeni, složni i jaki. Veliku ložu 'Jugoslavija' osnovali smo uz podršku nemačkih masona. Beogradski masoni su kasnije uspostavili jako dobre odnose sa Albertom Koskom. Taj Austrijanac bio je Veliki majstor Velike lože Nemačke i vrhunski mason. On je uspeo da od pet velikih loža formira jednu Veliku ujedinjenu ložu Nemačke. Taj plan ujedinjenja svih velikih loža na prostoru Jugoslavije bio je predviđen da se sprovede i u SFRJ. Izbio je rat u SFRJ i Nemci su se okrenuli protiv nas Srba i protiv naše Velike lože 'Jugoslavija'", otkriva Milan Lajhner razloge za neispunjenje masonske misije Dragana Maleševića i njegove braće slobodnih zidara s početka devedesetih godina prošlog veka.

KRALJEVSKA UMETNOST

Da bi se razumeli događaji iz devedesetih godina koji su potresali jugoslovensku i srpsku masoneriju, ali i primoravali Dragana Maleševića i njegovu braću masone da se još snažnije bore za ujedinjenje svih obedijencija, moramo da pogledamo kratku istoriju masonerije u svetu, a posebno kod Srba.

„Masonerija ustoličava kraljeve. Njena ruka oblikuje sudbine svetova. Masoni su najmoćnija organizacija na zemlji", govorio je Manli P. Hal, mason 33. stepena i američki filozof.

Uprošćeno rečeno, masonerija je manje ili više tajni internacionalni religiozno-mistični, hijerarhijski organizovan pokret, odnosno „bratstvo čiji je tradicionalni temelj vera u Velikog neimara svih svetova".

Masonerija predstavlja sintezu svih verovanja, svih religija za ljude svih rasa; zbog toga je ona minimum dovoljne istine. Masonerija, kao „kraljevska umetnost", predstavlja filozofiju ljudskog duhovnog života i „dijagram procesa regeneracije".

Slobodno zidarstvo je najveće i najraširenije bratstvo na svetu. To je bratstvo muškaraca odlučnih u istraživanju i praktikovanju moralnih i duhovnih vrednosti. Masoni se praktikovanjem serije ritualnih drama, rituala koji potiču iz davnina, bave izučavanjem pitanja i ideja svoje „kraljevske umetnosti". A upotrebom simboličkih kamenorezačkih alata i običaja kao alegorijskih vodiča rade na podizanju „Hrama humanosti" u svetu.

Masonerija nije religija, niti je zamena za religiju. Ona je otvorena za ljude svih religija od kojih se očekuje da nastave da praktikuju svoju veru. Slobodno zidarstvo, takođe, ne dopušta religijske i političke diskusije na svojim radovima.

„Pod masonom se podrazumeva slobodan čovek na dobrom glasu. Bratstvo slobodnih zidara služi da se pruži mogućnost da se kroz rituale i duhovni rad svaki član masonerije, u skladu sa svojim mogućnostima, duhovno izgrađuje i da svojim izgrađivanjem kao pojedinačna cigla doprinese simbolično gradnji hrama humanosti. Ta gradnja zajedničkog hrama humanosti jeste ono što povezuje sve masone sveta, a ne neka politička ili druga aktivnost", kaže mason Aleksandar Pantović iz Beograda.

Već mnogo vekova slobodni zidari prate ova tri principa. Bratska ljubav – svaki slobodan zidar će pokazati toleranciju i poštovanje prema mišljenju drugih i ophodiće se s dobrotom i razumevanjem prema dugima. Pomoć – slobodni zidari će praktikovati dobročinstvo i brigu ne samo za drugu braću već i za zajednicu u celini, oba putem dela milosrđa i dobrovoljnog individualnog rada. Istina – masoni streme istini, nameću visoke moralne standarde i teže da ih ostvare u sopstvenim životima.

Slobodni zidari veruju da ovi principi predstavljaju put ka postizanju viših moralnih i duhovnih standarda u životu. Masoni su patriote i humanisti. Osnovni uslov da pojedinac postane slobodni zidar je iskrena vera u „Vrhovno Biće" ili Boga. Uostalom, mason Gete je rekao u svom *Faustu*. „Onome koji je stremio, njemu donosimo spasenje!"

Članovi masonskih loža ili radionica Bratstva slobodnih zidara mogu da budu samo muškarci stariji od dvadeset jedne godine. Masonska reč inicijacija, tj. ulazak u savez slobodnih zidara, znači „nov početak, prekid sa starom metodom i radom u životu i ulazak u jedan novi život većeg samopouzdanja, produbljenog razumevanja i pojačane vrline".

U taj savez moguće je ući samo u ložu koja je prava i potpuna i koja ima isključivo pravo prijema novih članova. „Onaj koji traži" ulazak u ložu mora biti „slobodan čovek i na dobrom glasu".

Masonima je, međutim, najstrože zabranjeno da za drugog brata kažu da je mason. Svako to može da kaže za sebe, mada ni to nije preporučljivo, osim kad se u okviru jedne obedijencije braća ne dogovore ko će govoriti za javnost. Imena članova masonerije su tako najviša tajna za javnost.

Mistrija, lenjir i čekić su tipični zidarski simboli. Masoni u svom „radu", kako nazivaju svoj obred ili ritual, upražnjavaju čudne simbole kao što su viteški mač, majstorska kecelja, svevideće oko, plavi cvetak „nezaboravak", čekić, šestar i ugaonik, pentagram, piramida i šestougaona Davidova zvezda.

Od pisaca, ove simbole najčešće su koristili masoni Dositej Obradović, racionalista i prosvetitelj, koga domaća masonska tradicija smatra svojim i Sima Milutinović Sarajlija, mistični pesnik za koga se zna da je u Lajpcigu ili još u Vidinu ušao u zidarsku ložu.

„Svevideće oko u svevidećem trouglu je prisutno u masoneriji. Veliko je pitanje", kaže profesor Pantović, „da li je to isključivo masonski simbol, iako ga oni obilato koriste. Svevideće oko je drevni simbol sveznanja. Pretpostavlja se da su ovaj simbol masoni preuzeli od Egipćana."

„Ja sve vidim. Ja sve znam", govorio je svevideći Dragan Malešević, brat mason.

Zanimljivo je da se kao jedan od masonskih simbola pojavljuje i dvoglavi orao s krunom iznad glava. Takav orao bio je postavljen 2002. godine na nadgrobnoj ploči Dragana Maleševića Tapija, ali su ga lopovi polomili, ukrali i odneli.

Dilema o odnosu masonerije i pravoslavlja se javila u novembru 2002. godine, povodom smrti slikara Dragana Maleševića Tapija u policiji, kad se u medijima pojavilo pitanje – mogu li se masoni sahranjivati po pravoslavnom obredu? Doktor Radomir Popović, profesor bogoslovije iz Beograda je tom prilikom izjavio:

„Crkva nema poseban stav o tome mogu li se masoni sahranjivati po pravoslavnim običajima ili ovaj crkveni obred treba da im bude uskraćen. Reč je o organizaciji koja funkcioniše tajno ili polutajno, njeni pripadnici se ne deklarišu ko su i šta su, a nije do Crkve da sama istražuje da li je neko mason ili nije. U svakom slučaju, izričite odredbe o ovome ne postoje."

U crkvenim krugovima se zna da se Tapi redovno ispovedao, primao sveštenika u kuću i u svemu se ponašao kao vernik. Ako se neko osećao kao vernik, može li mu se uskratiti obred?

Protojerej Zoran Purić iz Loznice je kratko rekao:

„Bez obzira na to što je neko mason, dostojan je čina pravoslavnog obreda, odnosno opela."

Episkop Lavrentije bio je izričit:

„Srpska pravoslavna crkva ne preporučuje članstvo u masonskim ložama. Bilo je, istina, slučajeva da srpski sveštenici u Americi budu članovi masonerije, ali kod nas u Srbiji, bogu hvala, toga nema. Ali ako je neko kršten, biće sahranjen po pravoslavnim običajima. Mi ne možemo znati ko je član čega, tim pre što je reč o tajnoj organizaciji. Može se dogoditi da, posle pravoslavnog obreda, bar tako govore iskustva iz Amerike, pokojnom masonu, po njihovim pravilima, obred obavljaju njegove kolege slobodni zidari."

Kako mi je izjavila gospođa Bojana Malešević, sveštenici Srpske pravoslavne crkve su u kapeli na Centralnom groblju držali opelo njenom suprugu Draganu.

Međutim, sadašnji patrijarh srpski je pre nekoliko godina, kao vladika Irinej niški, poručio da Crkva priznaje samo jednu zajednicu vernika, a po njenom shvatanju, masonerija je antireligiozna. U svojoj ideologiji i organizaciji, masonska društva su na nižem stepenu možda religiozna, ali na višim ispoljavaju neprijateljstvo prema religiji. To je i dalje misteriozna i nepoznata organizacija i nespojiva je pripadnost i Crkvi i masoneriji – tvrdio je Irinej, tadašnji vladika, a kasnije patrijarh.

Ova izjava začudila je Tapijeve prijatelje jer većina njegove masonske braće slavila je pravoslavne slave, na koje su Maleševići odlazili porodično. A to znači da su ti srpski masoni bili vernici Srpske pravoslavne crkve.

Tako je i akademik Milorad Pavić, bez obzira na to što je bio mason, bio i hrišćanin, pa je, kad je u decembru 2009. preminuo, mogao biti sahranjen po pravoslavnim običajima.

U prilog tome da se može biti pravoslavac i mason, navodi se da su mnogi crkveni velikodostojnici to bili. Masoni su bili vladika Nikolaj i mitropolit Stratimirović. Bio je to i vladika Petar Petrović Njegoš.

Pokojni Dragan Malešević Tapi i njegov prijatelj Dragutin Zagorac bili su masoni sa ovlašćenjem Velike lože da istupaju javno i pokušavaju da tu zatvorenu organizaciju približe javnosti. Obojica su se, za Tapijevog života, trudili da razbiju zablude koje kod Srba vladaju o masoneriji.

Dve najveće zablude jesu da su masoni protiv pravoslavlja i Boga, kao i protiv nacionalne srpske države.

„Masonerija nije u suprotnosti s pravoslavljem, mada u Crkvi ima ljudi koji nas ne trpe i ne poštuju. Zato nam, na primer, nije bila potrebna posebna dozvola Srpske pravoslavne crkve da bismo izne-li masonska obeležja brata Dragana na njegovoj sahrani. Uostalom, treba znati da masonerija priznaje sve religije sveta i da se prijem u masone vrši polaganjem zakletve nad *Svetim pismom*", rekao mi je Dragutin Zagorac.

Ipak, masoni su uvek kod Srba bili identifikovani kao „zaverenici protiv naroda".

Piramida je veoma važan simbol masonske ikonografije jer slo-bodni zidari često koriste tradiciju oslanjanja na antičke simbole i se-dam svetskih čuda. Pogotovo zarubljena piramida, na čijem se vrhu nalazi oko svevideće.

U centralnom delu beogradske Knez Mihailove ulice danas stoji simbol koji predstavlja još jedan jasan masonski potpis. To je pirami-da koja se nalazi ispred zdanja Srpske akademije nauka i umetnosti. Zvanično je napravljena 1995. godine, kad je u Velikoj galeriji SANU održana veoma posećena izložba *Svet merenja*. Piramida oficijelno označava geografski položaj Beograda, a na njoj su ucrtane strane sve-ta, kao i geografska dužina i širina. Tako je Beograd dobio još jedan od mnogih simbola koji odražava masonsku simboliku u samom srcu grada.

Rad u Bratstvu je zasnovan na ljubavi, istini, pravičnosti i čoveč-nosti. Masonerija je apolitična i svaka politička diskusija na njihovim sastancima je zabranjena.

Moderno slobodno zidarstvo je započelo 24. juna 1717, u kafani *Kod guske i roštilja* u londonskom predgrađu, kada su četiri londonske lože formirale prvu Veliku ložu Engleske. Od tog momenta graditelj-sko zidarstvo postaje i spekulativno, a podaci o masonima su znatno pouzdaniji. Već 1723. godine izlaze čuvene *Andersonove Konstitucije*, jedna od najvažnijih knjiga spekulativnog slobodnog zidarstva. Knji-gu je po porudžbini Velike lože Londona napisao Džejms Anderson (1679–1739) i ona se sastoji od tri dela – *Istorija slobodnog zidarstva*, *Dužnosti* i *Propisi*. Naknadno su knjizi dodati i postskriptumi: „O zakonu protiv slobodnih zidara" i „Način konstituisanja nove lože". Knjigu je 1734. u SAD predstavio Bendžamin Frenklin (1706–1790), Veliki majstor pensilvanijskih slobodnih zidara.

Andersonova *Konstitucija* je omogućila da se u „Kraljevsku umet-nost" uvede sistem i red, kao i da se slobodno zidarstvo raširi po či-tavom svetu. Iz Velike londonske lože izrasla je već 1726. Velika loža Engleske, koja je u vrlo kratkom roku dobila status „majke svih loža".

Njeno priznanje omogućilo je regularan rad slobodno-zidarskim ložama po celom svetu.

U svetu danas ima više od dvesta dvadeset Velikih loža i Velikih orijenata, od kojih je sto samo u Severnoj Americi. U tim organizacijama trenutno ima oko šest miliona slobodnih zidara u zavisnosti da li se gleda samo broj regularnih masona ili se računaju sve organizacije koje se izdaju za slobodnozidarske. U svetu postoje mnoge neregularne masonske organizacije, a poznat je skandal s ložom P2 i organizacijom „Opus Dei" u Rimu, u kojoj su bile značajne ličnosti političkog i poslovnog sveta.

Danas postoje dva masonska centra odakle potiču sve ostale lože. Jedan centar je u Engleskoj. To je Ujedinjena velika loža Engleske, koja ispred svog imena nosi prefiks regularna i sebe smatra jedinom istinskom, kako simbolično navode, „majkom" svih loža. Drugi centar je Francuska, koja ima znatno liberalnija i otvorenija pravila, a ispred imena ima odrednicu „nacionalna".

Dragomir Acović, član Krunskog saveta, kaže:

„U prirodi masonskih organizacija jeste da okupljaju uticajne ljude. Kad se ljudi od uticaja nađu zajedno, prirodno je da razgovaraju, razmenjuju mišljenja i shodno tome deluju, bilo da je reč o sportskom klubu ili masonskoj organizaciji."

Istoričar Nikola Samardžić ističe:

„Masoni ne postoje kao jedinstvena organizacija; podeljeni su na lože i svaka zastupa određene lokalne interese. U Srbiji je paradoks da se uvek znalo ko je mason, iako su masoni tajna organizacija. Njihov uticaj je prenaglašen."

Čedomir Čupić, profesor Fakulteta političkih nauka u Beogradu, smatra da su masoni imali uticaja u intelektualnim krugovima.

„Gotovo sam siguran da u političkom životu masoni nisu imali uticaja ni pre, a ni sada jer bi politička scena i politički poredak bili urredniji."

Profesor Aleksandar Pantović, koji je kao Maleševićev prijatelj stekao poverenje da postane mason, rekao mi je:

„Masonerija ima dvojaki cilj – jedan je okrenut unutra, prema članstvu, a drugi ka spoljnom svetu, ali se ta dva cilja uzajamno dopunjuju, prožimaju i uzajamno se tumače."

„Cilj masonerije u njenom delovanju ka spoljnom svetu sastoji se u stvaranju jednog sveta koji bi, najzad, bio dobar, uljudan, socijalizovan i duboko karitativan, lišen oholosti i svireposti. Stoga su masoni i stvorili instituciju Crvenog krsta, a njihova ideja je bila i poznata Ženevska konvencija o pravima u ratnom stanju", kaže Pantović.

RAĐANJE SLOBODNOG ZIDARSTVA

Slobodno zidarstvo nastavilo je tokom 18. veka svoj intenzivni razvoj po celoj Evropi. Države su nastajale i nestajale, menjale se dinastije, vladari, režimi, društveni sistemi, ali, kako tvrdi Veliki majstor Petar Kostić, jedino je slobodno zidarstvo opstalo u svom izvornom obliku do današnjih dana.

– Kroz negovanje rituala i upotrebu simbola, svi masoni sveta se razumeju, bez obzira na jezik koji govore, religijsku ili političku pripadnost, boju kože i obrazovanje. Svi su na istoj ravni, na libeli – kaže Petar Kostić, bivši starešina Regularne velike lože Srbije.

Po njegovim rečima, slobodno zidarstvo je način življenja. A njegov cilj je preobražaj čovečanstva do čovečnosti!

Prvi srpski slobodni zidari javljaju se u južnoj Ugarskoj za vreme vladavine habzburškog cara Josifa II od 1780. do 1790. godine. Kako tvrde autori knjige *Kratak pregled istorije slobodnog zidarstva Srbije*, Bratislav Stamenković i Slobodan G. Marković, za vreme vladavine cara Josifa u Petrovaradinu je osnovana prva loža u južnoj Ugarskoj, koja je zahvatala srpsko stanovništvo. Loža se zvala „Probitas" (dobrota) i okupljala je oficire. Utemeljio je grof Andrej Hadik, vođa Narodne odbrane, a starešina lože bio je Simon Hiršl, sudija i predsednik jevrejske opštine.

Među prvim srpskim masonima Bratislav Stamenković i Slobodan G. Marković pominju velikodostojnike srpske Karlovačke mitropolije, episkopa bačkog Josifa Jovanovića Šakabendu (1743–1805) i u to vreme arhimandrita Stefana Stratimirovića (1757–1836), koji su se nalazili na spisku članova masonske lože „Budnost" u Osijeku.

U to vreme masonerija se javlja i kod Srba u Boki Kotorskoj, ali i u Beogradu. Mason Sreta Stojković, član lože „Pobratim", tvrdio je da je slobodnog zidarstva bilo u Beogradu krajem 18. veka. U to doba, „kad su po celom Balkanskom poluostrvu bili dodijali zulumi besnih janičara", ljudi koji su radili na opštem ustanku bili su okupljeni oko masonskih loža, pre svega onih u Vlaškoj, Beogradu, Vidinu. Bio je to pravi balkanski masonski savez za dizanje ustanka protiv Turaka.

Tragovi masonskog uticaja na srpsku inteligenciju krajem 18. veka vidljivi su u književnim delima Zaharija Orfelina, Pavla Solarića, Joakima Vujića, Vida Došenovića preko Volterovih racionalističkih ideja. S masonskim liberalnim, racionalističkim i idejama tolerancije bili su upoznati i pisac i politički vođa Sava Tekelija, general Simeon Narandžić Zorić i temišvarski episkop Petar Petrović.

Prvi indirektni tragovi o formiranju slobodnozidarskih loža u Beogradu datiraju u memoarima pisaca s kraja 18. veka. Iako nema arhivske građe, zna se da je krajem tog veka u Beogradu postojala jedna masonska radionica.

Verovatno je delovala na turskom jeziku jer su se 1794. godine među članovima nalazili vezir tadašnjeg Smederevskog sandžaka i Beogradskog pašaluka Hadži Mustafa-paša, mitropolit Metodije, srpski ustanički vođa Janko Katić, trgovac Petar Ičko, kao i grčki pesnik i rodoljub Riga od Fere.

Slobodnozidarsko predanje da su Mustafa-paša i Petar Ičko pred kraj 18. veka bili članovi masonske lože u Beogradu zabeležio je još Milan Đ. Milićević u *Pomeniku znamenitih ljudi u srpskog naroda novijega doba*. Vojislav M. Rosić 1913. godine o toj prvoj beogradskoj loži piše:

„Članovi ove lože bili su i Srbi i Turci. Oni su se jedni prema drugima ponašali kao braća i to ne samo u loži nego i u spoljašnjem svetu. Prema svemu sudeći, izgleda da je veliki vezir, Mustafa-paša bio i sâm Veliki majstor. Ova prva loža radila je sve dok tadašnje dahije nisu prodrle u beogradski grad i udavile Mustafa-pašu."

Kakav je bio odnos Srba i Turaka u ovoj loži lepo ilustruje podatak da su Hadži Mustafa-pašu savremenici zvali Srpska majka. Beogradski pašaluk imao je trideset tri knežine ili opštine, u kojoj su novi kneževi bili i neki Srbi, na primer, Aleksandar Nenadović. A i srpsku crkvu su vodili narodni ljudi. Mitropolit Metodije beogradski od 1791. do 1801. godine bio je Grk. Stolovao je kao mason na Beogradskoj mitropoliji neposredno pred Prvi srpski ustanak. Mitropolitu su Srbi odneli hatišerif o povlasticama koje su dobili Svištovskim mirom 1791. i dali mu ga na čuvanje „kao glavi naše Crkve", kako piše prota Mateja Nenadović.

Mitropolit Metodije, iako fanariot, ostavio je veoma povoljan utisak u srpskom narodu. Poznate su njegove reči: „meni je dato ovo mesto da živim za mnoge, a ne za sebe samoga. Ja sam dužan da iskupim i stradam za one radi kojih sam ono što sam." Zbog svojih veza sa ustanicima, mitropolit Metodije je po naređenju beogradskog paše udavljen u tvrđavi, 26. januara 1801. godine.

Kako piše profesor Dragoljub Živojinović, hatišerifima koje je dala 1793, 1794. i 1796. godine, turska Porta je potvrdila kneževinsku samoupravu u Beogradskom pašaluku. Srpski narod pružio je značajnu podršku borbi beogradskog vezira Hadži Mustafa-paše protiv izbeglih janičara i vladinskog starešine Pazvanoglua. Upravo ta činjenica doprinela je jačanju kneževinske autonomije, što će imati velikog značaja u vreme ustanka Karađorđa Petrovića.

Zanimljivo je da pojedini istoričari tvrde da Karađorđe nije bio mason, a drugi govore da ima indicija da je i ustanik Đorđe Petrović bio mason kao član jednog grčkog tajnog društva koje se povezalo sa ustanicima. Danas mnogi autori koji se bave slobodnim zidarima ukazuju da njegov spomenik pred Hramom Svetog Save na Vračaru ima kao bazu masonski simbol piramidu.

„Istaknuti slobodni zidar Vladimir Ćorović (1885–1941) početkom 20. veka pisao je o uticaju masonerije na podizanje Prvog srpskog ustanka i ističe nesumnjiv značaj ove lože za podizanje ustanka", tvrde Bratislav Stamenković i Slobodan G. Marković.

Kada je Dragan Jovanović, novinar NIN-a pisao o toj temi, utvrdio je da je Karađorđe, vođa Prvog srpskog ustanka, „sudeći prema mnogim znacima bio član ove prve lože, pod njenim uticajem produžio je rat protiv dahija i slomio ih". Više masonskih autora, priznatih istoričara, potvrđuje odlučujuću ulogu masona u ustanku kao i Karađorđevu pripadnost prvoj srpskoj masonskoj loži.

I novinar Zoran Nikolić tvrdi nešto slično.

„Karađorđe Petrović, prilikom pokretanja Prvog srpskog ustanka, bio je veoma blizak sa organizacijom slobodnih zidara, a u kontakt s njima je došao budući da je bio u austrijskim frajkorima. U to doba Karađorđe se sretao i s članovima Heterije, organizacijom grčkih ustanika, na koju su veliki uticaj imali takođe slobodni zidari. Veoma bitan u godinama tog predustaničkog Beograda bio je i Riga od Fere, čovek koji je takođe slovio za „brata", kako se masoni međusobno oslovljavaju. Istovremeno, u Beogradu u masonskoj loži tada sede Petar Ičko, vojvoda Janko Katić, braća Petar i Predrag Novaković Čardaklije, svi potonji vođi srpskog ustanka i svi slobodni zidari", piše Nikolić.

Boreći se protiv janičara, Karađorđe se zamerio mnogim Turcima, neprijateljima Hadži Mustafa-paše. Oni su u više navrata bezuspešno pokušali da ga uhvate i ubiju. Takvi pokušaji doveli su do toga da posle 1798. Karađorđe nije smeo da ide u Beograd.

U to vreme mladi revolucionar Riga od Fere bio je grčki pesnik, prethodnik, ali i prva žrtva ustanka protiv Otomanskog carstva. Rođen je 1757. u grčkoj Tesaliji. Bio je monah na Atosu i činovnik u Rumuniji i Srbiji. Oko 1793. Riga od Fere je otišao u Beč. Cilj mu je bio da traži od Napoleona pomoć i podršku. Štampao je pamflete uzimajući u obzir ideje Francuske revolucije. Bili su to „Deklaracija o pravima čoveka i građanina", „Novi politički ustav", „Stanovnici Rumelije", „Mala Azija", „Egejska ostrva i Kneževine Vlaška i Moldavija". Te pamflete je nameravao da deli da bi podstakao opštebalkanski ustanak protiv Otomanskog carstva. Mason je postao u Beču, odakle se preko Venecije i Trsta vraćao u Srbiju. Tu je uhvaćen, izručen Turcima i 24. juna 1798. obešen u Kuli Nebojša u Beogradu.

U sukobu koji je nastao između beogradskog vezira i janičara došlo je do ponovnog oživljavanja hajdučije. Poslednjih godina 18. veka, pojačalo se i nasilje nad narodom. Obe strane, austrijska i turska, morale su stoga da se bore protiv hajdučkih družina. Mustafa-paša koristio se hajducima 1801. godine, kada je odlučio da se obračuna s janičarima. Njegova borba se, međutim, završila tragično. Po sultanovoj naredbi, janičari su se 1799. godine vratili u Beogradski pašaluk, čime je nastalo novo stanje. U leto 1801. godine, janičari su ubili Hadži Mustafa--pašu, podelili pašaluk na četiri dela i zaveli vladavinu terora.

Drugi ugledni mason Petar Ičko je u to vreme bio srpski i osmanski diplomata bugarskog porekla. Rođen je u Makedoniji oko 1775. i prema nekim kasnijim izvorima cincarskog je porekla. Iz rodnog sela Katranica (danas Pirgi u Grčkoj) odselio se na sever da bi radio kao trgovac. Postao je, međutim, izaslanik u osmanskom diplomatskom predstavništvu u Berlinu 1797, a potom i u Beču. Živeo je kao trgovac u osmanskom Beogradu, gde je stekao ugled poslovnog čoveka.

Tokom Prvog srpskog ustanka 1804. godine Petar Ičko je pružao podršku pobunjenim Srbima, koristeći svoje diplomatsko i trgovačko iskustvo. Rukovodioci ustanka 1806. godine šalju Petra Ička kao predstavnika pobunjenika u Carigrad, gde je 1806/1807. godine s Portom zaključio za Srbe povoljan Ičkov mir. Seli se ponovo u Beograd kao ugledni građanin. Kada je u oslobođenom Beogradu 1807. godine obrazovan Magistrat (opštinska uprava), imenovan je za predsednika. U Beogradu je Petar Ičko poginuo 5. maja 1808. godine.

Međutim, turske dahije, odmetnici od sultana, koji preuzimaju vlast u Beogradskom pašaluku 1801. godine, ubili su Hadži Mustafa-pašu. Njegov brat mason Petar Ičko odlazi u Zemun, koji se tada nalazio u sastavu Austrougarske monarhije, s namerom da osveti pašino ubistvo i organizuje borbu za oslobođenje srpskog naroda. U tom cilju tražio je pomoć od svojih prijatelja, slobodnih zidara. A pre svega od mitropolita Stefana Stratimirovića, koji mu je, kao brat mason, pružio diplomatsku podršku za rešavanje hrišćanskog pitanja u Beogradskom pašaluku.

KARAĐORĐE I DOSITEJ

Tako su se, kako piše u kratkoj istoriji slobodnog zidarstva Velike nacionalne lože Srbije, masoni direktno uključili u događaje, koji će odrediti sudbinu i srpskog naroda i srpske države. Naime, mason Petar Ičko se povezao i sa slobodnim zidarima Aleksom Nenadovićem i Jankom Katićem kao i s Karađorđem Petrovićem, kako bi organizovao oružanu pobunu u pašaluku. Poput svih glavnih porodica Srbije 19. veka i Nenadovići potiču od srpskog plemena Banjani, iz hercegovačkog Birča kod Nikšića (Stara Hercegovina). Aleksa Nenadović je rođen oko 1749. u Brankovini. Bio je knez tamnavsko-posavske kneževine. Ubijen je u Seči knezova krajem januara 1804. u Valjevu.

Dahije su saznale za pripreme za ustanak i to je dovelo do odmazde u kojoj je ubijen i masonski brat Aleksa Nenadović. Međutim, nasilje je samo pospešilo borbu protiv Turaka i dovelo do ustanka ili, kako neki istoričari kažu, srpske revolucije 1804. godine. Petar Ičko je zahvaljujući slobodnozidarskim vezama odigrao izuzetnu pregovaračku ulogu, a kasnije ga je vođa ustanka Karađorđe Petrović postavio za prvog gradonačelnika slobodnog Beograda.

U radu za dobrobit srpskog naroda i njegovo oslobođenje značajnu ulogu je odigrao i Dositej Obradović, koji je verovatno kao mason bio iniciran u Trstu. Iako je Dositej Obradović imao izrazito antiklerikalne stavove, mitropolit Stefan Stratimirović ga je uz sve počasti primio u Sremskim Karlovcima. A Karađorđe mu je, kada je Dositej, 9. avgusta 1807. godine, prešao u Beograd, noseći sa sobom i svoju biblioteku, poverio na vaspitanje svog sina Aleksu. Izvesno vreme, Dositej i Aleksa stanovali su kod ruskog predstavnika u Beogradu, Rodofkina, koji je takođe bio mason.

Zna se da je Karađorđe verovao Dositeju Obradoviću i Petru Novakoviću Čardakliji koji su „na vožda umnogome uticali u formulaciji ideje o nacionalnoj srpskoj državi koja bi bila, zatim, oslonac u oslobodilačkoj borbi u drugim krajevima u kojima žive Srbi". To bezrezervno poverenje Karađorđa u Dositeja i Petra Čardakliju neki autori slobodno-zidarske provenijencije tumače upravo njihovim masonstvom.

Dositej Obradović bio je veliki srpski prosvetitelj čiji se prosvetiteljsko-slobodnozidarski rad naročito ispoljava u školstvu. Njegovim zalaganjem 1808. otvorena je Velika škola u Beogradu. Rođen je 1739. godine i svoj duhovni razvoj je počeo dvostrukim bekstvom, sa zanata u manastir, a zatim iz manastira u svet, da bi najveći deo života proveo na putu. Pre odlaska na Zapad razvio se u književnika i humanistu istočnoevropskog tipa s dominantnim grčkim uticajem. To je došlo do izraza u nekoliko njegovih ranih, za života neobjavljenih dela.

Prelaskom u Beč, 1771. godine, Dositej se sasvim okreće Zapadu. Odbacio je mantiju i stavio periku. Od odbeglog monaha postao je slobodni mislilac, Evropejac, filozof u duhu 18. veka, prvi moderni srpski pisac. Odlučuje da upozna zemlje srednje Evrope, sluša predavanja na univerzitetima u Nemačkoj, boravi u Parizu i Londonu. Brzo i lako je savladao starogrčki i latinski, i sve glavne evropske jezike i prevodi s njih.

Njegovo delo ima dvostruku osnovu: lično iskustvo, poznavanje naroda, putničke doživljaje i dodire s drugim narodima, s jedne, te njegovu ogromnu lektiru na klasičnim i modernim jezicima, s druge strane. Kao pisac zahtevao je napuštanje konfesionalnih pretpostavki ranije kulture, prihvatanje zapadne prosvećenosti i stvaranje književnosti na narodnom jeziku prema antičkim i modernim evropskim uzorima. Taj program sažeto je formulisao u prosvetiteljskom manifestu *Pismo Haralampiju*, a detaljno ga je obrazložio polazeći od vlastitih doživljaja u svom glavnom delu, autobiografiji *Život i priključenija* (I, 1783, II, 1788).

Prema podacima iz arhive Velike regularne lože Srbije, pisac i prosvetitelj Dositej Obradović je u Bratstvo slobodnih zidara iniciran 1783. u Londonu, Lajpcigu ili Trstu, gde je bio aktivan kao mason. Njegova prosvetiteljska filozofija i njegov život nesumnjivo su bili nadahnuti slobodnozidarskim uverenjima. Takav život je i vodio, kao pravi kosmopolita i evropejac u duhu istinskog slobodnog zidara. Najupečatljiviji dokaz da je pripadao Bratstvu slobodnih zidara jeste njegov portret iz 1794, slikara Arse Teodorovića koji obiluje masonskom simbolikom.

Ovaj najznačajniji srpski pisac 18. veka, jedan od vodećih prosvetitelja srednje i jugoistočne Evrope, prevođen je još za života na rumunski. Dositej je začetnik nove srpske književnosti, s ogromnim uticajem na naredne generacije pisaca i na njene dalje tokove, sve do danas. Njegove mošti počivaju u Beogradu, na ulazu u Sabornu crkvu.

Slom ustanka 1813. doveo je do toga da je masonska aktivnost u Srbiji zamrla do sredine 19. veka. Tek 1842. u beogradskoj tvrđavi Kalemegdan pojavljuje se masonska loža čiji su članovi bili Turci, Jevreji, Česi i Srbi. Oko 1842. osnovana je loža „Alikoč", što na turskom znači ovan. Bila je smeštena u zgradi Gradske ambulante, čiju su fasadu ukrašavali trougao i egipatski stubovi na ulazu. Radionica „Alikoč" bila je premeštena iz grada u varoš ispod Glavne policije i tu se nalazila do 1862. Imala je 204 člana. Njen starešina je bio Mehmed Said Ismail, Veliki majstor svim ložama na Balkanu, a sekretar Toma Vučić Perišić. Ova loža bila je matica ložama hrišćanskih pokrajina Turske carevine i pod njenom zaštitom radile su lože u Vidinu, Svištovu, Ruščuku, Varni. Članovi masonske radionice bili su i češki oficir u srpskoj službi František Franjo Zah, poljski grof Tiskijevič, profesor Šulce, profesor Šarl Aren, Avram Petronijević, viđeni političar Srbije tog vremena, poljski bogataš Moro i mnoge druge ličnosti.

Vojvoda Toma je prvi hteo da povede bunu protiv Turaka, ali ga je Miloš Obrenović sprečio u tome, misleći da je previše rano za to. Toma Vučić Perišić je rođen u Bariču 1787. Bio je ustanik i kod Karađorđa i kod kneza Miloša. Prvi srpski policajac i čuvar Miloševog režima za vreme Đakove 1825. i Miletine bune 1835, a potom žestoki protivnik i ustavobranitelj. Bio je jedan od tajnih masona i jedan od najbogatijih Srba svog vremena. Na inicijativu njegovog carigradskog poslanika, poljskog književnika i generala Mihaila Čajkovskog, u Carigradu su u masonski savez uvedeni Toma Vučić Perišić i Avram Petronijević, koji su zbacili kneza Miloša Obrenovića i ustoličili kneza Aleksandra Karađorđevića (1842), čime je nastao period ustavobranitelja. Vučić je zato otrovan uz znanje kneza Miloša 1859. godine.

SIMA SARAJLIJA I NJEGOŠ

Ugledni član te prve lože bio je i pesnik Simo Milutinović Sarajlija, jedan od prvih Dositejevih učenika. Zbog podrugljivih i satiričnih pesama, po nalogu mitropolita Stefana Stratimirovića, Sarajliju izbacuju iz Karlovačke gimnazije 1807. godine. Odlazi u ustaničku Srbiju, gde je zajedno s Vukom Karadžićem izabran za pisara Praviteljstvujuščeg sovjeta. Tada je radeći zajedno s Dositejem Obradovićem i s Vukom Karadžićem pesnik Sarajlija nešto izgleda načuo o slobodnom zidarstvu.

Po tvrdnjama čelnika Velike regularne lože Srbije, i Vuk Stefanović Karadžić je imao veze sa slobodnim zidarstvom i slobodnim zidarima svog vremena. Međutim, za njega se ne zna pouzdano da je pripadao masonskom savezu.

Zanimljivo je da su svi propagatori i prevodioci naše narodne poezije u Evropi u 19. veku bili slobodni zidari. Poznato je da su *Hasanaginicu* prevodili pored Alberta Fortisa još i Johan Volfgang Gete, Kazinci na mađarski, Valter Skot na engleski, Kazimir Buđinski na poljski, Šarl Vodije na francuski, Voskotov na ruski. Vuk Karadžić je 1824. bio Geteov gost, a slavni Nemac, poznat i po slobodnom zidarstvu, naredne godine objavljuje prevode srpskih narodnih pesama i piše o Vuku Karadžiću. Ono što čini konstantu u ovom popisu slavnih prevodilaca *Hasanaginice* jeste njihovo članstvo u masonskom savezu.

Kako je Sarajlijin prijatelj Dositej bio mason, onda je Vuk Karadžić od 1807. imao susret s masonerijom preko jednog od svojih prvih učitelja. Za Vukov rad od presudnog je značaja bio susret s Jernejom Kopitarom, koji je bio u neposrednom dodiru s idejama slobodnog zidarstva, ali pod uticajem romantizma. Karadžić, naime, preko Kopitara objavljuje *Malu prostonarodnu pjesnaricu* i prevod narodnih pesama na nemački, gramatiku, *Rječnik*, zatim prevodi *Novi zavet*. Jakob Grim je Vukovu *Pjesnaricu* poslao Geteu. Vuk Karadžić odlazi u Rusiju polemišući o ruskoslovenskom i srpskoslovenskom jeziku s književnicima i lingvistima masonima kao što su bili Žukovski, Šiškov, Karamazin.

Posle ustaničkog sloma Simo Milutinović Sarajlija odlazi iz Srbije, sastaje se tajno s Karađorđem Petrovićem, pa beži u Vidin odakle šalje Vuku Karadžiću svoje pesme u Beč. U potrazi za roditeljima Sarajlija stiže 1819. u Kišinjev gde zatiče mnoge ustaničke prvake u izbeglištvu. U razgovoru s njima prikuplja građu za svoje delo *Serbijanka*. Kako tvrdi Zoran Nenezić, književnika i nacionalnog radnika, pesnika Simu Milutinovića Sarajliju u savez slobodnih zidara u Kišinjevu (Besarabija) uveo je ruski pesnik Aleksandar Sergejevič Puškin u tamošnjoj loži „Ovidije". Posle toga Sarajlija kao mason odlazi u Lajpcig, gde štampa *Serbijanku* sa svevidećim okom u trouglu na naslovnoj stranici, što nesumnjivo govori da je bio u Bratstvu slobodnih zidara.

Simo Milutinović Sarajlija bio je uključen u rad masonske radionice „Minerva", što mu je omogućilo štampanje i prevode srpske poezije.

Dobio je mnoge pohvale za svoju poeziju od Herdera Grima za „njegovu čudnu i sirovu maštu“. Od Nemaca saznaje da su masoni tajno mnogo doprineli da Srbija uspe u svojoj borbi za slobodu, da je Petar Ičko kao diplomata učinio velike usluge domovini, kao i Dositej Obradović. Kad se Sarajlija u besparici obratio Dositejevim prijateljima u Lajpcigu za pomoć, pokazao je da ga je i Dositej Obradović donekle uputio u masoneriju. Pod masonskim uticajem bila je i njegova poseta Johanu Volfgangu Geteu. A boravio je i na Cetinju od 1827. do 1830. godine kod vladike Petra I kao učitelj i kao sekretar.

Na Cetinje pesnik Simo Milutinović Sarajlija dolazi preko Trsta, gde je boravio u masonskoj loži i susreo se s Lukijanom Mušickim, koji ga je posle mesec dana boravka u Trstu pratio lađom do Dubrovnika. Zatim Sarajlija produžava do Kotora, a odatle se „uspuže“ do Cetinja radosno grleći svakog Crnogorca koga je na putu sreo. Kada se popeo na Lovćen, nazvao ga je srpskim Olimpom.

Posle tri i po godine boravka na Cetinju, sekretar i pesnik Simo Milutinović Sarajlija odlazi u Srbiju i pristupa ustavobraniteljima na čelu s masonom Tomom Vučićem Perišićem, članom tadašnje mešovite srpsko-turske lože „Alikoč“ u Beogradu. Posle neuspele bune Sarajlija ponovo beži u Vidin 1840, da bi se sledeće godine ponovo vratio u Srbiju. Nekadašnji njegov učenik, potom vladika Petar Petrović Njegoš šalje mu 1845. rukopis speva *Luča mikrokozma* da se štampa u Beogradu s posvetom na prvoj stranici „gospodinu S. Milutinoviću“. Sarajlija mu to obezbeđuje.

Pitanje odnosa Petra Petrovića Njegoša prema Bratstvu slobodnih zidara, kako tvrde starešine Velike regularne lože Srbije, veoma je složeno. Sigurnih potvrda o njegovoj pripadnosti slobodnom zidarstvu nema, ali se pretpostavlja da je upravo Sima Milutinović na Cetinju na neki način uveo svog učenika u masone. Moguće je da je bilo masona i u krugu prijatelja koje je Njegoš imao u Trstu. Izvesno je da je njegov učitelj francuskog jezika Žom, koji je od 1830. do 1831. boravio na Cetinju, bio mason. Došao je na preporuku gospodina Levasera, francuskog konzula u Trstu.

Njegoš je imao mnogo prisnih prijatelja među masonima Kotora, gde su za vreme francuske uprave, kao i u celoj Dalmaciji, nikle mnoge lože. Austrijanci su ih potom zatvorili, ali su se njihovi članovi i dalje osećali kao masoni i držali se masonske tradicije. Na brojnim Njegoševim putovanjima, pre svega po Italiji, i boravku u Trstu dovodili su ga u susret sa slobodnim zidarima, kao što su bili gospodin Levaser, francuski konzul u Trstu, Frančesko del Ongaro, Garibaldijev sekretar, Nikolo Tomazo, književnik slovenskog porekla i Džon Gardner Vilkins, egiptolog.

Važan je bio i boravak engleskog konzula iz Novog Pazara, koji se „premestio u Cetinje, gdi se sa crnogorskim vladikom jako mnogo saobraćava". Proučavaoci Njegoševog dela tvrde da se osnovne ideje francuske revolucije nalaze u *Gorskom vijencu*, koji sadrži misao Žan Žaka Rusoa o vrhovnoj vlasti naroda, i da su bile slobodnozidarske. A i sve ličnosti pomenute u *Posveti prahu oca Srbije* bile su masoni.

Moguće slutnje o Njegoševom pripadništvu masonskom savezu unose i dve diplome, vladičanska iz 1833. godine sa svevidećim okom i mitropolitska iz 1844. godine sa šestokrakom zvezdom. Obe su izdate u Rusiji. Mada su to opštehrišćanski simboli, moguće je shvatiti ih i kao simbole slobodnog zidarstva.

Petar II Petrović Njegoš bio je vladika, vladar, književnik i filozof. Rođen je 1813, a zavladičen 1833. u Sankt Peterburgu, u Rusiji. Vladao je Crnom Gorom od 1830. do smrti, 1851. godine. Ukinuo je guvernadurstvo, ustanovio je Senat kao izvršnu vlast, zaveo plaćanje poreza, organizovao i naoružao vojsku. Vodio je česte borbe protiv Turaka. Godine 1834. na Cetinju je otvorio prvu državnu osnovnu školu. Iste godine je osnovao i štampariju u kojoj je objavio svoje prve pesničke zbirke (*Pustinjak cetinjski* i *Lijek jarosti turske*).

Njegoš kao književnik i filozof svojim delima je, po mišljenju mnogih, daleko nadmašio Njegoša državnika i vladiku. Njegova književna ostvarenja *Luča mikrokozma*, *Gorski vijenac* i *Lažni car Šćepan Mali* doprinela su da se Njegoš danas smatra jednim od najvećih srpskih pesnika. Posmrtni ostaci Njegoša sahranjeni su u kripti mauzoleja podignutog na Jezerskom vrhu, na Lovćenu.

Njegošev mauzolej je, takođe, indikator njegovog masonstva. Projektovao ga je i Njegoševu statuu izradio Ivan Meštrović, takođe mason. I letimičan pogled nedvosmisleno navodi na zaključak o njegovoj sličnosti s masonskim hramovima, utoliko pre što je na jednom od kamenih blokova uklesan trougao.

Put Njegoševog učitelja Simu Milutinovića Sarajliju je, međutim, vodio dalje od Cetinja i on 1846. odlazi u Rusiju, gde vodi mlade bogoslove u Ilijev i obilazak manastira. Tada obilazi grobove masona Suvorova, Kutuzova i Puškina. U povratku s puta po Rusiji pesnik Sima Milutinović Sarajlija je umro 30. decembra 1847. u Beogradu. Sahranjen je 1. januara 1848. kod Markove crkve, a sprovodu je prisustvovao ceo Beograd. Knjaz Miloš Obrenović je poslao ađutanta, a kneginja Milica je kupila sanduk i svilenu odoru za pokojnika. Njegoš mu tada posvećuje još jednom svoje stihove „Sprovodu prahu S. Milutinovića".

U jeku naprednih i nacionalnih ideja koje su sredinom 19. veka pokretale Evropu, stvorene su i povoljnije prilike za rad na širenju slobodnog zidarstva, pa je u Zemunu osnovana loža „Stella Orientalis" u kojoj se radilo na nemačkom jeziku. Nije imala uticaj na duhovni razvoj i kulturni napredak srpskog naroda. Loža je kasnije premeštena u Pančevo, gde se ugasila. Ima podataka da je Joakim Vujić bio blizak sa zemunskim masonima.

Joakim Vujić se kao mason ubraja u red najplodnijih srpskih književnika, autor je više od četrdeset različitih dela. Rodio se 9. septembra 1772. u Baji, a školovao u Baji, Novom Sadu, Kalači, Ostrogonu i Požunu, gde je izučio prava i redovno posećivao pozorišne predstave. Zanesen primerom Dositeja Obradovića, koga je sreo u Beču 1795, krenuo je na put u Karlovac i u Zagreb, odakle se 1797. vratio u rodnu Baju da pomogne roditeljima. Učiteljevao je po raznim mestima Ugarske, a u Trst je stigao na poklade 1801, gde se izdržavao kao domaći učitelj. Ovde je napisao svoju *Francusku gramatiku* i upoznao Vikentija Rakića, pisca i prevodioca dramskih dela na srpski jezik, jeromonaha Savu Popovića i veletrgovca Antonija Kvekića.

Obišao je Afriku i Tursku, Peštu i Zemun, gde je bio osumnjičen da je u revolucionarnoj vezi s Dositejem iz Beograda i Napoleonom Velikim, pa je pola godine bio u istražnom zatvoru. Vujić je u Pešti učestvovao i u pripremama predstave Ištvana Baloga *Crni Đorđe ili Zauzeće Beograda od Turaka*, da bi 1813. za priznanje kulturnog i prosvetnog rada od cara Franca I dobio priznanje. Posle toga sledile su predstave u Baji, Segedinu, Novom Sadu, Zemunu, Temišvaru, Pančevu i Aradu. Joakim Vujić je u Pešti upoznao poznatog romanopisca Milovana Vidakovića i Uroša Nestorovića.

U jesen 1823. Joakim Vujić je prvi put boravio u Srbiji i potom u Budimu štampao *Putešestvije po Serbiji*. U Kragujevcu je u dvoru kneza Miloša priređivao pozorišne predstave i postavljen je za direktora Knjažesko-srbskog teatra sa zadatkom da organizuje rad pozorišta. Prve predstave održane su u vreme zasedanja Sretenjske skupštine od 2. do 4. februara 1835. godine, kad su prikazani Vujićevi komadi uz muziku koju je komponovao Jožef Šlezinger. Odlaskom Miloša i Vujić je morao da napusti Srbiju.

Poslednje godine svoga života Joakim Vujić je proveo u Beogradu u oskudici. Ipak je živnuo videći da u Srbiji pozorište dobija sve veći značaj. Umro je 8. novembra 1847. godine, očekujući prvi povezani primerak svoje nove knjige *Irina i Filandar*. Joakim Vujić je sahranjen u blizini Crkve Svetog Marka, na starom tašmajdanskom groblju u Beogradu.

UTICAJ NA CRKVU I KRUNU

Slobodni zidari su bili veliki duhovnici – dva mitropolita, Metodije i Stratimirović, jedan knez i jedan kralj, ali i dva velika prosvetitelja – Dositej Obradović i Vuk Stefanović Karadžić.

EPISKOPI S MISTRIJOM

Masoni će i kroz ceo 19. vek krojiti srpsku državu, njenu spoljnu i unutrašnju politiku. Taj uticaj je prevashodno bio vidljiv u Srpskoj pravoslavnoj crkvi, a potom i u srpskom obrazovanju. U to vreme masonerija nije bila nacionalno jedinstvena. Naročito je mitropolit Stratimirović kritikovao Dositeja i Vuka jer je bio protiv njihove reforme srpskog i crkvenog jezika.

Stefan Stratimirović je rođen 27. decembra 1757. u Kulpinu, a umro je 23. septembra 1836. u Sremskim Karlovcima, gde je bio mitropolit od 1790. do 1836. Završio je gimnaziju u Novom Sadu, a zatim filozofiju i pravo u Beču i Budimu. Bogosloviju je učio privatno u Sremskim Karlovcima kod arhimandrita Jovana Rajića. Zamonašio se 1784, a već 1786. je bio postavljen za episkopa budimskog da bi ga 29. oktobra 1790. izabrali na Temišvarskom saboru za mitropolita sa samo trideset tri godine.

Kao karlovački mitropolit naročitu pažnju posvetio je podizanju prosvetnih ustanova jer je uz pomoć trgovca Dimitrija Anastasijevića Sabova osnovao Karlovačku gimnaziju, Karlovačku bogosloviju i 1797. Blagodejanije, odnosno Stefaneum. Uredio je Mitropolijsku biblioteku, zaveo je red u Crkvi i disciplinu među sveštenstvom.

Pomogao je ustanike Prvog srpskog ustanka. Aktivno je učestvovao na gušenju Ticanove bune u Sremu 1807. godine. Ostavio je radove na latinskom, nemačkom i srpskom jeziku, među kojima ima istorijskih, književnih, crkvenih i drugih spisa. Od ovih radova neki su bili štampani posle njegove smrti.

Prema izvorima iz lože „Mitropolit Stratimirović", iako postoji malo podataka o mitropolitu kao slobodnom zidaru, reči jednog od njegovih biografa govore o njegovom slobodnozidarskom duhu: „Po ličnim vrlinama i darovima bio je mitropolit Stratimirović redak znalac crkvenih, pravnih i građanskih zakona, bistre pameti, jakog pamćenja, zrelog suda, neumoran u vršenju zvanja svoga, čovekoljubiv i gostoprimac."

Ono što se sigurno zna jeste da se mitropolit Stratimirović nalazi na popisu članova lože „Vigilantia" („Budnost") u Osijeku, koja je otvorena 1773, a kojoj se od 1791. gubi svaki trag. U toj loži su tada članovi bili i Pavle Marković, Josif Jovanović Šakabenda i Stefan Novaković. Iako je o radu osječke lože ostalo malo tragova, ipak je nepobitan Stratimirovićev slobodnozidarski rad u ovoj loži, ali ostaje otvoreno pitanje da li je primljen u slobodno zidarstvo u Osijeku, ili je prve dodire s njom imao i ranije, za vreme studija u Budimu i Beču, jer je i on u osječkoj loži imao zvanje majstora.

Njegov masonski brat Josif Šakabenda bio je episkop vršački. Rođen je 1743. kao Josif Jovanović, a umro 1805. Bio je sinovac patrijarha Arsenija IV. Zamonašio se 1774. godine. Brzo je napredovao u crkvenoj hijerarhiji, pa je već 1781. bio hirotonisan za episkopa pakračko-slavonskog i celog Đeneraliteta. Bio je veliki borac protiv katolicizma i unijaćenja pravoslavaca, zbog čega je imao problema sa ugarskim vlastima. Preuzevši vršačku episkopiju, 1786, osniva nižu gimnaziju i internat, obnavlja manastir Mesić, a od vlasti je izdejstvovao gradu Vršcu status „slobodnog kraljevskog grada".

I mitropolitov kolega, vladika Platon, episkop bački od 1848. do 1867, bio je slobodni zidar. Rođen je 12. jula 1787. u Somboru, kao Pavle Atanacković, gde je završio gimnaziju s filozofijom, da bi prava i bogosloviju studirao u Sremskim Karlovcima. Radio je kao učitelj. Budući da je prvo bio pripadnik tzv. belog sveštenstva, pop mirskog reda, oženio se i bio rukopoložen u čin đakona i prezvitera. Episkop budimski postao je 12. septembra 1839. kad i započinje reorganizaciju Srpske pravoslavne crkve u Ugarskoj. Bio je nezadovoljan dotadašnjim radom mitropolita Stefana Stratimirovića, takođe masona, i načinom na koji je upravljao srpskom crkvom u Ugarskoj.

Najveća zasluga vladike Platona jeste rad na udžbenicima iz veronauke. Svoju kuću je darivao za osnivanje pravne akademije u Novom Sadu, dao je štampariju novosadskoj gimnaziji i bio je osnivač *Platoneuma* – internata za siromašne učenike somborske učiteljske škole. U svom bogatom životu, bio je i predsednik *Matice srpske*.

Zoran N. Nenezić u knjizi *Masoni Jugoslavije* (1764–1980), između ostalog, piše: „Pored toga što su masoni Francuske i Engleske, preko poljskih emigranata masona, neposredno i odlučujuće uticali na formiranje dugoročne spoljne, ali u izvesnoj meri i unutrašnje politike Srbije, što se najbolje vidi iz Garašaninovog *Načertanija*, njihov uticaj bio je značajan i na praktičnom političkom i kulturnom organizovanju u Srbiji za vreme vlade ustavobranitelja 1842–1858. godine."

Političar, državnik i začetnik ideje velike Srbije rođen je 1816. u selu Garaši kod Kragujevca. Pravo ime mu je bilo Ilija Savić, ali je kasnije promenio prezime po rodnom mestu i postao Garašanin. Otac mu je bio trgovac, koji je sinu plaćao privatne učitelje tako da Ilija nije pohađao klasične škole. Karijeru započinje 1837. kao carinik u Beogradu i komandant vojske s činom pukovnika. Od oktobra 1842. bio je na dužnosti pomoćnika, od 1843. i samog ministra unutrašnjih poslova.

Kad je od 1852. do 1853. kao knežev predstavnik i ministar diplomatije smenjen na zahtev Rusije, ponovo je imenovan 1858. Na poziv kralja Mihaila 1861. postaje predsednik Ministarskog saveta jer je prihvatio ideje kneza o ratu s Turcima i radio na sklapanju saveza s Crnom Gorom i Grčkom. Iz službe je otpušten 1867. jer se protivio kneževoj ženidbi s Katarinom Konstantinović, posle čega je živeo na svom imanju u Grockoj gde je i umro 1874. godine.

Upamćen je kao čovek koji je u Srbiju uveo policiju i birokratski način uprave, Zakon o narodnoj skupštini i preko knjige *Načertanije* uradio nacrt za stvaranje velike Srbije. Zoran Nenezić tvrdi da su ideje Ilije Garašanina posebno bile vezane za izbeglog poljskog kneza Adama Čartoriskog i njegovu razgranatu mrežu poverenika širom Evrope, okupljenih oko ideje oslobođenja Poljske od ruske okupacije.

Knez Čartoriski, iza čije su delatnosti stajale Francuska i Engleska, ujedinjene u antiaustrijskoj i antiruskoj politici na Balkanu, u predvečerje rešavanja istočnog pitanja, i sâm slobodni zidar, antiklerikalac, liberalni mislilac i stožer poljske oslobodilačke akcije više od trideset godina, koristio je slobodno-zidarske kanale za ostvarivanje svojih planova. Čartoriski je 1843. godine napisao *Savete Srbiji*, prema kojima je Srbija morala u svojoj daljoj oslobodilačkoj borbi protiv Turske da se osloni na Francusku i Englesku kako bi izbegla potpadanje pod austrijski i ruski uticaj i njihove interese na Balkanu.

„Sledeće godine oficir František Zah, po nalogu Ilije Garašanina, na osnovu Savcta Čartoriskog sastavlja *Plan slovenske politike Srbije*, koji utiče na stvaranje srpskog nacionalnog programa, Garašaninovog *Načertanija* (1844). Iako je intencija Čartoriskog i Zaha bila jugoslovensko okupljanje, posebno u etnički izmešanoj Bosni i Hercegovini, koja je tada bila pod turskom vlašću, Ilija Garašanin je nacionalni program konstituisao kao srpski. Garašaninova oslobodilačka ideja bila je sadržana u programu rušenja turskog carstva na Balkanu, kako bi se Srbija širila na svom etničkom prostoru u Bosni i Hercegovini, Crnoj Gori i severnoj Albaniji, i stvorila jaka srpska monarhija koja bi okupljala južnoslovenske porobljene narode na Balkanu u konačnom oslobađanju od turske okupacije", kaže Zoran Nenezić.

KNEZ I KRALJ

Kad je doktor Aleksa Ivić pisao tekst *Uspostavljanje i rad prve masonske lože u Beogradu pre osamdeset godina* u članku se navodi izveštaj da je „doktor Luisa" upućen iz Beograda austrijskom ministru unutrašnjih poslova, u kome se iznosi da u Beogradu postoji slobodno-zidarska loža, čiji su članovi istaknuti Turci, Srbi, nekoliko „avanturista" Francuza i Italijana; da oni imaju sastanke tajno tokom noći i da je tokom njihovih sastanaka naoružana straža postavljena ispred zgrade gde se sastaju.

Tragova delovanja slobodnog zidarstva, sudeći po nekim svedočenjima, izgleda ipak da ima za vreme druge vlade kneza Mihaila Obrenovića (1860–1868). Istoričari slobodnog zidarstva smatraju da je i knez Mihailo Obrenović bio slobodni zidar jer je tokom izgnanstva iz Srbije održavao redovne kontakte i imao bliske odnose s masonima Garibaldijem i Macinijem. Tome u prilog govori i podatak da je stvaranje prvih potpuno srpskih loža bilo izvedeno upravo pod direktnim uticajem italijanskih masona. Tokom srpskog ustanka u Bosni i Hercegovini 1875, jedan broj srpskih vođa, među kojima su bili vojvoda Mićo Ljubibratić, sekretar vođe ustanka Luke Vukalovića i masonska braća Jovan i Mihajlo Zega, bio je iniciran pod direktnim uticajem italijanskih garibaldinaca, odnosno Đuzepea Macinija, ideologa Risorđimenta, pokreta za ujedinjenje Italije i zbacivanje austrougarske vlasti.

Knez Mihailo Obrenović vladao je Srbijom u dva navrata, od 1839. do 1842. i od 1860. do 1868. kada je ubijen 10. juna u Košutnjaku. Rođen je u Kragujevcu 1823. godine kao mlađi sin kneza Miloša i kneginje Ljubice. Prvi put ga je izabrao Sovjet za kneza kao sedamnaestogodišnjaka, neposredno posle smrti njegovog brata Milana. Porta je potvrdila njegov izbor kao izabranog vladara, a ne kao naslednog.

Njegova vladavina pada u vreme unutrašnjih srpskih borbi ustavobranitelja i pristalica Obrenovića. Posle bune Tome Vučića Perišića, knez Mihailo beži u Austriju, a na presto Srbije dolazi Aleksandar Karađorđević. Druga vladavina je započela posle smrti kneza Miloša Obrenovića 1860. godine, kad sin Mihailo preuzima presto.

Posle događaja na Čukur-česmi i duge diplomatske aktivnosti u Evropi, 6. aprila 1867. Turci predaju ključeve Beograda i još nekih gradova u Srbiji. Vladao je u duhu prosvećenog apsolutizma. Izvršio je reformu vojske i cele uprave u zemlji i izgradio Beograd kao modernu varoš. Njegovi politički protivnici Srbi, ali i Turci, organizovali su atentat u kome je ubijen. Iza sebe knez Mihailo Obrenović nije ostavio naslednika.

Istoričar Sima Ćirković tvrdi da je veliki posmatrač i znalac tajni starog Beograda, čuveni Bata Stoimirović, kad je malo zavirio u slobodno-zidarske arhive, otkrio misteriju srpske masonske „inicijacije" i neke male tajne beogradskih kneževskih i kraljevskih familija. Ova materija je Stoimiroviću veoma bliska jer je i sâm „zareden" u masona, kao nacionalni delatnik u Skoplju.

O slobodnim zidarima s krunom na glavi Stoimirović je pisao da je „kralj Milan u vreme srpsko-turskih ratova bio čovek pod čijim je vođstvom Srbija dobila nezavisnost. Međutim, mnogi su smatrali da Milan Obrenović nije zaslužio da bude primljen u masonsku ložu. Mogao je javno da nosi krunu, ali ne i da tajno nosi masonsku keceljicu."

Iz njegove bogate zaostavštine, koja se u nekoliko sanduka čuva u Arhivu Matice srpske, izdvaja se spis *Kralj Milan i masonerija*, napisan u Beogradu 25. septembra 1953. Tekst Bate Stoimirovića postavlja pitanje zašto je kralj Milan sebe nazvao „ocem srpske masonerije".

I daje odgovor:

„Negde pred svoj definitivni odlazak iz Srbije, dakle prilikom svog poslednjeg boravka u Beogradu, kralj Milan je na jednoj cedulji upućenoj ministru prosvete i velikom masonu Andri Đorđeviću napisao i ove redove: 'Kao otac slobodnog zidarstva u Srbiji (čudim se da Vajfert i Marko Stojanović danas, kad je kralj primirio sve stranke, čine izvesne teškoće, itd.)', iz čega se moglo zaključiti da je kralj Milan sebe smatrao ocem slobodnog zidarstva u Srbiji. S kojim pravom? Da je on tu misao rekao za javnost, odnosno za nemasonske krugove, stvar bi mogla nositi ovaj ili onaj karakter, pa dobiti i ovo ili ono tumačenje, ali pošto se s tom mišlju kralj Milan neposredno obraća jednom velikom masonu, on je svakako imao neki osnov da tako nešto napiše. Prema tome, ovi njegovi redovi nisu bili neki 'ćor-fišek'; u njima je moralo ležati i neko zrno istine", napisao je Bata Stoimirović.

Zatim je objasnio:

„Po mom uverenju, kralj Milan, ako i nije bio mason, morao je 'kumovati' obnovi masonerije na ovaj ili na onaj način, samo se pitam da li je to on učinio pre ili posle svoje abdikacije. Čovek koji je napisao redove: 'Ja, kao otac slobodnog zidarstva u Srbiji', izvesno nije mogao biti daleko od masonerije. Koliko joj je onda bio blizak?"

Prva hipoteza Bate Stoimirovića bila je da se godine 1881. osniva Radikalna stranka. Nikola Pašić i Pera Todorović nisu tada bili masoni. Svetomir Nikolajević je izgleda zbog masonstva čak morao i da napusti Glavni odbor Radikalne stranke jer su radikali svoj odbor smatrali za jedan tajni komitet. I nisu hteli da trpe da neko tajne deklaracije tog komiteta dostavlja svojoj loži. Nikola Pašić nije bio mason, ali su masoni bili radikali Paču, Đaja, Vesnić, Milovan Milovanović, a tek kasnije doktor Vasa I. Jovanović i drugi. Među liberalima 1881. skoro i nema masona. Ali iste godine osniva se i Napredna stranka. U njoj Milutin Garašanin i Stojan Novaković nisu bili masoni. A u kojoj, ipak, ima malo masona.

„Knez Mihailo Obrenović, iako nema dokaza, sasvim izvesno je pripadao masoneriji, najverovatnije francuskim ložama, pod čijim uticajem je trebalo ostvariti 'evropeizaciju' Balkana", kaže Bata Stoimirović.

Postavlja se pitanje da li je kralj Milan još tada, oko 1880, pomoću naprednjačke masonerije hteo da zaustavi talas radikalizma i radikalske rusofilije? A pošto je masonerija tipično evropska pojava, nije li kralj Milan, preko masonerije, hteo da jednu zapadnjačku i rusofobsku, a ujedno dvorsku stranku par ekselans – kao što su bili naprednjaci – preko bečko-peštanskih loža čvrsto veže za Zapad?

„Dokazivanje ove hipoteze je vrlo teško čak i da su masonske hartije sačuvane", priznao je Stoimirović.

Druga njegova hipoteza bila je da je masonerija devedesetih godina 19. veka u Srbiji, ako ne iskompromitovana, a ono svakako dobro uzdrmana. Naime, Svetomir Nikolajević je 1894. godine kao ministar unutrašnjih dela u kabinetu Đorđa Simića, a zatim kao njegov naslednik na položaju predsednika vlade, učinio stvari koje su mu zamerali i masoni i radikali. Svetomir Nikolajević (1844–1922) bio je profesor Velike škole, književnik i političar, ali i član Srpske kraljevske akademije. Njegova bista je i danas u holu SANU. Iako jedan od osnivača Narodne radikalne stranke, kasnije se politički približio kralju Milanu. Bio je predsednik beogradske opštine, ministar unutrašnjih dela i tokom pola godine 1894. predsednik vlade. I provereni slobodni zidar, koji je osnovao Društvo „Sveti Sava".

I ovo društvo je bilo puno slobodnih zidara. Premda nije bilo klasična zadužbina, Društvo „Sveti Sava" je sredstva za svoj rad dobavljalo ne samo pojedinačnim prilozima nego i preko fondova zadužbina. Samo društvo utemeljeno je novčanim prilozima nekoliko stotina trgovaca, činovnika, zanatlija, sudija, lekara i duhovnika iz Beograda i drugih mesta u Srbiji. Među nekoliko stotina utemeljitelja našli su se i ministri Mihailo Vujić, Čedomilj Mijatović, Milan Piroćanac i Milutin Garašanin, diplomata Aćim Čumić, radikalski prvak Lazar Paču, industrijalac Đorđe Vajfert i trgovac Nikola Spasić. Prvi predsednik (1886–1904) bio je Svetomir Nikolajević, ministar i profesor, koga su nasledili mason Andra Đorđević i kasnije Tihomir Đorđević. U nadzornom odboru sedeli su, uz prve ljude srpske nauke i kulture, poznati beogradski dobrotvori Luka Ćelović i Milorad Gođevac. Iz Beograda su se preko Društva „Sveti Sava“ finansirale srpske verske ustanove u Turskoj, izdvajalo se za školovanje Srba iz svih krajeva Balkana, pomagani su manastiri, osnivane čitaonice, organizovane večernje škole i Svetosavska osnovna škola.

Svetomir Nikolajević bio je pisac, diplomata, političar, premijer, filantrop i pacifista. Studirao je istoriju u Cirihu, Berlinu, Parizu i Londonu. Po povratku u Beograd 1873, predavao je književnost. Bio je jedan od osnivača Radikalne stranke, ali i ministar policije, premijer, senator i poslanik u Atini 1903. godine.

„Njegova posvećenost slobodnom zidarstvu bila je postojana i trajna od inicijacije u loži 'Svetlost Balkana' u Beogradu 1878. godine. Bio je jedan od osnivača lože 'Pobratim' i njen starešina, pa počasni starešina 33. stepena 1912. Pisao je mnogo o odnosu masonerije i žena.“

Za vreme vlade Svetomira Nikolajevića bio je ukinut Ustav od 1888. i vraćen takozvani namesnički Ustav iz 1869. To mu nikada nije zaboravljeno niti oprošteno. Nikolajevićeva politika je stavljena na račun masonerije, pa je tako i nastala ona povika na „framasone“, koja je skoro čitavu jednu deceniju činila rad masonerije u Srbiji otežanim. Sad je pitanje nije li kralj Milan možda baš tada doprineo da se masonerija u Srbiji reorganizuje za neke nove zadatke i nije li on tada učinio nešto za sve što bi mu davalo prava da ipak sebe nazove „ocem srpske masonerije“?

„Nismo u stanju da odgovorimo na to pitanje“, konstatuje Bata Stoimirović. „Međutim, da bismo olakšali taj posao, razgovarali smo s Damjanom Brankovićem (87 godina), uglednim beogradskim masonom. Ovaj Vojvođanin izučio je trgovačku školu u Segedinu, bio je trgovački agent i često Pašićev tajni i pouzdani savetnik u pitanjima spoljnotrgovinske politike, pa čak i njegov agent u inostranstvu i dobrovoljni politički informator. Branković zna mađarski, nemački, a čita i govori francuski; ima zdravog razuma, i nije prema meni bio ni zatvoren čovek, čak je stari prijatelj s mojim ujakom. On mi je kazao sledeće", citira Bata Stoimirović starog masona:

„'Od naših vladara masoni su bili knez Mihailo i Aleksandar Karađorđević. Najverovatnije da je mason bio i kralj Petar, ali ne preko srpskih nego preko francuskih loža. I Aleksandar nije bio srpski nego engleski mason, preko engleskog dvora s kojim je bio okumljen. Mason je bio i stari Ilija Garašanin. Zašto među balkanskim vladaocima ima malo 'braće'? Balkan je vetrometina, na kojoj je teško ostati politički dosledan. Balkanski vladari su za ukus masonerije suviše nepostojani.'"

Onda je Damjan Branković posvedočio, a Bata Stoimirović zapisao:

„Kralj Milan se prebacio kad je sebe nazvao ocem srpskog slobodnog zidarstva. Mi zidari ga nismo uopšte cenili zbog njegove nepostojanosti. Hteo je da uđe u slobodne zidare preko Pariza, ali mu je tamo rečeno da pariski slobodno-zidarski drugovi ne žele teritorijalno da se mešaju u nadležnost beogradske lože, te da bi trebalo samo preko nje da uđe u zidare. Milan Obrenović je, međutim, insistirao i onda je Pariz pitao nas kakav je čovek, a mi smo iz Beograda potvrdili da je nepouzdan.

Balkanski vladaoci uopšte ne mogu da budu postojani jer je političko tlo veoma rovito, socijalna sredina u stalnom previranju, a Balkan je vetrometina na kojoj je teško biti politički dosledan i konsekventan. Zato među balkanskim vladaocima nije ni bilo mnogo 'braće'. U Engleskoj, Danskoj i severnim zemljama vladaoci su uvek i masoni, pa čak i šefovi masonerije."

UTICAJ ITALIJANA

Ratne 1875. godine u Beogradu je, kod Vojnog senjaka, organizovana dobrovoljačka legija, mahom od Italijana, koja je osnovana pod uticajem italijanskog konzula slobodno-zidarska loža.

Tokom Srpsko-turskog rata 1876. godine, u Beogradu je radila i jedna italijanska vojnička loža, čije ime nije sačuvano u dokumentima. Odlaskom velikog broja Italijana iz ove lože, 1876. godine, u gradu je formirana prva srpska loža „Svetlost Balkana“. Članovi ove lože bili su istaknuti pravnici, bankari, doktori, trgovci i univerzitetski profesori. Loža „Svetlost Balkana“ započela je rad 20. oktobra 1876. godine, s poveljom dobijenom od Velikog orijenta Italije. Prvi starešina bio je doktor Marko Polak.

Sedište lože „Svetlost Balkana“ bilo je u hotelu *Srpska kruna*, potom u *Skadarliji* i na kraju u *Starom zdanju*, prekoputa Saborne crkve. Njen starešina je od 1879. godine bio Mihailo Valtrović, profesor Velike škole. A najvažniji članovi bili su Jovan Đaja, Svetomir Nikolajević i vojvoda Mićo Ljubibratić. Prva srpska loža se starala o ranjenicima, pomagala bolnice i milosrđem ublažavala nevolje postradalog stanovništva Knjaževačkog okruga. Radila je pod zaštitom Velikog orijenta Italije. Njeni osnivači bili su Luiđi Joanini, italijanski konzul u Beogradu, Ićilo de la Bona, jedan od dobrovoljaca koji je bio i starešina ugašene vojničke lože, Mićo Ljubibratić, kao i braća Zega, lični prijatelji Đuzepa Garibaldija. Loža je okončala rad 1883, u vreme turbulentne političke situacije u Srbiji.

Vojvoda Mićo Ljubibratić bio je jedan od vođa Hercegovačkog ustanka iz 1875. godine. Rođen je u okolini Trebinja 1839, a preminuo je u Beogradu 1889. Bio je sekretar vođe ustanka vojvode Luke Vukalovića. Sarađivao je i s Garibaldijevim oslobodilačkim pokretom u Italiji. Posle sloma ustanka 1862, prelazi u Srbiju gde radi na organizovanju ustanka balkanskih naroda protiv Turaka, nastojeći da uključi i muslimane u poduhvat.

U bosansko-hercegovačkom ustanku 1875, vojvoda Ljubibratić bio je jedan od vođa ustanka u Hercegovini i eksponent srpske vlade. Radio je na organizaciji ustanika, disciplini, planiranju, preorijentisanju ustanika na gerilske akcije i formiranju Zemaljske uprave s nazivom Privremena uprava hercegovačka. Krajem marta 1876. prebacuje se u Bosnu, ali su ga zarobili Austrijanci i internirali. U martu 1877. vraća se u Srbiju i pred hercegovačko-bokeljski ustanak 1882. zalaže se za stvaranje ustaničke vlade i saradnju Srba i muslimana protiv Austrougarske.

Mićo Ljubibratić je poznat kao pionir slobodnog zidarstva u srpskom narodu jer je bio starešina prve masonske radionice „Svetlost Balkana“. Dao je i veliki doprinos srpskoj kulturi i muslimanskom narodu. Prvi je preveo *Kuran* na srpski jezik.

Usled uvećanja broja članova u Beogradu, otvorena je i loža „Srpska zadruga“ 1881. godine pod zaštitom Velikog orijenta Italije. Loža

„Srpska zadruga" osnovana je 5. oktobra 1881. Prvi starešina bio je Emilijan Josimović, univerzitetski profesor, a potom Stevan R. Popović, profesor Velike škole. Postojala je svega dve godine, ali su njeni članovi bili aktivni masoni. Među njima je bio i Laza Paču (1855–1915), tada samo lekar, a dve decenije kasnije srpski ministar finansija. Prema saznanjima starešina Velike nacionalne lože Srbije, rano postaje član Narodne radikalne stranke za čije novine često piše. U ekonomiju ulazi kao upravnik monopola duvana i soli za vreme prve radikalske vlade 1889. godine. Bio je i komesar Narodne banke i direktor Beogradske zadruge. Posle uspostavljanja parlamentarnog režima 1903, Paču je na čelu ministarstva finansija od 1904. do 1905, od 1906. do 1908. i od 1912. do 1915. godine. Zbog svoje uloge u reformi srpskih finansija, carinskom ratu sa Austrougarskom, zaključenju zajmova za naoružavanje i finansiranju balkanskih ratova i Prvog svetskog rata ostao je upamćen kao najveći ministar finansija u srpskoj istoriji.

Loža „Srpska zadruga" je kao i radionica „Svetlost Balkana" zbog Timočke bune i burnih političkih previranja, koja su se odrazila i na srpske masone tog vremena, 1883. prestala da deluje.

Veliki orijent Italije formirao je 1881. i ložu „Sloga, rad i postojanstvo" koju su uglavnom činili bivši članovi „Svetlosti Balkana" i „Srpske zadruge". Osnivači su bili Đorđe Milovanović, Svetomir Nikolajević i Maksa Antonijević. Njeni članovi su bili i Haim Davičo i Manojlo Klidis. Prvi starešina bio je masonski brat Mihailo Valtrović. Radila je u *Starom zdanju*, a potom u Narodnom muzeju. Ova loža je postojala u kontinuitetu do 1940.

Nezadovoljni potporom Velikog orijenta Italije, pojedini članovi lože „Sloga, rad i postojanstvo" su 1890. pod zaštitom Simboličke velike lože Ugarske formirali svoju masonsku ložu „Pobratim". Osnivači, doduše još neinicirani, ali primljeni u Bratstvo slobodnih zidara po vanrednom postupku u peštanskoj loži „Demokratija" 4. oktobra 1890, bili su Andra Đorđević, profesor Velike škole, industrijalac Đorđe Vajfert, advokat Tihomir Đorđević i kompozitor Stevan Mokranjac, koji su istog dana i unapređeni, a zatim uzdignuti u rang majstora. Dvanaest dana kasnije, u prostorijama Društva „Sveti Sava", ponovo se okupljaju, ovoga puta devetorica majstora i odlučuju da loži daju ime „Pobratim". Deviza nove lože postala je: „Brat je mio, koje vere bio."

Naime, 1890. održan je sastanak u prostorijama Društva „Sveti Sava" u Beogradu. Svi prisutni (Andra Đorđević, Đorđe Vajfert, Tihomir Marković, Stevan Mokranjac, Milorad Terzibašić, Branko

Bošković, Tihomir J. Marković, Dimitrije Biba, trgovac, Maksa Antonijević i braća Nikolajević, Sreta Stojković i Đoka Milovanović) saglasni su da osnuju novu slobodno-zidarsku radionicu.

Za ložu zaštitnicu odabrali su Simboličku veliku ložu Ugarske koja je slobodno radila u dualističkoj monarhiji, uprkos zabrani masonskog rada u austrijskom delu države. Osnivačima „Pobratima" posebno se dopalo što se Simbolička velika loža Ugarske isticala u borbi protiv primata Austrije u Austrougarskoj monarhiji i suprotstavljala Austrijskoj supremaciji i njenoj ekspanzionističkoj politici na Balkanu.

Sledeće 1891. godine, 2. februara, delegacija Simboličke velike lože Ugarske, koju su činili Veliki sekretar Moric Galeri, Veliki rizničar Eduard Horn i Veliki obrednik Ivan Bošanji, unosi svetlost u novoformiranu ložu. Kad je osnovana, loža „Pobratim" je pored pomenute devetorice braće imala još i Milorada Terzibašića i Boška Boškovića.

Na svečanosti osvećenja bili su prisutni i brat Mihajlo Valtrović, starešina lože „Sloga, rad i postojanstvo", brat Julije Stijeli, starešina lože „Stela Orijentalis", kao i veliki broj braće, članova pomenutih loža ali i loža „Matija Korvin", „Humbolt" i „Koloman Kanveš".

Hram lože „Pobratim" nalazio se u kući doktora Vojislava Đorđevića u Gračaničkoj ulici. Sutradan, po osvećenju, održan je rad lože na trećem stepenu, na kome je Maksa Antonović unapređen u majstora kraljevske umetnosti. Na prvom redovnom radu odlučeno je da se sastanci održavaju svakog ponedeljka uveče. Na predlog Srete Stojkovića ustanovljena je „Patriotska kasa", koja je uvek isticala: „Setimo se otadžbine." Sredstva prikupljena na taj način bila su upotrebljena za propagandu u srpskim krajevima koji još nisu bili slobodni.

Pod rukovodstvom prvog starešine, Đorđa Vajferta, koji će rukovoditi radovima i sledećih devet godina, loža „Pobratim" se uvećavala. Do kraja prve godine postojanja imala je ukupno dvadeset osmoricu braće, održala je 37 radova i osnovala dva „venčića". Krajem sledeće, 1892. godine „Pobratim" je imao 42 člana.

STAREŠINA BRATSTVA

Đorđe Vajfert je jedan od osnivača lože „Pobratim" i starešina punih devet godina, od 1891. do 1898. Bio je veoma aktivan na humanitarnom planu. Na njegovu inicijativu, a zajedno s braćom slobodnim zidarima, Sretenom – Sretom Stojkovićem, Markom Stojanovićem i Nikolom Spasićem, osnovan je srpski narodni invalidski fond „Sveti Đorđe", čiji je Vajfert bio najveći dobrotvor i predsednik do smrti. Fond je pomagao ratne invalide i ratnu siročad.

Vajfert je bio industrijalac, dobrotvor, pionir modernog rudarstva u Srbiji i guverner Narodne banke, veliki mecena kulturnih i humanih ustanova i prijatelj nauke. Rođen je 15. juna 1850. u Pančevu. Srbin nemačkog porekla, kako je voleo s ponosom da ističe tada u habzburškoj monarhiji, prešao je 1872. u Srbiju i osnovao najveću pivaru. Apsolvirao je veliku pivarsku školu u Vajenstefanu kod Minhena. Po završetku školovanja preuzima od oca pivaru na Topčiderskom brdu, koju proširuje. Pošto su za rad u pivari bile potrebne velike količine uglja, 1872. mladi Đorđe je krenuo da ga traži po Srbiji. Prva istraživanja započeo je u Kostolcu, da bi kasnije prešao u područje Avale da ispituje živinu rudu, a zatim u selo Ruplje kod Grdelice, gde je istraživao olovo. Sledeća istraživačka stanica bila je u Rusmanu ispod Deli Jovana, u Krajinskom okrugu, gde je započeo eksploataciju zlata.

Godine 1895. prvi put dolazi u tada siromašno selo Bor. Osam punih godina je, uz ogromne fizičke i materijalne žrtve, bezuspešno tragao za nekom rudom. Bio je već na putu da odustane, ali je na navaljivanje inženjera Šisteka, jednog od bliskih saradnika, pristao da produži istraživanje. Najzad je pronađena bakarna žica neprocenjive vrednosti. Posle punih trideset godina upornog istraživanja, Vajfertu se posrećilo. Bor je za samo dve godine postao centar rudarstva, povezan železnicom s celim svetom.

Odigrao je ključnu ulogu u utemeljivanju i razvoju Narodne banke Kraljevine Srbije. Bio je njen prvi viceguverner od 1884. do 1889, a onda guverner od 1890. do 1902. i ponovo od 1912. do 1926. Zbog vanrednih zasluga za razvoj Narodne banke Kraljevine Srbije, koja je od 1920. nosila ime Narodne banke Kraljevine Srba, Hrvata i Slovenaca, izabran je 1926. za doživotnog počasnog guvernera.

O svom trošku je u Pančevu sazidao Crkvu Svete Ane, koju je posvetio svojoj majci i podigao portalnu zgradu na katoličkom groblju. A kod Zaječara je sazidao pravoslavnu crkvu. Impresivan je spisak odlikovanja koja je dobio u životu. Među njima su: *Karađorđeve zvezde* II i III reda, *Veliki kordon Svetog Save, Ordeni belog orla o vratu sa zvezdom* i II stepena, *Orden Miloša Velikog o vratu, Orden Takovskog krsta o vratu, Medalja društva Svetog Save*, kao i *Lenta rumunske zvezde*, najviši orden Rumunije koji se dodeljuje samo krunisanim glavama.

Đorđe Vajfert je decenijama bio stub srpske masonerije. Za vreme Vajfertovog starešinstva loža „Pobratim" se uspešno razvijala tako da je do 1899. imala gotovo 90 članova. Uspostavljeni su bliski odnosi s masonima iz Hrvatske koja je u to vreme bila deo Austrougarske monarhije. Dana 14. septembra 1892. loža „Hrvatska vila" osnovana je u Zagrebu pod zaštitom Velike lože Mađarske. Braća iz lože „Pobratim" bila su prisutna prilikom ceremonije unošenja Svetla. Međusobne posete i zajednički radovi bili su nastavljeni uprkos zabranama austrijske vlade. Posebno je stvorena čvrsta veza između Vajferta i Adolfa Mihalića koji je bio sekretar lože „Hrvatska vila". A 1892, uz pomoć lože „Pobratim", formirana je i loža „Nemanja" u Nišu. Njeni članovi su bili Atili Okoilčani, Karlo Materni, Petar Aranđelović, Stevan Sremac, Kosta Tasić, Sima Kostić, Jovan Aleksijević, Jovan Dokić i Lazar Petrović.

Na isteku 19. veka pod zaštitom Ugara formirane su masonske lože „Egalitas" u Vršcu 1870, a zatim loža „Pri steni istine" 1873. U Novom Sadu je nastala loža „Libertas" 1875, u Velikom Bečkereku „Tales" 1877. i u Somboru „Budućnost" 1896. Na tlu Južne Ugarske postojale su još i lože „Stela Orijentalis" u Zemunu i Pančevu 1898. godine, „Filantropija" u Somboru, „Aurora" u Vršcu 1905. godine, „Alkotas" u Subotici i „Svet" 1911. u Zrenjaninu. Bilo je to vreme uspona slobodnog zidarstva, kad je Sreten – Sreta Stojković objavio knjigu *Slobodno zidarstvo* 1893. godine u Novom Sadu, i u njoj objasnio cilj, principe, sadašnjost, prošlost i budućnost masonerije.

Kraj veka bio je obeležen velikim netrpeljivostima među političkim partijama. Članovi „Pobratima", i sami pripadnici suprotstavljenih partija, uneli su svoje partijske konflikte u ložu što je prouzrokovalo da 1903. rad lože bude suspendovan sve do 1905, kad je Velika loža Mađarske ponovo odobrila rad.

Tokom tih godina, Vajfert, koji nije pripadao nijednoj partiji, nije dolazio na sastanke lože jer su više ličili na politički debatni klub nego na masonsku ložu. Ovo je vreme prvih napada na slobodno zidarstvo u Srbiji. Još 1893. profesor S. M. Veselinović iz Bogoslovije održao je javno predavanje pod naslovom „Slobodno zidarstvo pred jevanđeljem", u kome je žestoko napao učenje masona. Ovo teološko predavanje nije privuklo veliku pažnju javnosti, iako je štampana i rasturana brošura s ovim tekstom. Mnogo jači napadi usledili su 1906. kad su zbog veza lože „Pobratim" s Velikom ložom Mađarske, masoni u Srbiji optuženi kao pristalice austrougarske prokatoličke politike u Srbiji. Činjenica da su većina članova bratstva bili eminentni i časni predstavnici javnog i kulturnog života, kojima se ništa nije moglo zameriti, učinilo je da ovi napadi prestanu.

Godine 1908. politički odnosi sa Austrougarskom naglo se pogoršavaju nakon aneksije Bosne i Hercegovine. Srpski masoni, razočarani nereagovanjem mađarskog bratstva i odbijanjem Velike lože Mađarske da osudi čin svoje vlade, prekidaju sve odnose s Velikom ložom i mađarskim masonima. Narednih godina srpski masoni pokušavaju da pronađu način kako bi legalizovali svoj status i Vajfert ima značajnu ulogu u tome. Uspostavljeni su kontakti s Velikom ložom Hamburga, Velikim orijentom Francuske, Velikom ložom Rumunije, Vrhovnim savetom Turske i Vrhovnim savetom Grčke. Neki od braće su predlagali da se formira Velika loža Srbije s kraljem Petrom I Karađorđevićem ili njegovim sinom princom Aleksandrom kao Velikim majstorom. Veći broj srpskih masonskih pisaca tvrdi da su kralj Petar i kralj Aleksandar postali masoni u Švajcarskoj gde su verovatno uzdignuti na stepen majstora u jednoj od loža pod jurisdikcijom Velike lože Alpina.

A 11. maja članovi lože „Pobratim", na čelu sa uvaženim starešinom Jovanom Aleksijevićem, postavili su temelj prvog masonskog hrama u Srbiji i u njega je aprila 1912. uneta svetlost. Hram je bio na Vračaru u Beogradu. Najveći deo novca za kupovinu zemljišta i za gradnju dao je Vajfert. Masonski hram na tom mestu uništen je tokom nemačkog bombardovanja Beograda, 6. aprila 1941. Danas je na ovom mestu najveća pravoslavna crkva u svetu.

Pod pokroviteljstvom Vrhovnog saveta Rumunije, 22. aprila 1909, osnovana je u Beogradu radionica „Ružinog krsta" za rad po sistemu Drevnog i prihvaćenog Škotskog reda do 18. stepena. Devetog maja Đorđe Vajfert je izabran i postavljen kao suvereni Veliki komandir Vrhovnog saveta Drevnog i prihvaćenog Škotskog reda Srbije.

Krajem 1915. Vajfert je, zajedno s kraljem Petrom I i celom srpskom vladom, nakon sloma srpske armije, napustio Beograd. Ovo ga nije sprečilo da, neposredno pred odlazak, organizuje kuhinju u masonskom hramu, gde se za sve vreme okupacije pripremala i služila hrana za građane Beograda u nemaštini.

Po napuštanju zemlje, Vajfert odlazi u Marselj, na jug Francuske, gde organizuje rad Vrhovnog saveta Srbije u izbeglištvu. Glavni fokus njihovog rada bio je organizacija humanitarne pomoći Srbiji i pružanje materijalne pomoći masonima koji su ostali u zemlji. S druge strane, neki od članova Vrhovnog saveta bili su aktivni na plasiranju koncepta ujedinjenja južnih Slovena u jednu državu Srba, Hrvata i Slovenaca.

Poznato je da je jedan od poteza ove braće bilo pismo koje je upućeno sa ženevske Međunarodne masonske konferencije 1917. američkom predsedniku Vilsonu, u kome se ističe prednost ovakvog rešenja balkanskog pitanja. Kasnije, na Mirovnoj konferenciji u Parizu, predsednik Vilson bio je jedan od ključnih pristalica ujedinjenja. Vajfert je podržavao ideju ujedinjenja, ali nikada nije uzeo učešće u prikrivenoj masonskoj diplomatiji koja je, po njegovom shvatanju, prelazila granice masonskog ponašanja. Zbog velikog broja masona među političarima i javnim ličnostima u jugoslovenskim zemljama, koji su imali ulogu u procesu ujedinjenja, mnogi antimasonski raspoloženi istoričari pripisali su zaslugu za stvaranje Jugoslavije upravo Bratstvu slobodnih zidara.

Prvi svetski rat se završava i Vajfert se vraća u slobodnu zemlju. Na prvom sastanku Vrhovnog saveta Srbije, početkom februara 1919, u hotelu *Grand* u Beogradu, odlučeno je da se kontaktiraju braća iz Hrvatske radi stvaranja Velike lože Srba, Hrvata i Slovenaca. I devetog juna 1919. u Zagrebu, nakon uspešnih dogovora, održana je Osnivačka konferencija Velike lože Srba, Hrvata i Slovenaca – Jugoslavija. Deset godina kasnije ime će biti promenjeno u Velika loža „Jugoslavija". Velika loža imala je pod svojom zaštitom tri lože iz Srbije – „Pobratim", „Šumadija" i „Sloga, rad i postojanstvo" i tri lože iz Velike lože Hrvatske – „Maksimilijan Vrhovac", „Ivan grof Drašković" i „Budućnost".

Za Velikog majstora izabran je Đorđe Vajfert, a za zamenika Veliki majstor Adolf Mihalić iz Zagreba. Prvi svetski rat ostavio je za sobom opustošene i opljačkane masonske hramove i jedan od prvih zadataka bio je obnova postojećih i izgradnja novih. Vajfert se ponovo pojavljuje kao glavni dobrotvor i finansijer pri gradnji, kupovini nameštaja i opreme. Kad je tadašnji Veliki sekretar Jovan Aleksić zamoljen da prikaže predlog budžeta za iduću godinu, on je odgovorio:

„Kakav budžet, nama tako nešto ne treba! Za sada imamo dovoljno para. Ako nestane, otići ću kod Vajferta i on će nam dati koliko nam treba."

U vreme kad je izabran za Velikog majstora Velike lože Jugoslavija, Vajfert je imao 69 godina i uprkos tome je uporno i vredno radio na promociji ideja slobodnog zidarstva. Znao je da su pošteni ljudi, čvrstog karaktera s visokim moralnim standardima ključni i neophodni u izgradnji i opstanku nove, ujedinjene države u kojoj nije postojala tradicija parlamentarne demokratije.

Tražio je od loža da posvete posebnu pažnju obrazovanju članstva u skladu s principima slobodnog zidarstva. Zahtevao je da se ritual obavlja s pažnjom i bez izmena, i da se sva braća svesrdno zalažu za razvoj međusobne bratske ljubavi bez obzira na etničku, religioznu i političku pripadnost. Uprkos svemu, članovi bratstva bili su okruženi realnošću svakodnevnog života Kraljevine Jugoslavije koju su sve više pritiskali socijalni, ekonomski i politički problemi. Ovo se odrazilo i na njihove masonske aktivnosti tako da maja 1927. dolazi do otcepljenja jednog dela hrvatskog bratstva. Oni formiraju Nezavisnu ložu Hrvatske pod imenom „Libertas", koja je pod svojom zaštitom imala tri lože – „Bratska ljubav", „Prometej" i „Amiticia".

Ovakav razvoj događaja veoma je razočarao Đorđa Vajferta. Već načetog zdravlja, on se sve više povlači u sebe i pojavljuje se samo na formalnim masonskim funkcijama i veliki deo funkcija prenosi na svog zamenika Dušana Milićevića. Ovo je uticalo da mnogi članovi bratstva javno traže promenu u vrhu što je rezultiralo izborom Dušana Milićevića za Velikog majstora na Godišnjoj skupštini 1933. Đorđu Vajfertu dodeljena je doživotna titula počasnog Velikog majstora Velike lože Jugoslavija.

Masonski brat Đorđe Vajfert je umro u osamdeset sedmoj godini 12. januara 1937, u svojoj kući u Beogradu, u ulici Vojvode Putnika broj 5. Javnom procesijom, u prisustvu velikog broja građana, njegovo telo proneto je ulicama Beograda do obale Dunava, odakle je lađom *Sveti Đorđe* prebačeno u Pančevo. Održana je katolička misa u njegovoj zadužbini, Crkvi Svete Ane, a odatle su njegovi posmrtni ostaci preneti na nemačko groblje u Pančevu.

Časopis *Šestar* objavio je 1937. godine deo govora koji je održao doktor Dragutin Škorić tokom komemoracije posvećene Đorđu Vajfertu na zajedničkom sastanku loža u Zagrebu 12. februara 1937:

„Pre nego što završim svoj govor, bilo bi nečasno ne pomenuti da je postojao sukob među braćom tokom poslednja dva izbora, a po pitanju nominacije Đorđa Vajferta za Velikog majstora. Nove generacije su uvek u sukobu sa starijima. Mnoga mlađa braća bila su protiv njegove nominacije za Velikog majstora. Ja se ne stidim da priznam da sam i ja bio jedan od njih. Mi svi znamo da je Vajfert uradio više za Jugoslaviju i jugoslovensko slobodno zidarstvo od svih nas zajedno, ali mi smo verovali da je promena potrebna i da nam je potreban nov dinamičan vođa."

Posle masonske posmrtne službe položen je u porodičnu grobnicu. Na sahrani su bili, osim članova porodice, i mnoštvo građana

Pančeva i Beograda, predstavnici Srpske pravoslavne crkve, predstavnici Nemačke evangelističke crkve, visoki državni i vojni zvaničnici, predstavnici lože „Pobratim" i Velike lože „Jugoslavija". Od mnoštva telegrama saučešća iz zemlje i inostranstva, koji su stigli na adresu Velike lože, dva su posebno interesantna – pismo saučešća od Ujedinjene velike lože Engleske i od Velikog orijenta Francuske. Dve jurisdikcije koje se međusobno ne priznaju i ne slažu složile su se u jednom – da je svetska masonska organizacija izgubila Đorđa Vajferta, odanog i znamenitog brata.

SRPSKI VELIKANI

Među najboljim prijateljima Đorđa Vajferta bio je Stevan Mokranjac, jedan od najznačajnijih srpskih intelektualaca i kompozitora. Član slobodno-zidarskog reda je postao 1891. godine u loži „Pobratim". O Mokranjčevom pripadanju slobodnim zidarima pisala je Stana Đurić-Klajn u knjizi *Mladi dani Stevana Mokranjca*:

„Jedino njegovo opredeljenje za određeni idejni krug izraženo je 1890. godine, kada je pristupio pokretu Slobodnih zidara i postao član takozvane Beogradske lože. Da li je on, boraveći u inostranstvu, imao prilike da se upozna sa osnovnim ciljevima te organizacije, da li su na njega, da priđe tom pokretu, uticali prijatelji – masoni, teško je danas prosuditi, pošto o tome nema nikakvih pisanih dokumenata. Verovatno je da je on u slobodnom zidarstvu, čije su osnove bile humanističke i prosvetiteljske, nalazio nešto što je odgovaralo njegovim pogledima na svet, na uzajamnost u ljudskim odnosima. Koliko je bio cenjen među masonskom braćom i privržen njima vidi se iz činjenice da je Mokranjčev pogreb, odnosno prenos posmrtnih ostataka (1923. godine) iz Skoplja u Beograd finansirao Đorđe Vajfert, predsednik vrhunske masonske lože u Jugoslaviji, inače bogati industrijalac i mecena."

Mokranjac je rođen kao deveto dete 1856. godine u Negotinu, u porodici trgovca i hotelijera Stevana Stojanovića Mokranjca. Pevao je u crkvenom horu kao đak. Kao gimnazista je svirao violinu i klavir. Studirajući muziku u Nemačkoj i Italiji, Mokranjac je prošao kroz dobru kompozicionu školu. Od prvih koraka u svojoj muzičkoj karijeri prilagodio je rezultate svojih studija specifičnim uslovima u kojima će živeti.

Postao je istaknuti dirigent Beogradskog pevačkog društva. Godine 1889. osnovao je Gudački kvartet u kome je i sâm svirao. Zajedno s Cvetkom Manojlovićem i Stanislavom Biničkim postavio je temelje srpskoj muzičkoj pedagogiji, osnivajući Srpsku muzičku školu 1899. godine u kojoj je predavao teoretske predmete. Ujedno je bio i njen prvi direktor.

Inspirisan folklorom različitih krajeva južnoslovenskog podneblja, komponovao je *Rukoveti* koje predstavljaju vrstu horskih svita. *Rukoveti* s Kosova, iz Crne Gore i Bosne, zajedno s *Primorskim napjevima* i originalnom horskom kompozicijom *Kozar* čine osnovu njegovog svetovnog horskog stvaralaštva. Od duhovnih dela pisanih u pravoslavnoj tradiciji i danas su deo koncertnog repertoara *Opelo* u fis-molu i *Liturgija*. Umro je 1914. godine.

Zvanično, prema podacima Velike regularne lože Srbije, masonska radionica „Pobratim", u kojoj su bili Vajfert i Mokranjac, osnovana je 1891. u Beogradu, od dela dotadašnjih članova lože „Sloga, rad i postojanstvo" i dela članova lože „Demokratija" (Budimpešta, tadašnja Ugarska, današnja Mađarska). Loža „Pobratim" je 1902. nakratko prestala s radom, ali se iste godine obnovila i bila veoma aktivna. Radila je pod zaštitom Simboličke velike lože Ugarske sve do 1908, kad se osamostaljuje i postaje matična loža za stvaranje buduće Velike lože u Kraljevini Srbiji. Godine 1910. loža je imala 37 aktivnih članova.

Loža „Pobratim" inicirala je osnivanje tri nove lože. U ovoj loži je inicirano i formiranje niške lože „Nemanja" 1892. godine. To je izvedeno relativno brzim unapređenjem nekolicine braće masona, koji su zatražili redovan otpust i formirali ložu. Niška loža je, takođe, radila pod zaštitom Simboličke velike lože Ugarske. Ostao je upisan interesantan trenutak u srpskom slobodnom zidarstvu, koji se odigrao u Narodnoj skupštini, održanoj u Nišu 1899. godine: kad je jedan poslanik napao slobodno zidarstvo, ustao je tadašnji ministar prosvete i javno priznao da je i sâm slobodni zidar, te stao u odbranu ove humane, kulturne i patriotske ustanove.

U delu bečkog carstva radionica „Budućnost" je osnovana 1896. godine u Somboru. Radila je pod zaštitom Velike lože Ugarske. Kako je slobodno-zidarski pokret na pragu 20. veka jačao u Vojvodini, u Vršcu se osniva loža „Aurora" (1905), potom u Subotici 1910. godine loža „Stvaranje", obe pod zaštitom Velike lože Ugarske.

Ali čim su masoni krenuli s „propagandnom ofanzivom za stvaranje usmerene i odgovarajuće slike o sopstvenom radu" protiv njih je počeo da se stvara i neprijateljski stav. Tako se na pojavu knjige o slobodnom zidarstvu Sretena Stojkovića (1893) oglasio Jaša Prodanović, tada još pod uticajem socijalističkih ideja Svetozara Markovića. Prodanović u časopisu *Delo* piše:

„Slobodni zidari nazivaju ovaj život profanim. Ali ja ne videh da se oni odriču društvenih položaja u toj profanosti, da neće da teku profane pare, da ne vole profanu književnu slavu i da begaju od visokih moći koje baš ta profanost daje. Uveče, pred pragom svoje lože, oni se čiste od prašine ovog života. Ali, sa osmehom na usnama, oni se sutradan opet vraćaju k njemu i ne odbacuju njegove blagodeti."

MAJSKI PREVRAT

Na samom početku 20. veka masoni i dalje na svoj način određuju sudbinu Srbije. Oni su i te kako umešani u Majski prevrat 1903. godine. Danas se zna da su u zaveri protiv Aleksandra Obrenovića i Drage Mašin učestvovali i slobodni zidari. Pre svih, trgovac Nikola hadži Toma, advokat Aleksa Novaković, poručnik Božin Simić i kapetani Stevan Šapinac i Milan Gr. Milovanović. Uostalom, i novoizabrani kralj Petar I Karađorđević bio je slobodni zidar.

Hadži Toma (1796–1885) bio je beogradski veletrgovac i posednik. Rođen je u Melniku kao Toma Opulos. Kao dete je sa ocem išao na hadžiluk u Jerusalim nakon čega je dobio titulu hadži. Sa 16 godina, „bežeći od maćehe", dolazi 1812. u Beograd. Ubrzo je prešao u Zemun kod strica, koji ga je školovao i otvorio mu kožarsku radnju u Beogradu. Hadži Toma se oženio Jelenom, kćerkom Hadži Brzaka, rodonačelnika Hadži Brzakovića, čija se kuća nalazila pored kafane *Znak pitanja* u Beogradu. Njihov sin Nikola hadži Toma (1840–?), ugledni mason, kao tradicionalni monarhista bio je protivnik novog kralja. Osipanje poverenja prema kralju započelo je, naime, još onda kad je mladi monarh, manirom apsolutiste, zapretio, i tu pretnju potvrdio pismenom naredbom, da će ubiti oca, kralja Milana, ako samo pokuša da uđe u zemlju. Kralj koji je svoju majku, kraljicu Nataliju, nazvao bludnicom, a oca nečistom krpom i vladaocem koga nije mogla vezati nikakva zakletva, po mišljenju oficira, nije više mogao da računa na njihovu vernost.

Majski prevrat, odnosno ubistvo kralja Aleksandra Obrenovića i njegove supruge Drage Mašin i danas izaziva istorijske nedoumice o učešću Dragutina Dimitrijevića Apisa u njemu.

„Apis je bio oličenje oficira: energičan, hrabar, pravičan, oštar i gord. Onako stasit, sazdan je samo od vrlina koje su krasile oficira i jednom, jedinom manom: smatrao je Apis da se sva pitanja – bilo da je reč o državotvornim ili diplomatskim – mogu rešavati na vojnički način", pisao je Radašin Nikolić, tadašnji narednik Kraljevske konjičke garde.

Poručnik Dragutin Dimitrijević, piše Dragiša Vasić u knjizi *Devetsto treća*, bio je u to vreme komandir u pešadijskoj podoficirskoj školi, i s četom, kad je na njega red dolazio, davao je dvorsku stražu. Na ovoj dvorskoj službi njemu se plan o ubistvu kraljevskog para činio odveć lak i zato je, predviđajući smenu sa ove dužnosti, i sâm neumorno tražio drugove da mu pristupe. Pripremajući zaveru, na skupu sedmorice oficira, usvojen je plan poručnika Dimitrijevića. Ubistvo kralja trebalo je da se izvrši u sali *Kolarac*, na balu povodom kraljičinog rođendana i to kamama i cijankalijem. Od plana se odustalo i kraljevski par je likvidiran u dvoru.

Nema pouzdanih dokaza da je Dragutin Dimitrijević Apis bio član ijedne slobodnozidarske radionice, mada se nemačka obaveštajna služba sve do kraja Drugog svetskog rata trudila da dokaže Apisovu masonsku pripadnost. Ali se zna da su masoni kovali zaveru i da su oni ponudili Petru Karađorđeviću da sedne na kraljevski tron. Naime, na jednom tajnom skupu 1903, kome su prisustvovali Đorđe Genčić, Aleksa Novaković, Jovan Avakumović, Jovan Atanacković, Nikola hadži Toma i Antonije Antić usvojen je predlog da taj kraljevski kandidat bude knez Petar Karađorđević. Kandidatura jednog velikog ruskog kneza, te razmišljanje da se kruna ponudi nekom austrijskom ili nemačkom princu, otpala je uz saglasnost urotnika da će kandidatura kneza Karađorđevića biti podjednako dobro primljena i kod velikih sila i kod naroda širom Srbije.

Krajem novembra 1903. Nikola hadži Toma, knežev školski drug, otputovaće u Švajcarsku da bi se sreo s Petrom Karađorđevićem i da mu prenese ponudu zaverenika. Knez i ne saslušavši Hadži Tomu, u prvi mah odbije ponudu, ali kad sasluša da su u ovaj „patriotski čin" uključeni i mladi oficiri, knez se predomisli.

Tako su stvoreni uslovi da se pretendent dinastije Karađorđević, iako izvan zavereničkog kruga, prihvati rezultata zavere.

Ono što se pouzdano može tvrditi, kažu članovi Velike nacionalne lože Srbije iz Niša, jeste da je budući kralj Petar Karađorđević bio iniciran tokom svog boravka u Francuskoj pod imenom Petar Mrkonjić. To ime je koristio i u hercegovačkom ustanku 1875. godine.

Petar Mrkonjić, odnosno Petar I Karađorđević, bio je kralj Srbije od 1903. do 1918. A kasnije kralj Kraljevine Srba, Hrvata i Slovenaca od 18. novembra 1918. do 1921. Omiljen kao vladar od naroda dobio je nadimak čiča Pera. Petar Karađorđević se školovao u Beogradu i Ženevi, u Parizu je završio vojnu školu *Sen-Sir*, a kao poručnik i višu vojnu školu u Mecu. Tokom boravka u Francuskoj i Švajcarskoj postao je slobodni zidar, što je umnogome uticalo na buduće tokove srpske istorije. Borio se na strani Francuske u francusko-pruskom ratu, a učestvovao je i u bosansko-hercegovačkom ustanku. U to vreme je bezuspešno nudio svoju saradnju knezu Milanu Obrenoviću.

Na srpski presto je stupio u pedeset devetoj godini. Uviđajući da je težnja za samovlašćem i nedovoljan sluh za želje naroda dovela do propasti njegove prethodnike iz dinastije Obrenovića, Petar se priklonio ustavnoj monarhiji, skupštinskoj i stranačkoj slobodi. Vladavina kralja Petra obeležena je trima oslobodilačkim i pobedničkim ratovima: Prvim balkanskim ratom 1912. godine, Drugim balkanskim ratom 1913. godine i Prvim svetskim ratom od 1914. do 1918.

Tajna organizacija „Crna ruka", koju su činili oficiri, bila je i dalje vrlo aktivna. Posle majskog prevrata 1903, ona je osnažila i imala je uticaj na politički život zemlje. Pod njenim uticajem, kralj Petar se 22. juna 1914. povukao, prenevši vršenje kraljevske vlasti na prestolonaslednika Aleksandra.

U sećanju celog svog naroda kralj Petar I Karađorđević ostao je zapamćen kao omiljeni i pravedni vladar, koji je zajedno sa svojom vojskom prošao kroz najteža iskušenja Prvog svetskog rata: prelazak preko Albanije i izbeglištvo u Grčkoj. Kako je Prvi svetski rat doneo oslobođenje Srbima koji su živeli u Austrijskoj monarhiji, kralj Petar bio je prvi kralj Srba, Hrvata i Slovenaca u zajedničkoj državi. Kralj Petar I Karađorđević je umro 1921, ali je njegova porodica vladala četiri decenije.

Čak je i jedna loža u Sarajevu, njemu u čast, nosila ime „Petar Mrkonjić", u periodu koji je prethodio Drugom svetskom ratu. Kako je zapisao Zoran Nikolić, novinar, masonsku radionicu „Petar Mrkonjić" u Sarajevu pominje i poznati arhitekta i slobodni zidar Aleksandar Deroko. On je opisivao ovu ložu uz napomenu da je u njoj boravio i njegov ujak Stevan Sremac, takođe poznati slobodni zidar tog doba.

Stevan Sremac bio je poznati književnik i novinar. Rođen je 1853, a umro 1906. U slobodno-zidarsko bratstvo primljen je 26. decembra 1891. u loži „Pobratim". Sremac je rodom iz Vojvodine, ali je najveći deo života proveo u Srbiji, u Beogradu, i jedno vreme u Nišu, tek oslobođenom od turske vlasti. Ta tri ambijenta našla su mesta u njegovim pripovetkama i romanima. Sremac je i danas popularan. Čitaoce je privukla nostalgična poezija starovremenog života poluorijentalnog Niša (*Ivkova slava, Zona Zamfirova*), kao i raskošan humor i slike ravničarskog ambijenta u njegovom glavnom delu, romanu *Pop Ćira i pop Spira*.

Posle majskog prevrata 1903. i dinastije Obrenovića, treći put na tron Srbije dolazi porodica Karađorđević. Kontakt i ponudu da prihvati krunu zaverenici su s Petrom Karađorđevićem ostvarili preko njegovog školskog druga Nikole hadži Tome, industrijalca i člana lože „Pobratim", dok je Đorđe Vajfert dao zaverenicima prilog od 50.000 dinara za porodice zaverenika koji poginu u prevratu. Uz njih, u zaveri su učestvovala još četiri člana lože „Pobratim", ali se na osnovu dostupnih podataka može reći da su to učinili kao pojedinci. Bili su to Srbi nezadovoljni socijalno-političkom situacijom u ondašnjoj Srbiji.

Reagovanje evropske, a posebno britanske političke javnosti i dvora u Londonu na ubistvo kralja iz dinastije Obrenovića bilo je više nego nepovoljno za Srbiju s novom vlašću. Presudnu ulogu na ublažavanje stava britanskog dvora prema novoj vlasti u Srbiji odigrao je Milovan Milovanović, poslanik u Rimu, koji je u Italiji i iniciran i kome su veze sa italijanskim masonima otvorile mnoga zvanična vrata. Tokom 1904. i naredne godine, stav evropske javnosti prema Srbiji je ublažen i normalizovani su odnosi.

Presudan korak ka potpunom osamostaljivanju Bratstva slobodnih zidara u Srbiji i stvaranju prve Velike lože predstavljalo je držanje Simboličke velike lože Ugarske tokom tzv. aneksione krize. Austrougarska je još od 1906. kovala planove za prisajedinjenje Bosne. Milovan Milovanović, tadašnji ministar spoljnih poslova Srbije, zahvaljujući masonskim vezama dobio je potvrdu te namere još početkom 1908. Masoni su srpskoj vladi javili i tačan datum objavljivanja odluke. Međutim, zvanični Beograd u to nije verovao, a mladoturska revolucija i oslabljen turski položaj u Bosni samo su uverili Beč da ne treba dozvoliti nikakvu demokratizaciju i izbore u Bosni i Hercegovini, u kojoj je srpski živalj tada bio u većini i koji bi se sigurno odlučio za prisajedinjenje matici.

Prekretnicu u aktivnom širenju slobodnog zidarstva predstavljalo je formiranje lože „Pobratim" u kojoj su bili veoma uticajni i cenjeni ljudi svog vremena Đorđe Vajfert, dugogodišnji starešina ove lože,

Stevan Mokranjac, Andra Đorđević, kompozitor Stanislav Binički, ali i pukovnik Živojin Mišić, koji se slavom ovenčao tek kasnije, kad je tokom Prvog svetskog rata pokazao svoju stratešku ingenioznost.

Stanislav Binički je u slobodno-zidarski savez ušao 1894. godine pod uticajem Stevana Mokranjca. Ovaj istaknuti srpski kompozitor i dirigent rođen je 1872. u Jasiki kod Kruševca, a umro je 1942. godine u Beogradu. Prva muzička znanja stekao je od Stevana Mokranjca i Josifa Marinkovića, pevajući u horu „Obilić". Za vreme studija na Filozofskom fakultetu u Beogradu osniva Akademsko muzičko društvo. Posle jednogodišnjeg rada u gimnaziji u Leskovcu odlazi u Minhen, gde, između 1895. i 1899, studira kompoziciju i solo pevanje. Nakon završenih studija vratio se u Beograd, gde je učestvovao u razvoju muzičke i pedagoške delatnosti. Postaje vojni kapelnik i osniva prvi simfonijski Beogradski vojni orkestar, a 1904. i Muziku kraljeve garde kojom diriguje do 1920. Zajedno s Mokranjcem i Kostom Manojlovićem osniva Srpsku muzičku školu. Bio je horovođa mnogih pevačkih društava i dirigent Narodnog pozorišta, gde je i 1920. osnovao Operu. Bio je prvi direktor beogradske Opere i jedan od osnivača Muzičke škole „Stanković".

Binički je bio uvažena ličnost kada je, krajem tridesetih godina dvadesetog veka, pozvan da po prvi put čuje novopostavljena zvona na novoj, upravo završenoj Crkvi Svetog Aleksandra Nevskog na Dorćolu u Beogradu. Prema zapisu u crkvenom letopisu Binički je oduševljeno uzviknuo: „Eto, konačno i Beograd dobi prava crkvena zvona!"

Mason i srpski vojvoda Živojin Mišić je rođen 1855. kao trinaesto dete u porodici. Školovao se u Kragujevcu i Beogradu, gde je XI klasu artiljerijske oficirske škole završio, zbog učešća u ratu s Turskom, tek 1880. Učestvovao je svim ratovima Srbije od 1876. do 1918. godine. Predavao je strategiju na Višoj školi vojne akademije, a bio je i počasni ađutant kralja Aleksandra Obrenovića.

Prvi put je penzionisan posle Majskog prevrata, 1904. Reaktiviran je 1909. i postavljen za zamenika načelnika Glavnog generalštaba. U balkanskim ratovima (1912. i 1913) bio je pomoćnik načelnika Vrhovne komande. Ponovo je penzionisan 1913. da bi bio reaktiviran 1914. U toku Prvog svetskog rata obavljao je mnoge dužnosti. Istakao se u komandovanju Prvom srpskom armijom u Kolubarskoj bici. Posle prelaska Albanije se razboleo i odlazi na lečenje u Italiju, da bi već 1916. ponovo bio na čelu Prve armije. Godine 1918, prilikom proboja Solunskog fronta, bio je načelnik Štaba vrhovne komande. Umro je 1920.

Živojin Mišić bio je, kako tvrde masoni, jedan od istaknutih i cenjenih slobodnih zidara svog vremena. Važno mesto na njegovoj grobnici zauzimaju grančice akacije. Zato se ova masonska ikonografija na njegovom grobu u Beogradu smatra logičnom.

Profesor Andra Đorđević je kao slobodni zidar javno branio srpsku masoneriju. Naime, na jednom zasedanju Narodne skupštine opozicioni poslanik Stevan Veselinović predložio je zabranu rada tajnih društava, pod tim posebno aludirajući na „framasone" tj. slobodne zidare. Andra Đorđević, tadašnji ministar prosvete i crkvenih dela, istupio je pred svim okupljenim poslanicima i jasno dao do znanja da je član Bratstva slobodnih zidara. Profesor je panegirično govorio o srpskim masonima i o njihovim ciljevima i zadacima. Bilo je to vreme kad je masonska organizacija u Srbiji doživljavala procvat i slobodni zidari davali jasne znake svog pripadništva ovom redu ukoliko bi procenili da je na bilo koji način ugrožen.

Među političarima iz lože „Pobratim" treba izdvojiti i Milovana Milovanovića, kasnijeg ministra inostranih poslova Kraljevine Srbije, Jovana Aleksijevića, savetnika ovog ministarstva, ali i književnika Stevana Sremca.

U Beogradu je 7. oktobra 1908, kako kažu istorijski izvori, vladalo samoubilačko raspoloženje. Narod je bio spreman da se i goloruk suprotstavi Beču. U takvom trenutku i srpski masoni su, poneseni nacionalnim idealima, zatražili pomoć od Simboličke velike lože Ugarske, pod čijom zaštitom je jedino aktivna masonska radionica „Pobratim" radila. Pomoć je odbijena sa obrazloženjem da je reč o političkom pitanju i da je mešanje u njega protivno masonskim načelima. Reakcija na takav stav Ugarske velike lože bili su zaključci lože „Pobratim" doneti na radu od 10. oktobra 1908.

Ti zaključci lože „Pobratim" kažu „da se prava i potpuna slobodno--zidarska loža 'Pobratim' otkine ispod dojakošnje zaštite Simboličke velike lože Ugarske, da se loža 'Pobratim' proglasi za nezavisnu slobodno-zidarsku radionicu u Srbiji, da se o tom proglašenju izveste sve velike slobodno-zidarske svetlosti u svetu, da od sada radionica dela u svima pravcima samostalno i neposredno i da se odmah stupi u kontakt sa nezavisnim ložama u Nemačkoj i da se umole za njihov postupak u administriranju".

Takav radikalan raskid sa Simboličkom velikom ložom Ugarske bio je povoljno tlo za formiranje lože „Ujedinjenje", koja je 1909. formirana pod zaštitom Velikog orijenta Francuske. Jedan broj članova lože „Pobratim" dobio je otpust i formirao, na veliko oduševljenje Leona Dekoa, tadašnjeg francuskog poslanika u Beogradu, koji je postao i njen član, novu masonsku radionicu u Srbiji. Najagilniji u afirmisanju rada nove lože bio je njen starešina Vasa Jovanović.

CRNA RUKA

Loža „Pobratim" pružala je punu podršku radu nove radionice, iz koje su kasnije, što je posebno interesantno, mnogi članovi, kao civili, pristupili organizaciji „Ujedinjenje ili smrt", poznatijoj kao „Crna ruka".

Na stvaranje organizacije „Ujedinjenje ili smrt" najodlučnije su uticali, pored oficira zaverenika iz 1903, članovi lože „Ujedinjenje". Obe organizacije imale su istovetan cilj, samo su im se metodi delovanja razlikovali. Pojedinačno učešće nekih od navedenih masona u organizovanju atentata u Sarajevu ne može biti stvar masonske organizacije u Srbiji, posebno zato što je loža „Ujedinjenje" bila pod francuskom zaštitom.

Kako tvrdi Zoran Nenezić, organizacija „Ujedinjenje ili smrt" tj. „Crna ruka" formalno je osnovana 1911, mada su inicijative i pripremni radovi na njenom stvaranju trajali već od 1908. Ustavom ove organizacije rečeno je da se ona obrazuje „u cilju ostvarenja narodnih ideala – ujedinjenja Srpstva... i pretpostavlja revolucionarnu borbu kulturnoj; s toga je institucija apsolutna tajna za širi krug".

Njen predsednik bio je Ilija Radivojević, posle čije smrti nije biran novi. Isprepletanost članstva pojedinih masona s njihovim članstvom u potonjoj tajnoj, „crnorukaškoj" organizaciji postoji. Od ukupno 181 člana organizacije „Ujedinjenje ili smrt", 12 masona bilo je raspoređeno u pet grupa. To su bili: Ljubomir S. Jovanović Čupa, novinar, Milan Gr. Gavrilović, pukovnik, ujedno i članovi Vrhovne centralne uprave, Božin Simić, kapetan, Aleksandar Ilić, poručnik, Jovan Milosavljević, novinar, Branko Božović, pravnik, Milivoje A. Jovanović, sekretar Železničke direkcije, Stevan Šapinac, major, doktor Milan Gavrilović, činovnik Ministarstva inostranih dela, Bogoljub Vučićević, policijski komesar, Milorad Nikolić, trgovac, Milan Antonijević, apotekar i Dimitrije Mijalković, direktor osiguravajućeg društva.

„Manje je poznata činjenica da je predsednik srpske vlade Nikola Pašić prvu konsultaciju po dobijanju austrougarskog ultimatuma imao s ministrom finansija doktorom Lazom Pačuom, slobodnim zidarom, a da su se zajednički dogovarali šta im, kao odgovornim državnicima, valja činiti sa Svetomirom Nikolajevićem", piše Zoran Nenezić.

Austrougarski ultimatum je vlada Kraljevine Srbije odbila i time je otpočeo lanac ratnih sukoba, koji je ulaskom SAD u rat na strani sila Antante, saveznika Srbije, postao svetski ratni sukob, sa do tada neviđenim žrtvama i razaranjima.

Pod francuskom zaštitom formirana je početkom prošlog veka i masonska radionica „Kosovo" u Skoplju. Na jug zemlje, u Makedoniju, masonske ustanove su „Svetosavska škola" i „Pripravna učiteljska škola" liferovale veliki broj simpatizera srpske makedonske politike, među kojima je bio i mason prota Serafim Krstić, sin slavnog pop Stojana Krstića.

Francuski masoni su inicirali i stvaranje radionice „Ujedinjenje", čiji je dugogodišnji starešina bio Vasa U. Jovanović, industrijalac i jedan od najbližih prijatelja Nikole Pašića i regenta Aleksandra I Karađorđevića. Članovi su joj bili i: doktor Ljubomir Stojanović, profesor univerziteta i političar, Kosta Stojanović političar, Leon Deko, francuski konzul u Srbiji, doktor Bogdan Gavrilović, doktor Milan Gavrilović, doktor Slobodan Jovanović, doktor Božidar Marković, svi političari, doktor Bogdan Popović, profesor univerziteta, pukovnici Božin Simić i Steva Šapinac i drugi.

Loža „Pobratim" bila je matica i za masonsku radionicu „Šumadija", koja je osnovana aprila i svečano osvećena 7. maja 1910. Loža „Šumadija" se nalazila u Jakšićevoj ulici broj 11. To je bila kuća Vojislava Kujundžića, uglednog Beograđanina, poznatog i po tome što je bio jedan od osnivača društva „Oganj". Njeni članovi bili su starešina Đorđe Milovanović, Pera Šreplović, Dimitrije Mijalković, Uroš B. Kuzmanović, Andra Dinić, Đura Popović, Hugo Štimler, Vencl F. Redl, Stevan Škorić, Mihailo Cukić, Marko Milutinović, Milan Srećković, Živko Milosavljević i Spasoje Barjaktarović. Iako je „Šumadija" tada bila pod zaštitom Velike lože Hamburga, ona je dobro sarađivala i koordinirala rad s ložom „Pobratim". Radila je u prostorijama Starog zdanja u Ulici kralja Petra kod Saborne crkve u Beogradu.

Bez obzira na to što je „Pobratim" bio jedina radionica nepokrivena zaštitom neke velike lože i što je proglašena samostalnom radionicom, uz podršku Velike lože Rumunije, zajednički rad, planiranje aktivnosti i saradnja te dve radionice pokazivale su specifičan pristup srpskih masona u odnosu na slobodne zidare i burne ekonomsko--političke prilike u svetu tokom godina s početka veka.

Vrhovne vlasti organizacije Bratstva slobodnih zidara u tom trenutku nije bilo u Srbiji. Posle odluka od oktobra 1908. i odvajanja od zaštite Velike lože Ugarske, masoni okupljeni u „Pobratimu" preduzeli su sve da dobiju zaštitu za svoj samostalni rad. Zato se pod zaštitom Velike lože Rumunije 1909. osniva Kapitel ružinog krsta „Srbija", organizacija viših stepena, po Škotskom ritualu, koje su pojedini članovi „Pobratima" dobili od Vrhovnog saveta Rumunije. Njegova braća bili su predsednik Jova Aleksijević, Manojlo D. Klidis, Pera Šreplović, Miloš Valožić, Petar Pačić, Dimitrije M. Janković, Dimitrije J. Mijalković i doktor Mil. Perišić.

Budući da je Kapitel formiran marta, a da je 22. februara 1909. formirana loža „Ujedinjenje", bilo je očigledno da su srpski masoni težili potpunom osamostaljivanju jovanovskog sistema i formiranju nezavisne Velike lože Srbije. Ložu „Ujedinjenje" je predvodio Vasa U. Jovanović, a članovi su bili Bogoljub Vučićević, Nikola Lukaček, Pavle Majzner, Milivoj A. Jovanović, Vlajko Gođevac i Leon Deko.

– Pored slobodno-zidarskih loža, u Kraljevini Srbiji delovao je i jevrejski red Bene Berit, koji je imao svoju radionicu „Srbija". Starešina je bio Adolf Reševski, a članovi Alkalaj Bokus, Haim Alkalaj, Benko Davičo i Adolf Štern. Loža je tokom Prvog svetskog rata mirovala, a aktivirana je 1919. Tokom 1939. ova jevrejska radionica postala je Velika loža „Srbija" i opet je uspavana 1940. godine – tvrde istoričari masonerije Bratislav Stamenković i Slobodan G. Marković.

Od nastanka pa sve do današnjih dana, loža „Pobratim" predstavljala je čuvara ideala slobodnog zidarstva. Nastala je iz želje braće Svetomira Nikolajevića, Srete J. Stojkovića i Đoke Milovanovića „da se srpsko slobodno zidarstvo dovede u što tešnju vezu, u što življi saobraćaj sa slobodnim zidarstvom na zapadu, a u tom uverenju, da će uspostavljena tešnja veza i intimniji odnosi uroditi obilnijim plodom po naš narod i našu milu otadžbinu".

Dotadašnja „majka" loža, Veliki orijent Italije, pod čijom zaštitom je delovala radionica „Sloga, rad i postojanstvo", čiji su Nikolajević, Stojković i Milovanović bili članovi, nije posvećivala dovoljno pažnje razvoju masonerije na Balkanu. U takvoj situaciji, vođeni slobodno--zidarskim idealima, Nikolajević, Stojković i Milovanović odlaze u potragu za čestitim ljudima koji će neopterećeni politikom velikih loža, zajedno s njima, postaviti osnove za buduću Veliku ložu Srbije.

STVARANJE SRPSKE MASONERIJE

Početkom 1911, slobodni zidari Srbije odlučili su da velika mason-ska vlast, koja će obezbediti konačnu samostalnost srpskoj braći slo-bodnih zidara, bude Vrhovni savet Grčke. Devetog maja 1912. godine osnovan je Vrhovni savet Srbije. Čin je održan u Beogradu u prisustvu i organizaciji predstavnika Vrhovnog saveta Grčke i trajao je tri dana. Prvog dana na zajedničkom radu loža „Pobratim" i „Šumadija" doneta je odluka da „Pobratim", koji je do tada radio kao nezavisna radionica, od tada radi pod zaštitom Vrhovnog saveta Srbije, a da loža „Šuma-dija" zatraži otpust ispod zaštite Velike lože Hamburga i stavi se pod zaštitu srpskog Vrhovnog saveta.

Popodne je masonski brat Jorgos Cefalas, specijalni delegat Vrhov-nog saveta Grčke, snagom svoje slobodno-zidarske vlasti uzdigao na 33. stepen slobodne zidare Đorđa Vajferta, Svetomira Nikolajevića, Jo-vana Aleksijevića, Milutina Lj. Perišića, Dimitrija M. Jankovića, Petra K. Šreplovića, Manojla Klidisa, Petra Pačića, Dimitrija Mijalkovića i Pavla Horstiga.

Sledećeg dana, na drugoj svečanoj sednici novoformiranog Vrhov-nog saveta, pročitan je grčki patent o formiranju Vrhovnog saveta Sr-bije, a Đorđe Vajfert izabran za najmoćnijeg suverena Velikog koman-dera i Velikog majstora Vrhovnog saveta Srbije.

Na trećem svečanom radu održanom 11. maja 1912. izabrani su i ostali Veliki oficiri – Jovan Aleksijević za Velikog kancelara general-nog sekretara, Milutin Perišić za Velikog besednika, Dimitrije Janko-vić za Velikog blagajnika, Petar Šreplović za Velikog arhivara-bibliote-kara, Manojlo Klidis za Velikog majstora ceremonijala, Petar Pačić za Velikog kapetana i Dimitrije Mijalković za Velikog mačonošu.

Ovim činom srpska masonerija postala je samostalna i nezavisna, te stupa u redovne odnose sa svetskim velikim masonskim vlastima. Pod zaštitom Vrhovnog saveta Srbije našle su se lože „Pobratim", „Šu-madija", „Sloga, rad i postojanstvo" i „Kosovo". Konačno priznanje ne-zavisnosti srpskih masona, koji su primili drevni i prihvaćeni Škotski ritual ili obred, usledilo je na Internacionalnoj konferenciji Saveznih vrhovnih saveta Škotskog reda, održanoj oktobra 1912. u Vašingtonu. Domaćin je bio Vrhovni savet južne jurisdikcije SAD.

Ujedinjavanjem loža na balkanskom tlu stvorena je prvo Velika loža Srba, Hrvata i Slovenaca „Jugoslavija". Ona je usvojila masonsku Konstituciju 1919. Kako je 6. januara 1929. promenjen naziv države, jer je stvorena Kraljevina Jugoslavija, iste godine, na Godišnjoj skupštini, 29. decembra, odlučeno je da loža promeni ime u Velika loža „Jugoslavija". Usvojen je i novi grb Velike masonske lože „Jugoslavija". Broj masonskih radionica je u međuvremenu narastao na 30 sa više od 2.000 članova.

U Beogradu su bile lože „Pobratim", „Šumadija", „Sloga, rad i postojanstvo", „Istina", „Preporod", „Dositej Obradović"„Maksim Kovalevski" i „Čovečnost", u Vršcu loža „Aurora", u Petrovaradinu loža „Vojvodina", u Pančevu loža „Banat", u Novom Sadu loža „Mitropolit Stratimirović", u Somboru loža „Budućnost", u Subotici lože „Stvaranje" i „Stela polaris". U Zagrebu su postojale lože „Maksimilijan Vrhovec", „Grof Ivan Drašković", „Pravednost", „Perun", „Neptun", „Ruđer Bošković" i „Bratstvo", u Osijeku loža „Budnost", u Karlovcu loža „Ivanjski Krijes", u Dubrovniku loža „Sloboda", u Splitu loža „Pravda", u Sarajevu loža „Sima Milutinović Sarajlija", u Kotoru loža „Zora", u Ljubljani loža „Valentin Vodnik", a u Skoplju loža „Kosovo".

Na inicijativu brata Đorđa Vajferta i uz njegovu materijalnu podršku osnovan je „Invalidski fond Svetog Đorđa". Potpomognut i velikom zadužbinom dobrotvora Nikole Spasića, bio je namenjen olakšanju života naših ratnih invalida i staranju o njihovoj siročadi.

U vrhu kraljevske masonerije bili su: Damjan Branković, Vojislav Paljić, Vladimir Ćorović, Andra Dinić, Stanoje Mihajlović, Ljubomir Tomašević, Savko Dukanac, Đura Bajalović, Petar Šreplović, Radenko Stanković, Radoslav Katičić, Pavle Marinković, Dušan Miličević i Đorđe Vajfert. Većina je bila aktivna i na međunarodnom i na unutrašnjem planu.

Masoneriju u Jugoslaviji između dva svetska rata činila je elita svih društvenih klasa bez obzira na veru. Od 39 vlada, u šest su masoni bili predsednici, u 31 ministri inostranih poslova, u 24 ministri prosvete, u 22 ministri pravde, u 27 ministri trgovine i industrije, u 16 vlada ministri unutrašnjih poslova, a u 20 vlada ministri finansija.

U vladi generala Živkovića bilo je 12 masona ministara: S. Švrljuga, D. Kojić, Ž. Mažuranić, M. Srškić, V. Marinković, J. Demetrović,

K. Kumanudi, O. Frangeš, M. Drinković, M. Kostrenčić, U. Krulj, A. Kramer i B. Maksimović. Masona je bilo u gotovo svim političkim partijama, a posebno su brojni bili u Demokratskoj stranci i Samostalnoj demokratskoj stranci. Pored ostalih, u Demokratskoj stranci masoni su bili Vojislav Marinković, Kosta Kumanudi, Rista Jojić, Budislav Anđelinović, Ilija Šumenković, Slavko Dukanac, Božidar Vlajić, Dobrica Lazarević.

Braća slobodni zidari bili su i kralj Petar I Karađorđević, njegov sin kralj Aleksandar i potom njegov unuk Petar II Karađorđević, prestolonaslednik. Masoni su bili vladika Nikolaj Velimirović, naučnici Jovan Cvijić i Mihajlo Pupin, pesnik i ambasador Jovan Dučić, kao i mnogi drugi veliki intelektualci i državnici.

Najaktivniji među njima bio je Đorđe Vajfert, tvorac Narodne banke Srbije, poslovni čovek i zadužbinar. On je u 20. veku postao uzor Draganu Maleševiću, majstoru i suverenom Velikom komanderu, koji se borio za novo ujedinjenje srpskih masona.

U međuvremenu, u predratnoj Evropi, pritisak nacističke Nemačke na Jugoslaviju bio je toliko jak da su slobodni zidari zaključili da će jugoslovenske vlasti zabraniti i raspustiti masoneriju u tadašnjoj kraljevini. S obzirom na to da su jugoslovenske lože bile pod političkim uticajem Engleske i Francuske, žrtvovano je slobodno zidarstvo kao organizacija. Pod pritiskom organizovane antimasonske kampanje, Vlada Cvetković-Maček donela je 1. avgusta 1940. odluku da je slobodno zidarstvo „samouspavano".

Ova odluka je 2. avgusta 1940. saopštena svim ložama pod zaštitom Velike lože „Jugoslavija". Da bi predupredila zabranu, uviđajući neminovnost novog svetskog sukoba i shvatajući kakav bi bio odnos tadašnjih vlasti prema masonima, 22. juna 1940. Velika loža „Jugoslavija" donosi odluku o zamrzavanju svog rada.

U 27 loža radilo je više od 2.500 masonske braće. Tadašnji Veliki majstor Andra D. Dinić uputio je svim ložama pod zaštitom Velike lože „Jugoslavija" sledeću objavu:

„Velika loža s bolom izveštava sve radionice i svu braću, da je pod pritiskom današnjih prilika morala doneti odluku da obustavi rad u svim radionicama koje delaju pod njenom zaštitom. Velika loža dobro zna da se slobodni zidari naše otadžbine, kao ni ona sama, nisu ničim ogrešili o svoje patriotske dužnosti i da su uvek, svi, bili spremni da za kralja i otadžbinu podnesu svaku žrtvu. Ali i u životu organizacija kao i pojedinaca događa se dosta puta da sticaj prilika nalaže teške odluke."

Aprilskim ratom 1941, „posle kratkotrajnih i bezuspešnih otpora delova vojske i patriota, uz petokolonaški i izdajnički rat znatnog dela onih koji su u doratnom periodu paktirali s različitim inostranim i obaveštajnim centrima", Kraljevina Jugoslavija prestala je da postoji kao država.

„Slobodno-zidarska organizacija je već u avgustu 1941. prestala sa svojim radovima. To je urađeno da bi se masoni zaštitili od 'proosovinske vlade' koja se dodvoravala silama Trojnog pakta. Jer još u aprilu 1941. počela su hapšenja masona", kaže hroničar masonerije Dragan Jovanović.

MARŠAL BEZ ZVEZDE

Po uspostavljanju nemačkog okupatorskog režima u Srbiji izvršena je čistka antinemačkih elemenata među kojima su se našli i masoni. U julu 1941. izvršen je policijski pretres Velike lože „Jugoslavija", a u avgustu je Ministarstvo unutrašnjih poslova izdalo naredbu o zabrani javnih okupljanja, koja su se najviše odnosila na slobodne zidare. Nemačke okupatorske vlasti su za puč od 27. marta optužile Englesku, jugoslovensku vladu u izbeglištvu i masone.

Bratislav Stamenković i Slobodan G. Marković tvrde da je u pučističkoj vladi bilo devet masona.

„Većina organizatora i učesnika puča, osim generala Simovića, Mirkovića i Kneževića, bili su slobodni zidari – Srđan Budisavljević, Momčilo Ninčić, B. Jevtić, B. Marković, M. Grol, J. Šutej, I. Anders, J. Banjanin i Milan Gavrilović. Centralni presbiro bio je u potpunosti masonski jer je šef bio doktor Radovan Radovanović, a saradnici Zarije Vukićević i Dušan Stojanović", pišu Stamenković i Marković.

Već sredinom aprila počela su nemačka hapšenja, mada su beogradski slobodni zidari pokušali da kod Britanaca urgiraju da se iz zemlje izvuku masoni: episkop Irinej Đorđević, Dragan Milićević, Vladeta Popović, Nikola Stojanović, Slobodan Jovanović, Ivan Meštrović, episkop Nikolaj Velimirović i Ilija Jukić. Uhapšeni su masoni: Dragan Milićević, Viktor Novak, Vladeta Popović, Petar Struve i Anton Bilimović. Preko Grčke su 15. aprila 1941. uspeli da emigriraju članovi kraljevske vlade: Srđan Budisavljević, Momčilo Ninčić, Bogoljub Jevtić, Boža Marković, Milan Grol, Jovo Banjanin, Milan Gavrilović, Juraj Krnjević, Slobodan Jovanović i Ivan Šubašić.

Kako tvrde hroničari Velike nacionalne lože Srbije, tadašnja Komesarska uprava Milana Aćimovića dobila je zadatak da formira spisak slobodnih zidara. Srpski kvinslinzi karakterisali su slobodne zidare kao „judeo-masonsku zaveru" i anglofilstvo.

U toku Drugog svetskog rata, masonsko delovanje na ratnim područjima porobljene Jugoslavije nije prestajalo. O tome govore brojni dokumenti. U Beogradu je 1941. i 1942, u nemačkoj organizaciji, održana i antimasonska izložba, pod budnim okom Ljotićevog čoveka Milana Banića, koji je bio vatreni zagovornik protiv slobodnih zidara. Tada su usledila velika hapšenja 130 masona. Među njima su bili ugledni profesori i članovi Srpske kraljevske akademije: doktor Aleksandar Belić, akademik Nikola Vulić, profesor Aleksandar Deroko, docent Ljubomir Dukanac, akademik Ivan Đaja, profesor Živojin Đorđević, akademik Tihomir Đorđević, doktor Miloš N. Đurić, profesor Jovan Erdeljanović, profesori Toma Živanović, Miodrag Ibrovac, Mihailo Ilić, Aleksandar Lebedov, Petar Matavulj, Vojislav Mišković, Viktor Novak, Branko Popović, Siniša Stanković, Risto Stijović, Đorđe Tasić i Mihajlo Čubinski.

Da bi potvrdili svoj patriotizam, srpski slobodni zidari bili su pripadnici Partizanskog, ali i Ravnogorskog pokreta. Bilo ih je tokom Drugog svetskog rata i kod Josipa Broza Tita i kod Dragoljuba – Draže Mihailovića.

U Ravnogorskom pokretu bili su masoni Dragiša Vasić, Stevan Moljević, doktor Đura Đurović, Ljubiša Trifunović, Vasa Jovanović, Mihailo Kujundžić, Vladimir Belajčić, Aleksandar Popović i Đura Vilović, koji je organizovao kongres četnika u selu Ba. Oni su formirali ložu „Ravna gora", koja je delovala na području ratne Jugoslavije.

Josip Broz je u partizane primio masone koji su postali jugoslovenski komunisti. Prilikom formiranja vlasti na Prvom zasedanju AVNOJ-a, 26. novembra 1942. u Bihaću, glavnu reč su vodili masoni Ivan Ribar i Simo Milošević. A na Drugom zasedanju AVNOJ-a, 29. novembra 1943. u Jajcu, bili su aktivni predratni masoni Vladislav Ribnikar, Ljubo Leontić, Ante Mandić i Anton Kržišnik. Na Trećem zasedanju AVNOJ-a, 7. avgusta 1945, prisutni su masoni Drago Marušić, Ivan Šubašić, Miloš Carević, Aleksandar Belić, Božin Simić, Milan Grol, Savko Dukanac, Nikola Đonović, Tomo Janičković, Hinko Krizman, Duda Bošković i Viktor Novak.

Kod Tita je Deklaraciju o proglašenju Demokratske Federativne Jugoslavije (29. 11. 1945) pročitao slobodni zidar Siniša Stanković. A kad je 1948. došlo do razlaza između Staljina i Jugoslavije, jugoslovenski masoni su podržali Tita na međunarodnom nivou. Možda zbog zahvalnosti, Tito tada nije progonio masone.

Bratislav Stamenković i Slobodan G. Marković pišu da je u komunističkoj Jugoslaviji, od 1945. do 1990, Bratstvo slobodnih zidara delovalo na tri načina – preko dve obnovljene lože i venčića u Beogradu, preko Velike lože „Jugoslavija" u emigraciji i putem pojedinačnih aktivnosti uglednih masona.

Tada počinju s radom „Beogradska loža", loža „Venčić" unutar SANU i „Jugoslovenska loža" u Beogradu.

„Ta 'Jugoslovenska loža' bila je veoma jaka. U njoj su bili najumniji, najbogatiji i najuticajniji Srbi. Zbog toga je rad masonerije u komunističko vreme bio zabranjen, iako je sâm Tito bio mason. Josip Broz nije dozvolio da 'Jugoslovenska loža' potpuno oživi jer je zadržavao ekskluzivno pravo da samo on na ovim prostorima bude mason. Oduzeo je imovinu uglednim masonima posle Drugog svetskog rata jer su masoni u Srbiji bili trgovci, bankari, hotelijeri i rentijeri. Sve velike zadužbine u Srbiji podigli su masoni", rekao je svojevremeno majstor Dragan Malešević Tapi.

Bilo je pokušaja 1948. da se Velika loža „Jugoslavija" oživi, ali bezuspešno. Mnogi masoni su tada obavljali veoma važne funkcije u komunističkoj državi, ali nisu obnovili ložu i nisu imali kontakte s drugim ložama, mada su tajno pomagali jedni druge. Masoni tog doba bili su: Ivo Andrić, Milan Bartoš, Ilija Đuričić, Siniša Stanković, Vladislav Ribnikar, Veljko Petrović, Viktor Novak, Mehmed Begović, Mihailo Vukobratović, Aleksandar Belić, Miloš Đurić, Siniša Tasovac, Ksenofon Šahović, Borislav Blagojević, Radomir Aleksić, Aleksandar Deroko, Ivan Đaja, Oto Bihalji Merin, Petar Kolendić, Mihailo Konstantinović, Pjer Križanić, Dušan Timotijević, Raša Plaović, Viktor Starčić, Stojan Pribićević, Mladen Leskovac i Raško Dimitrijević.

Mihailo Konstatinović bio je kraljev ministar, ali i jedan od Titovih intelektualaca, mason, koji je posle kraljeve priznao i predsednikovu vlast. Najveći slobodni zidar među njima bio je upravo predsednik partije i države Josip Broz Tito.

„Po mišljenju generala Ivana Gošnjaka, iako komunista, Tito je iskoristio masoneriju za sebe. Nije slučajno da je Moša Pijade, prvo kao slobodni zidar, a kasnije kao član Velike lože 'Nova Jugoslavija', primao pisma slobodnih zidara sa apelima za jačanje masonerije u zemlji, što bi, po njima, državi donelo neposrednu korist u dobijanju kredita. Nije slučajno što je masonerija u Jugoslaviji imala veliki uticaj i na spoljnu politiku zemlje. Beogradska deklaracija iz 1955, zatim konferencija nesvrstanih 1961. u Beogradu, pa odlazak Tita 1963. godine u SAD; takvom spoljnom politikom stvorili su uslove da su američki i bogati evropski masoni vodili drugačiju politiku prema svojoj 'braći u Jugoslaviji', posebno prilikom odobravanja kredita", reči su istoričara Vjenceslav Cenčić.

Smatrao je da su masoni možda bili i Edvard Kardelj, Moša Pijade, Aleš Bebler i drugi, koji su kao slobodni zidari šurovali s reformistima. I Mika Tripalo je bio slobodni zidar vezan za Jugoslovensku akademiju nauka i s masonima iz te akademije. On i njegovi slobodni zidari više su bili vezani za separatizam, a glavno uporište toj politici bili su slobodni zidari iz Italije i Nemačke, a delom i iz Austrije.

Cenčić beleži još nekoliko veoma interesantnih detalja i razmišljanja, pa kaže:

„Kada se govori o masonima u Jugoslaviji i njihovom uticaju, teško se neke stvari mogu oprostiti Titu. Tako je Koča Popović, kao mason, došao u sukob s Titom jer, prema njemu, 'Jugoslaviji nije bilo mesto u Africi ili Aziji već u Evropi'. Takvu podršku Koča Popović je dobio i marta 1956. godine, kad se od 'Beogradske' i 'Jugoslovenske lože' stvorila Velika loža 'Nova Jugoslavija'. Članovi te novostvorene lože posebno su bili oduševljeni Đilasovom knjigom *Nova klasa*, koja je bila na crnoj listi Centralnog komiteta Saveza komunista Jugoslavije."

Josip Broz Tito bio je agent Kominterne, engleski špijun, član Bratstva slobodnih zidara i jugoslovenski vladar. Imao je šest datuma rođenja od 1890. do 1892. godine, dva datuma smrti 14. april i 4. maj 1980. godine, sedam lažnih pasoša, dvadesetak lažnih imena, bio je lovac, ribolovac, avijatičar, revolucionar, mašinbravar, doživotni predsednik, maršal, podoficir, zarobljenik, lažni inženjer, pijanista, osnivač Pokreta nesvrstanih, stenograf, fotograf, predsednik vlade FNRJ, generalni sekretar KPJ, numizmatičar.

U biografiji Vinstona Čerčila koja se odnosila na Drugi svetski rat – od uzroka i predviđanja rata nakon završetka Prvog svetskog rata, pa do epiloga Drugog svetskog rata 1945 – na više od 3.000 stranica NOB se pominje tek na desetak, a Tito na čitave dve stranice. Veze između Tita i Čerčila su objašnjavane masonskom saradnjom.

O tome mi je jednom prilikom svedočio Veliki komander Dragan Malešević Tapi, što sam kao novinar objavio:

„Tito je još 1926. bio primljen u ložu 'Libertas'. A Vinston Čerčil ga je u Napulju unapredio u viši stepen i od tada kreće njegov munjeviti uspon u politici. Tada je Brozu rečeno da je u istoj ravni sa šahom Rezom Pahlavijem i sa svim drugim vodećim političarima. Većina tih državnika, kad su primljeni u Bratstvo slobodnih zidara, mislila je da su tu da bi gradili nekakav globalni mir, nesvesni da mogu da unište svoju zemlju. To se dogodilo i Titu, ali i Mihailu Gorbačovu, koji je primljen u Veliku ložu Engleske."

U vreme kad je Tito bio najveći slobodni zidar među komunistima, njegovi najbolji drugovi i masonska braća bili su Miroslav Krleža i Ivo Andrić, koji je uspeo da dobije Nobelovu nagradu. Velikan srpske javne scene bio je i mason Radomir Raša Plaović. Pozorište je ovekovečio mason i glumac Viktor Starčić.

ČERČIL I PARTIZANI

Mason Vinston Čerčil bio je glavni zagovornik preusmeravanja savezničke podrške sa Draže Mihailovića na Josipa Broza. Nakon upućivanja novih posmatračkih misija u Vrhovni štab partizanskog narodnooslobodilačkog pokreta, a posebno posle izveštaja njegovog sina Randolfa, Čerčil je potvrdio da je Tito s partizanima osnova otpora nacizmu. Čerčilova neposredna komunikacija s Brozom, uz Staljinovu potporu, doprinela je odlukama Teheranske konferencije velike trojice da se formalno prizna NOVJ kao jedina legitimna vojno-politička snaga u porobljenoj Jugoslaviji.

„Kad su se Čerčil i Broz sreli avgusta 1944. u Kazerti, a te je razgovore pomno i nenametljivo pratio i mason Vilijam Donovan, postignut je sporazum iz koga je proistekla vlada Tito–Šubašić, otklanjanjem kralja Petra II Karađorđevića, takođe masona, kao poslednjeg, ali nejakog političkog činioca, i stvaranjem Namesništva, s dva masona u njemu, Srđanom Budisavljevićem i Antom Mandićem. To što se pretpostavljalo da će se u duhu Atlantske povelje posle rata svi porobljeni narodi plebiscitarno opredeljivati o budućem državnom ustrojstvu ostalo je samo pretpostavka koja u posleratnoj Jugoslaviji nije realizovana na demokratski način", pričao je Tapi.

Činjenice govore da je Josip Broz kao slobodni zidar održavao direktne veze s čelnikom američke Centralne obaveštajne službe (CIA). Naime, kako tvrdi mason Aleksandar Jovanović, tokom Drugog svetskog rata, po nalogu američkog predsednika Ruzvelta, majstora 33.

stepena, a na predlog kneza Pavla Karađorđevića, takođe majstora 33. stepena, u Beogradu je više puta tajno boravio brat Vilijam Donovan, mason 33. stepena, šef OSS, tj. obaveštajne službe SAD koja je bila preteča današnje CIA.

Kako svedoči mason Aleksandar Jovanović, u vrtlogu rata masonsku arhivu Vrhovnog saveta „Jugoslavija" u London odnosi brat Većeslav Vilder.

„Većina članova Vrhovnog saveta „Jugoslavija" tada se nalazilo u emigraciji jer je masonerija bila zabranjena dolaskom komunista na vlast, iako su i Josip Broz Tito i mnogi viđeniji članovi Komunističke partije bili masoni. Interesantno je napomenuti da je 1947. godine u Rimu obnovljen rad Vrhovnog saveta Škotskog rituala 'Jugoslavija' i da je za Velikog komandera izabran brat Vladimir Belajčić, bivši ministar pravde. Savet su činili i advokat Sima Adanja i Miloje Dinić. Prvobitno sedište saveta bilo je u Rimu, a kasnije je premešteno u Pariz. Vrhovni savet imao je podršku brata Harija Trumana (33. stepen), predsednika SAD, kao i Vrhovnog saveta Škotske i kneza Pavla Karađorđevića", kazao je Aleksandar Jovanović.

Belajčića je kao Suverenog komandera nasledio Sima Adanja. Kad se Adanja preselio na Kubu, taj Vrhovni savet se ugasio 1967. godine. Ali, kaže Jovanović, načinjen je pokušaj obnove rada masonerije na teritoriji Jugoslavije i Srbije. I u tom slučaju postojala je podrška SAD i agencije CIA.

„Zapravo, pedesetih godina prošlog veka u Beogradu je postojala tajna loža pod nazivom 'Jugoslovenska loža slobodnih zidara'. Ona je radila na visokim stepenima Škotskog rituala, na čijem je čelu bio Veliki komander doktor Ljubomir Tomašić. Članovi su bili i Božidar Pavlović, Vojislav Paljić, Momčilo Mokranjac i Dimitrije Perović. Doktora Tomašića kao komandera će naslediti Pavlović, a njega Paljić. Ta braća su imala kontakte i podršku Vrhovnog saveta Švajcarske i Vrhovnog saveta južne jurisdikcije SAD", obelodanio je mason Aleksandar Jovanović.

U prilog tome govori poseta izaslanika Vrhovnog saveta SAD Vilijema Goldberga braći u Beogradu 1956. godine. Kasnije u posetu dolaze i Suvereni komander SAD Luter Smit, kao i Suvereni komander Vrhovnog saveta Švajcarske Širer. Taj tajni Vrhovni savet se gasi 1967.

Dok je četiri decenije Josip Broz vodio politiku i državu, neprestano se trudio da sebe proglasi za doživotnog predsednika i da dobije Nobelovu nagradu za mir. Nobel bi mu garantovao da će njegovo ime u istoriji biti upisano među najveće državnike 20. veka, kao da je najveći mirotvorac u celom svetu. Tito je najbliži priznanju Nobelove nagrade bio 1973. godine.

Da je Josip Broz Tito bio mason najvišeg svetskog ranga, videlo se i na njegovoj sahrani u dva čina. Prvi čin je bila poseta 617 svetskih državnika Beogradu i Titovom grobu. Nijednom državniku, ni pre ni posle njega, u novijoj istoriji nije došlo toliko svetskih državnika da oda poslednju poštu i pozdrav.

U Beogradu je 8. maja 1980. godine sahranjen Josip Broz Tito.

Tražio je od svojih saradnika da bude ukopan u cvetnoj bašti na Dedinju. Sahranjen je u Kući cveća bez Davidove zvezde na mermernoj ploči, simbola Bratstva slobodnih zidara, i bez crvene petokrake, simbola Komunističke partije Jugoslavije.

BUĐENJE NACIONALNE LOŽE

U posttitovskom periodu masoni su dugo ostali pritajeni, čekajući pravi trenutak da se posredno uključe u javni život zemlje. To vreme je, izgleda, konačno došlo kad je Slobodan Milošević 1989. ozvaničio politički pluralizam i kad su te godine masoni u trećoj Jugoslaviji uspeli da kod države ponovo registruju svoje lože. Tako su 1989. registrovane njih tri – „Pobratim“, „Sloga, rad i postojanstvo“ i „Maksimilijan Vrhovac“. Starešina obnovljene lože „Pobratim“ bio je Zoran Nenezić, koji je tih godina iniciran u Bratstvo slobodnih zidara.

Istovremeno, počeli su razgovori slobodnih zidara u Beogradu i u Budimpešti (koja je tada bila neka vrsta slobodne teritorije za kontakte sa stranim masonima) da se ponovo uspostavi Velika loža „Jugoslavija“. To je učinjeno s već blagonaklonim stavom i spremnošću Ujedinjene velike lože Nemačke i tadašnjeg njenog Velikog majstora Ernsta Valtera.

„Kad je 1990. loža obnovljena, pojavilo se samo troje ljudi koji su doneli dokumenta i rekli da su oni bili članovi bratstva. Od njih mogu da pomenem samo jedno ime. To je doktor Andrija Gams, koji je i umro kao mason i data mu je masonska čitulja. Ta čitulja je posle kod nas zloupotrebljavana, što iz neznanja, što iz zlih namera“, govorio je Veliki komander Dragan Malešević Tapi.

Taj posao nije uopšte bio lak jer je trebalo voditi računa o svim bitnim elementima unutrašnjih pravila. O broju majstora, broju loža, njihove organizacije, ali i o potrebi zadovoljavanja zakonskih uslova za uredno registrovanje tri lože, kao i Velike lože kao saveza loža kod državnih vlasti. Taj posao je okončan tokom aprila 1990, kad su se tri jugoslovenske lože registrovane u Beogradu formalno obratile Ujedinjenoj velikoj loži Nemačke s molbom za unošenje Svetla i reaktiviranje samouspavane Velike lože „Jugoslavija".

Pripremne radnje za obnavljanje slobodno-zidarskog rada izvršene su registracijom tri srpske lože „Pobratim", „Sloga, rad i postojanstvo" i „Maksimilijan Vrhovac". Konsekracija, formalni čin unošenja svetlosti u ložu, obavljena je u *Centru Sava* 23. juna 1990. u Beogradu. Poveljom koju je izdala Ujedinjena velika loža Nemačke potvrđeno je da je probuđena Velika loža „Jugoslavija" organizovana na Bazičnim principima regularnosti Ujedinjene velike lože Engleske.

Prvi Veliki majstor ove probuđene obedijencije bio je Zoran D. Nenezić. Delegaciju Velikih masona 24. juna 1990. primio je Zlatan Perunčić, predsednik gradske vlade. Masoni su položili venac na grob Neznanog junaka na Avali i upisali se u spomen-knjigu.

Nekoliko pripadnika masonske braće iz Velike lože „Jugoslavija", 27. juna 1991. godine u Pragu, uzdignut je na 32. stepen, pod okriljem Vrhovnog saveta Južne jurisdikcije SAD i njenog Suverenog komandera Frederika Klajknehta. Među uzdignutima bili su masoni Zoran Nenezić, Milan Lajhner iz Beograda i Slobodan Ćeran iz Italije.

A 23. novembra 1991, takođe u Pragu, obnavlja se rad Vrhovnog saveta Škotskog rituala „Jugoslavija". Za Suverenog komandera opet je izabran Zoran Nenezić. Njega će naslediti mason Lazar Ristovski, kao suvereni komander, a ovog glumca Ivan Draškoci.

Na osnovu izveštaja Komisije za priznavanja Konferencije velikih majstora Severne Amerike, koja je zasedala u San Dijegu, dato je mišljenje da je reaktivirana Velika loža „Jugoslavija" ispunila sve predviđene uslove za priznavanje. Konferencija je tokom 1991. i 1992. godine donela odluke o priznavanju Velike lože „Jugoslavija" i s njom su razmenile Velike reprezente prijateljstva.

Prvi hram probuđene Velike lože „Jugoslavija" nalazio se u stanu masona B. M. Tu su mnogi primljeni u Veliku ložu „Jugoslavija", čime se sakupio dovoljan broj masona da se formira i prvo Savezno veće. Tek potom je Ujedinjena velika loža Nemačke izdala Velikoj loži „Jugoslavija" masonsku Povelju o njenom reaktiviranju, čime su reaktivirane i njena Konstitucija, statut i rituali.

Starija masonska braća bili su profesor Vojin Matić, koji je bio član od 1930. godine u loži „Aurora" u Vršcu, zatim Milutin Samuilov, takođe iz lože „Aurora", pisac Milorad Pavić i Ivan Draškoci, od 1940. godine član lože „Sloga, rad i postojanstvo" u Beogradu. Mladi Malešević imao je izgrađen masonski autoritet. Na sednicama Saveznog veća i Saveta velike lože, glavnim telima Velike lože „Jugoslavija", vodio je rasprave i često svojim argumentima uticao na konačne zaključke i odluke.

„Bio je tvrdoglav i uporan kad je znao da je u pravu. Kad bi nešto predložio, mogao si u početku nekim argumentima da ga pokolebaš, ali kasnije, kad bi ta ideja sazrela u njegovoj glavi, nije trpeo primedbe", seća se Milan Lajhner mladog masona Tapija.

Raspad SFRJ, odnosno secesija Slovenije i Hrvatske, a kasnije i početak sukoba u Bosni i Hercegovini, doveli su do promena u Velikoj loži „Jugoslavija". Treća Jugoslavija (SFRJ) raspala se 23. jula 1991. godine i od njenih ostataka stvorena je SR Jugoslavija. Iako su se od države otcepili i masoni iz Hrvatske, Slovenije i Bosne i Hercegovine, ipak je i dalje postojala Velika loža „Jugoslavija".

„Od unošenja svetlosti održana je samo jedna Godišnja skupština Velike lože 'Jugoslavija' 1991. godine. Narednih godina Godišnja skupština nije održavana zbog narušenih odnosa između Velikog majstora i sada već brojnog članstva", svedoče istoričari Bratislav Stamenković i Slobodan G. Marković.

Velika loža „Jugoslavija" odložila je svoju Godišnju skupštinu i prekinula sve masonske radove jer je došlo do velikog raskola zato što je Veliki majstor Zoran Nenezić, kako tvrde Bratislav Stamenković i Slobodan G. Marković, uzeo sebi i funkciju Velikog komandera Škotskog reda. A to je za masone neuobičajeno i neprilično, pa je došlo do podela unutar Velike lože „Jugoslavija".

Naime, 13. marta 1993. godine veći deo članova Velike lože „Jugoslavija" i lože „Pobratim", „Maksimilijan Vrhovac" i „Svetlost Balkana Garibaldi", njih 17, okuplja se u Riminiju, gde održavaju treću Izbornu skupštinu. Masonska braća Slobodan Ćeran, Dragorad Tanasić, novinar, profesor Novak Jauković i njegov kolega Srđan Stanković formirali su Regularnu veliku ložu „Jugoslavija". Ova obedijencija izabrala je i novog Velikog majstora Dragorada Dragana Tanasića.

Ova istorijska činjenica je veoma bitna jer će se kasnije neki masoni, koji su činili Regularnu veliku ložu „Jugoslavija", oštro suprotstavljati Draganu Maleševiću i skriveno boriti protiv Tapija kao vrhovnog masona u Srbiji.

Posle pokušaja da se spase čast i ugled jugoslovenske masonske lože, veća grupa masona, njih oko 90, odvaja se od Zorana Nenezića i 1996. godine osniva Veliku nacionalnu ložu „Jugoslavija". Loža je dobila masonsku podršku Francuza i Škota. Pri formiranju Velike nacionalne lože „Jugoslavija", u njen rad „svetlo unosi" Velika loža Francuske. U to vreme protiv ovih loža već su delovali masoni iz SAD, Velike Britanije i Nemačke.

U ovoj loži Veliki majstori bili su Milan Lajhner, Dragan Martinović, slikar, a zatim i crnogorski liberal Miodrag Živković i biznismen Dragutin Zagorac.

U radu Velike nacionalne lože „Jugoslavija" od prvog dana učestvovali su Vojin Matić, Milutin Samuilov, Ivan Draškoci, zatim pisac Milorad Pavić, akademik Miroslav Gašić, novinari Boško Jakšić i Miša Brkić. Masonske radove su u početku održavali u Tapijevom legatu na Banovom brdu.

„Stalno je radio ne bi li sakupio novac za gradnju legata. Prodavao je slike i serigrafije. Sakupio je oko 240.000 maraka. Baš se uneo u taj posao jer je svim srcem želeo da svom gradu Beogradu daruje legat. Nažalost, nije mu se dalo da taj san ostvari", kaže Bojana Malešević.

U svojoj loži je Dragan Malešević bio majstor, član Saveznog veća, član lože „Pobratim", starešina lože „Sveti Sava" i Veliki komander Vrhovnog saveta Srbije.

„Prelomni trenutak, koji će obeležiti rad Vrhovnog saveta „Jugoslavija", a i masonerije uopšte, desio se 1996. godine, kad je na mesto Suverenog velikog komandera došao Dragan Malešević Tapi. Ovaj Veliki komander – uz pomoć brata Momčila Stankovića sa 33. stepenom, iz Pariza, koji je u reaktiviranju rada masonerije na našim prostorima odigrao ključnu ulogu – ponovo uspostavlja bliske odnose s Vrhovnim savetom Francuske i tako približava jugoslovensku masoneriju svojim istinskim korenima. To je svakako bio period uspona i procvata masonerije na našim prostorima", zabeležio je Veliki majstor Aleksandar Jovanović, starešina Velike nacionalne lože „Jugoslavija".

Naime, posle raspada Jugoslavije napravljene su tri velike lože sa sedištem u Beogradu i Tapi je pokušao da ih ujedini. Preko Momčila Stankovića, Srbina koji je bio jedini stranac u francuskom Vrhovnom savetu u njegovoj istoriji, francuska masonska organizacija započela je obnovu masonske organizacije u Srbiji. U srpsko-francuskim masonskim vezama svoj udeo imali su masoni Predrag Miki Manojlović, zatim Dragan Đurić, Veliki majstor i Veliki komander iz Pariza, Momčilo Stanković i Sreta Bižić iz Pariza.

„Dragan Malešević bio je uspešan organizator čitavog tog procesa. Uspeo je da nam preko Dragana Đurića zakaže sastanak s Velikim majstorom Velike lože Francuske, koji zna da po šest meseci odlaže prijeme u svom kabinetu. Nas je primio i podržao formiranje Velike nacionalne lože „Jugoslavija" i Vrhovnog saveta škotskog reda Velike nacionalne lože „Jugoslaviji", koji ima 33 stepena. Malešević je imenovan za Velikog komandera tog Vrhovnog saveta, čime je postao 'mason iznad svih masona' u Jugoslaviji. I to je ostao do svoje smrti 2002. godine", otkrio je Milan Lajhner.

Kad je formirana Velika nacionalna loža „Jugoslavija", najviše zahvaljujući Maleševiću, odmah je prihvaćena i priznata u svetskoj masoneriji. Dobila je priznanje od milion masona iz Južne Amerike i od braće iz Severne Amerike.

„Priznale su nas i mnoge evropske lože, pre svega Velika loža Francuske, koja je bila naša majka", kaže Dragutin Zagorac, Maleševićev zamenik i budući Veliki komander ove lože. „Mi smo krajem devedesetih bili najmlađa, ali i najaktivnija evropska loža, pa smo zato i omiljeni među braćom u Evropi. Velika nacionalna loža 'Jugoslavija' i Velika loža Francuske bile su osnivači Ujedinjene velike lože Evrope, koja je u Štutgartu održala svoju osnivačku skupštinu", otkrio mi je Zagorac.

Po njegovom mišljenju, Tapi je kao mason budio veliko interesovanje stranaca. Putovao je sa svojim masonima u Veliku Britaniju, SAD, Francusku, Italiju, Grčku i Bugarsku. Vodio je čitavu delegaciju, njih desetoro, i suprugu Bojanu u Pariz, na susrete s francuskim masonima. U Parizu je kupio svoju masonsku odoru.

Masonerija je bila njegova opsesija. A kako i ne bi, kad je bio Veliki komander najvišeg stepena – Maestro venerabile. Znao je mnoge ljude i sa ove i sa one strane, i to nije krio. Bio je prijatelj s mnogima. Uzdao se u sebe i u stara, proverena prijateljstva.

„Cilj mu je bio da bude prvi među jednakima. Tako su ga svetski masoni i doživljavali, kao mladog čoveka s velikom posvećenošću masoneriji. Trudio se da preko međunarodne masonerije utiče da ne bude rata u SFRJ. I da radi na tome da se Srbija i Crna Gora prime u Evropsku uniju", svedoči Dragutin Zagorac o svom masonskom bratu.

Voleli su masoni svoju zemlju i narod i hteli da pomognu, uvek i svuda. Tapi je lično u Evropskoj uniji zagovarao stvaranje Unije poslodavaca u Beogradu kao vanmasonske organizacije. Činjenice su da su srpski masoni u Briselu dobili podršku za formiranje i rad Unije poslodavaca i da je Malešević akciju skidanja sankcija srpskom narodu vodio preko francuskih masona.

Takođe, Dragan Malešević je tokom 1999. godine, zajedno s francuskom braćom, učestvovao u akciji srpskih masona na oslobađanju dvojice zarobljenih francuskih pilota, koji su izručeni Parizu.

MASONI SVETSKOG RANGA

Kada su Tapi, Zagorac i Lajhner bili u Americi kao delegati svoje lože, primili su izuzetnu počast od guvernera države Džordžija.

„Postali smo počasni građani države Džordžije i ambasadori dobre volje SAD. To se dogodilo na Generalnoj skupštini lože 'Princ Hol' u Mejkonu. Tada je Maleševiću, Lajhneru i meni ove titule dodelio lično državni sekretar Keti Koks", svedoči Zagorac.

Sva trojica su nosili u sebi puno pozitivne energije. Kada se masoni uhvate za ruke i načine krug, ta energija struji kroz njih. To je proces pročišćenja koji stvara plemenitost i slogu među braćom.

Velika nacionalna loža „Jugoslavija", u kojoj je Dragan Malešević jedno vreme bio starešina, delovala je na prostoru tadašnje Državne zajednice Srbije i Crne Gore. Zato je i promenila svoje ime u Velika nacionalna loža Srbije i Crne Gore. U Srbiji je tada bilo više od 800 slobodnih zidara, dok ih je u Crnoj Gori bilo oko 90.

Pod zaštitom Velike nacionalne lože „Jugoslavija" krajem devedesetih radile su lože „Pobratim", „Sloga", „Maksimilijan Vrhovac", „Rad i postojanstvo" i „Šumadija" iz Beograda, loža „Mitropolit Stratimirović" iz Novog Sada i loža „Njegoš" iz Kotora.

Govoreći u to vreme o ovoj obedijenciji, Veliki komander Dragutin Zagorac mi je rekao:

„Jurisdikcija Velike nacionalne lože 'Jugoslavija' prostire se samo na teritoriji sadašnje SRJ, dakle Srbije i Crne Gore, mada i dalje imamo članove iz novih država nastalih raspadom SFRJ. Na primer, u Sloveniji i Hrvatskoj imamo šestoricu masona, Srba. Velika nacionalna loža 'Jugoslavija' bila je tokom devedesetih osnivač masonerije u Crnoj Gori, Republici Srpskoj, ali i u Mađarskoj, Makedoniji i Bugarskoj."

O osnivanju masonerije u Bugarskoj pričao mi je Milan Lajhner.

„Još početkom devedesetih, Zoran Nenezić kao Veliki majstor i ja, koji sam decenijama poslovao u Bugarskoj, odlučili smo da formiramo masonsku ložu u Sofiji. Bugarska je još bila komunistička zemlja, u kojoj je vladao predsednik Todor Živkov. Preveo sam masonske rituale na bugarski jezik i počeo po Sofiji da tražim ljude koji će se zainteresovati za masoneriju. Upoznao sam mladog i obrazovanog čoveka Georgija Krumova, ekonomistu, i pomogao mu da postane Veliki majstor u Bugarskoj", otkriva Lajhner.

Krumov je bio član Velike lože „Jugoslavija", završio je masonski kurs za više stepene u Pragu. Posećivao je masone u Americi i Nemačkoj. Otac mu je bio zamenik direktora duvanskog izvoznog sektora u Bugarskoj, pa je i njegov sin bio ugledan mladi ekonomista.

„U Bugarskoj je za kratko vreme dvadeset ljudi pristupilo masoneriji, čime su stvoreni uslovi da se formira i prva loža", nastavlja priču Milan Lajhner. „O tome smo se konsultovali s Amerikancima, koji bi uneli svetlost u ovu ložu, što su oni principijelno podržali. Ispitivali su nas ko su ti Bugari, tražili spisak s njihovim imenima, ali ga nisam dao jer to ne dozvoljavaju naša masonska pravila, a i jer sam se bojao da bi bugarska policija mogla potom da uhapsi te ljude. Kad su u Bugarskoj stvorene tri lože, koje imaju pravo da formiraju Veliku ložu Bugarske, Amerikanci su odbili da unesu svetlost i ozvaniče ovu obedijenciju. Rekli su da nije vreme za to. Nemci su to čuli, pa su i oni bili protiv. Zoran Nenezić bio je razočaran i uvređen ponašanjem Amerikanaca i Nemaca. A Tapi je hladnokrvno rekao: 'Ko ih šiša! Idemo u Sofiju kod braće masona!'", završava svoje svedočenje Milan Lajhner.

Tako je srpska delegacija masona osnovala Veliku ložu Bugarske, s ložama u Sofiji, i time se strašno zamerila masonima iz SAD i Nemačke.

Tapi je umetnošću i masonerijom zaintrigirao i svog prijatelja i kuma Aleksandra Pantovića. Malešević je direktno uticao na profesora Pantovića da postane član Velike nacionalne lože „Jugoslavija". Pantović je vrlo brzo napredovao u loži „Pobratim", postao je majstor, pa onda i zamenik Velikog majstora:

„Jednog dana mi je Drakče rekao: 'Ti ćeš biti moj zamenik u loži!' Pokušao sam da ga odbijem, da mu kažem neke svoje razloge, ali on nije hteo da me sluša. Bio je moj garant u loži. Ubeđen sam da je Dragan Malešević izgradio temelje srpske masonerije."

Lojalnost svom kumu i prijatelju Aleksandar Pantović je pokazao onda kad je Maleševiću bilo najvažnije. Prilikom prijema profesora u masoneriju, Tapi ga je zvao u tri sata noću da mu kaže:

„Alek, moraš to da uradiš!"

„Znao sam da idem u čopor, i to golih grudi. Da mogu tamo da poginem ili da se izgubim, ali to ću učiniti gospodski. Odlučio sam da odbijem, da mu kažem istinu. Jer mnogo znači kad imaš jednog pravog prijatelja koji će čuti tvoju istinu. Rekao sam je, ali me je Tapi ubedio da budem ne samo mason već i njegov pomoćnik. Bio sam mu potreban u masonskoj loži!"

Pantović je imenovan za Tapijevog zamenika aklamacijom koja je iznenadila mnoge u Velikoj nacionalnoj loži „Jugoslavija". Dobio je sva 32 glasa.

„Jedan brat mason, advokat, iskreno mi je priznao: 'Ovo se nikada pre nije dogodilo!' Tada je naša loža imala 145 člana, jedna od najvećih u Evropi. Bila je to velika i ugledna obedijencija, koja je kod mene povećavala odgovornost prema masonskim obavezama i radovima", kazao je Aleksandar Pantović.

I on je kasnije bio aktivan član delegacije koja je razvijala odnose s Velikom ložom Francuske i koja je radila na tome da se stvori Ujedinjena velika loža Evrope. Tokom 1998. loža „Pobratim" iz Beograda se ujedinila s ložom „General Penje" iz Francuske. Srpska loža je nosila broj jedan, a francuska broj 502. Kako reče profesor Pantović, broj 503 kao zbir ove dve lože je nedeljiv, pa je i njihovo masonsko ujedinjenje bilo nedeljivo.

U tom procesu posebno je bio aktivan francuski mason srpskog porekla Sreta Bižić, kome je Aleksandar Pantović darivao svoju masonsku lentu.

„Zadivljen mojom pažnjom, brat Sreta Bižić, koji je tada imao 80 godina, nagnuo se i šapnuo mi: 'Ovo je ogromna čast za mene. Nikada vam ovo neću zaboraviti!'", seća se Pantović.

Doktor Zlatko Bešlagić je potom odao posebno priznanje profesoru Aleksandru Pantoviću zbog ovakvog dostojanstvenog čina, rekavši: „Aco, ti si se ovim činom vinuo na peti sprat masonerije, a nas si ostavio u podrumu!"

BITKA ZA DUHOVNOST

Kao veoma uticajan slobodni zidar, Tapi je uveo u masoneriju i slikara Dragana Martinovića iz Sremske Mitrovice. O Tapiju je ovaj slikar i mason jednom prilikom rekao:

„S njim sam se upoznao kada je bio u zrelom dobu, 1986. godine. Dragan Malešević Tapi za mene je prvo bio kolega, dragi prijatelj i na kraju masonski brat. Sve nedoumice bile su povezane s njegovim ranim mladalačkim danima i s 'dečjim nestašlucima', kako je on to zvao. Znam ga samo kao izvanrednog kolegu i brata. On je bio harizmatična i ključna ličnost masonerije. U momentima kada su drugi bili veliki majstori, on je, u stvari, bio najveći među velikim komanderima. Braća su se uvek okupljala oko njega jer je u sebi imao nešto što je svetinja za sve nas, a to je ta plamteća zvezda, duhovnost i energija, koja je privlačila ljude, osvetljavala ih, davala im volju da čine samo dobra dela."

Zahvaljujući Maleševiću, član Bratstva slobodnih zidara u Srbiji postao je i Slaviša Šćekić. Ovaj školovani policajac, rođen u Beranama 1961. godine, bio je u Beogradu načelnik Odeljenja za suzbijanje imovinskih delikata, pljački i razbojništva GSUP-a do 1996. godine. Potom je bio savetnik Odbora za bezbednost crnogorskog parlamenta. Danas je vlasnik Škole stranih jezika u Podgorici.

Bili su masonska braća, kaže Šćekić, i živeli su kao prava braća i večni prijatelji.

„Imao je nekoliko slojeva inteligencije, svoje ličnosti, i nekoliko života. Imao je vrline koje mu je Bog dao – bogatu ličnost i bogatu umetnost", kaže Slaviša Šćekić, koji je prišao masoneriji jer je bila duhovno jaka, a Tapi posvećeni mason.

„Duhovno je bio jedan od najvećih masona, posebno kad je reč o negovanju ljudskih vrednosti", tvrdi Šćekić. „Dragan je umeo od lošeg da pravi bolje, a od boljeg odlično. Mnogo ljudi je tako promenio nabolje. On je uzdigao masoneriju na visok nivo, iako se ona razvijala u teškim vremenima. Bio je član univerzalnog bratstva sveta. Sledili su ga mnogi ugledni i znameniti ljudi, poznate ličnosti s naših prostora."

Bliski masoneriji su preko Tapija bili i njegovi drugari i kumovi Đorđije Martinović, Aca Kostić i Dušimir Dušan Zabunović.

„Drakče me je učlanio u Veliku nacionalnu ložu Srbije", priznao je Dušan Zabunović, trgovac i hotelijer. „Bio sam prvo brat mason u loži 'Pobratim', a potom u loži 'Vajfert', čiji sam i danas član.

Naime, posle dužeg druženja, Tapi je pitao Zabunovića šta misli o masonskom bratstvu.

„Ništa posebno!", odgovorio je iskreno Zabunović.

„Pozitivno ili negativno?"

„Uglavnom pozitivno."

„Zašto?"

„Zato što su masoni ugledni ljudi, a to znači da je to dobra organizacija! I zato što čuvaju hrišćanstvo viteštvom i humanošću", kazao mu je Dušan Zabunović.

„Ja sam mason. I predložiću te da budeš član naše lože 'Pobratim'", saopštio mu je Tapi.

„Dobro, zašto da ne?!", pristao je Zabunović.

„Bićeš zadovoljan, upoznaćeš u našoj loži divne ljude, tvorce i humaniste. Ali da bi postao, mason moraš da ispuniš jedan uslov."

„Koji?"

„Moraš da razgovaraš sa ženom i da dobiješ njenu saglasnost."

„Zašto da ne?", odgovorio je Draganu Maleševiću, koji je u to vreme bio starešina Velike nacionalne lože Srbije.

„Odlično, javi mi još večeras šta je rekla", bio je kategoričan Tapi.

„Posle mesec dana primljen sam u masonsku ložu u kući u Čakorskoj ulici, iza *Muzeja 25. maj*", otkrio mi je ovaj detalj Dušan Zabunović, koji je kasnije kao brat mason s Maleševićem izveo nekoliko velikih humanitarnih akcija.

U to vreme, kod Dragana Maleševića masoni su bili beogradski glumački velikani Lazar Ristovski, Milorad Mandić Manda, Dragan Nikolić Gaga, Miki Manojlović i Dragan Bjelogrlić, slikar Dragan Martinović, roker Saša Žigić, pevač Ljubiša Stojanović Luis, Stanko Čolak, načelnik u SDB Jugoslavije, vidovnjak Lav Geršman, Vuk Bojović, doktor Zlatko Zlaja Bešlagić, političari Goran Svilanović i Slobodan Vuksanović.

Tapi je u ložu primio i Lava Geršmana, čuvenog Belog maga iz Rusije, koji je, takođe, imao veze s tajnom policijom. Lav Geršman je došao u kontakt s Maleševićem preko lepotice Nikice Marinović.

„Doveo je Lava Geršmana i spasao ga da ga Rade Marković, šef tajne policije, ne protera iz Srbije. Dobro su se slagali. Geršman je bio medijum. Lečio je ljude. Kad sam jednom prilikom vrelom kafom progoreo čarapu i prste na nogama, Geršman ih je pomilovao rukom i moj bol je nestao", seća se ove Geršmanove seanse Boban Glavonić.

Lav Geršman je rođen 10. maja 1948. godine. Po rođenju Ukrajinac, od oca pukovnika državne bezbednosti, koji je radio i za vojnu obaveštajnu i za kontraobaveštajnu službu, i majke vojnog lekara. Lav je maštao da bude glumac u cirkusu. Kad se povredio na cirkuskom poslu, Geršman upisuje zanatsku školu za metalostrugara i zapošljava se u Fabrici poljoprivrednih mašina. Odslužio je i vojsku u Počasnoj gardi Kremaljske jedinice.

Potom završava Pravni fakultet i počinje da radi kao inspektor kriminolog, ali posle nekoliko meseci metak mu je okrznuo čelo. Predlažu mu da se penzioniše, a igrom sudbine do ruku mu dolazi konkurs za lekara psihoterapeuta i hipnotizera. Jedan od uslova bio je završen fakultet kako bi se polaznicima predavali samo stručni predmeti. Tako Lav Geršman postaje psihoterapeut. U bolnici u Rusiji svoje sposobnosti koristi kao specijalista za bolesti zavisnosti – droge, kleptomanije, alkohola.

Devedesetih je bio izuzetno popularan i svojim predviđanjima je dizao tiraže nedeljnih novina. O tome zašto je za mesto boravka izabrao Srbiju, jednom prilikom mi je kazao:

„Nisam odabrao zemlju gde ću živeti, tako se desilo. 'Oni odande' su me poslali ovde, a ja nisam smeo da kažem *neću*. Znam istoriju. Sve loše što se na svetu dešavalo, počinjalo je na Balkanu. U Rusiji imam decu i unuke, došao sam ovde da bih ih štitio odavde. A u Srbiji imam ženu Branku i dva psa!"

Političar Slobodan Vuksanović bio je prijatelj Dragana Maleševića Tapija. Godine 1999. on i Dragan Kopčalić primljeni su u masonsku ložu 'Pobratim'. Postao je prvi nadzornik, što je treća funkcija, odmah posle glumca Mikija Manojlovića, koji je šef jedne od loža u sistemu Dragana Maleševića Tapija. Pričalo se da je Slobodan Vuksanović postao mason sa zadatkom da preuzme Demokratsku stranku.

„Procenili su da je svojim ponašanjem tokom rata Zoran Đinđić kompromitovan. Masonska loža pristupila je pripremama da se preuzme položaj predsednika i Slobodan Vuksanović je pripreman za to", kružile su glasine po Beogradu i Srbiji.

To mi je potvrdio Dragutin Zagorac, tadašnji visoki oficir srpske masonerije:

„Slobodan Vuksanović jeste bio sasvim legalno planiran za predsednika Demokratske stranke. Na izborima je imao šanse da pobedi, ali su glasovi iz Surčina, Dragana Markovića Krmeta i drugih sprečili Vuksanovića da smeni Đinđića. Otuda se stvorila priča, spletka i zavera da je Malešević bio protiv Đinđića, što nije bilo tačno."

Malešević je bio ideolog srpske masonerije. Bio je iskren, otvoren, pokazivao je da voli ljude. Svesrdno je pomagao Bebu Popovića kad je iz Jagodine stigao u Beograd. Kasnije je Popović postao njegov brat mason i njegov prijatelj.

„Drakče je bio veliki prijatelj s Bebom Popovićem. Lepo su sarađivali kao masoni, a i privatno, koliko sam čuo. Drakče je mnogo puta pomagao Bebu. Uostalom, Tapi je bio takav čovek, svima je pomagao", kaže Dušan Zabunović. „Dragan je spremao Slobodana Vuksanovića da se kandiduje za premijera Srbije, a i da zameni Zorana Đinđića na mestu predsednika Demokratske stranke. To, čini mi se, Bebi Popoviću nije bilo po volji, pa je raskinuo saradnju s Maleševićem", opisuje Dušan Zabunović unutrašnje odnose među masonima.

Dakle, neka braća masoni su Tapija prihvatali sa strahopoštovanjem, a neka s netrpeljivošću.

Dragutin Zagorac se, kako kaže, uverio da je Malešević kao mason umeo da bude i lakoveran.

„Iskreno je voleo ljude, pa je primao u ložu neke neozbiljne ličnosti. Takvi su bili glumac Predrag Miki Manojlović i novinar Dejan Lučić."

Ovakvo mišljenje ima i Milan Lajhner:

„Tapijeve najveće greške u masoneriji bile su dovođenje Dragana Đurića, građevinara iz Pariza, i glumca Mikija Manojlovića, jer su obojica svojim sebičnim i koristoljubivim ponašanjem urušili ugled nas masona. Manojlović je imao velike ambicije. Poželeo je brz uspon u hijerarhiji, što mu nije omogućeno. Počeo je destruktivno da deluje. Pokazalo se da je loš čovek, koji ne samo što se plašio leta avionom već je bio uplašen i kad je trebalo da nastavi da se bori za srpsku masoneriju. Borio se za sebe i svoj egoizam. I činio sve da razbije ložu 'Pobratim'. Odveo je nekoliko masona sa sobom u svoju ložu."

Tapijeva bitka za dostojanstvo masonerije nije bila laka. Dok se publicista Dejan Lučić tiho povukao iz lože, glumac Miki Manojlović je izrastao u žestokog neprijatelja masonskog brata Dragana Maleševića. Rasturao mu je lože i nametao se kao nelegitimni Veliki majstor. Dragan Đurić se i danas predstavlja kao mason visokog ranga.

Takav egoizam pojedinih masona pretvarao je ovo masonsko carstvo, koje profesor Pantović upoređuje s Dušanovim carstvom, u folklorno društvo s neobičnim ritualima.

„Mnogi masoni su pripadnost ovom bratstvu shvatili kao priliku za ličnu afirmaciju i to preko Tapijevih leđa. Malešević je imao nos za loše ljude. Bio je tvrdoglav i neumoljiv prema ljudima koji nisu bili odgovorni, složni i lojalni. Imao je veoma stroge kriterijume prema saradnicima i prijateljima i vrlo brzo se odrekao nelojalnih članova lože, pa i svojih dojučerašnjih prijatelja", tvrdi Aleksandar Pantović.

Ne zna se zašto, tek posle nekoliko godina glumac Lazar Ristovski se odrekao Bratstva slobodnih zidara i svoje braće. Kad sam ga zvao da učestvuje u ovoj knjizi o Draganu Malaševiću, reko mi je:

„Izvini, ne mogu. Izbrisao sam masoneriju i masone iz svog života!"

RATOVI MASONA

Dragan Malešević je u intervjuu za list *Svedok*, 24. novembra 1998, otvoreno govorio o tome kako se postaje mason, kako braća rade i da su u sukob rukovodstva srpske masonerije upetljani državni vrh i strane obaveštajne službe.

Zbog značaja Tapijevih reči, objavljujem taj razgovor.

„Bezbroj puta u poslednjih deset godina, sa govornica raznih skupština, čuo sam optužbe da se SFRJ raspala zbog volje i mešetarstva svetske masonerije. Ti ljudi nemaju elementarnog pojma o masonima, niti su pročitali bilo koju knjigu o tome. Zapravo, odgovorno tvrdim da je Velika masonska loža 'Jugoslavija' normalno radila u Brozovo vreme i 1980. godine, raspad Jugoslavije i pozicija Srba u tom raspadu bila bi bitno drugačija", ustvrdio je Tapi.

Svedok: „U čemu je suština tog nesporazuma?"

Tapi: „Kod nas ljudi misle da negde postoji centralni komitet neke svetske masonerije, što je apsolutno van pameti. Masonerija svake zemlje je van toga. Da bi neka masonerija mogla da funkcioniše i da bi je priznale druge masonske organizacije, osnovni uslov jeste da je tu obedijenciju zvanično registrovala vlast te zemlje. Znači, ni u kom slučaju se ne može govoriti o ilegalnoj organizaciji. Svaka zemlja ima svoju masonsku vlast. Imamo česte slučajeve da zemlje između sebe ratuju, iako su im na čelu države i vodeći generali i političari masoni."

Svedok: „Kako se postaje mason?"

Tapi: „Da bi neko postao mason, potrebno je da dva brata razgovaraju s njim. Oni o tome obaveštavaju starešinu lože. Kad dobiju saglasnost starešine, kandidat ispunjava upitnik koji se sastoji iz dva dela. U prvom su lični podaci, a u drugom biografija. Uz upitnik kandidat prilaže i fotografiju. Obrazac s fotografijom se istakne na oglasnu tablu u sedištu lože, gde je postavljena šest nedelja, kako bi se svi članovi lože upoznali sa osnovnim podacima o kandidatu. Na bolotazi (izjašnjavanju o kandidatu) mogu da glasaju samo majstori, belim i crnim kuglicama. Kad kandidat bude primljen, on postaje učenik, zatim pomoćnik majstora, pa u trećem napredovanju majstor. To je plava masonerija."

Svedok: „Šta je crvena masonerija?"

Tapi: „Crvena ili škotska masonerija je zapravo prirodni nastavak plave masonerije, koja ima tri stepena. Crvena masonerija ima 33 stepena vrednosti članova. U proceduri glasanja o novom kandidatu glasa se belim i crnim kuglicama. Ukoliko se ubaci jedna crna kuglica, onaj ko je ubacio crnu kuglicu dužan je u roku od sedam dana da izvesti starešinu zbog čega je glasao protiv. Ukoliko su ubačene dve crne kuglice, kandidat gubi pravo na konkurisanje na godinu dana. Ako budu tri crne kuglice, gubi doživotno pravo da konkuriše za prijem u bilo koju masonsku ložu u svetu. Svaki kandidat se upozorava da niko ulaskom u bratstvo neće imati nikakvu ličnu korist."

Svedok: „Tvrdite da masoni u bratstvu i uz pomoć bratstva ne ostvaruju veliki uticaj. Međutim, poznato je da su mnogi članovi masonerije u svetu vrlo imućni, uticajni i prestižni ljudi."

Tapi: „Ukoliko neko od braće uredno dolazi na sastanke svakog drugog četvrtka, ukoliko učestvuje u radu lože putem referata i drugih vrsta delatnosti, on svake godine napreduje po jedan stepen. Tako se posle 33 godine stiže do vrha. Kad pogledate te ljude danas, oni su zaista ugledni, moćni, uticajni i bogati. To su industrijalci iza kojih stoje koncerni, šefovi država, predsednici vlada, generali... Valja imati na umu da mason prilikom zakletve obećava da će u prvom redu štititi interese svoje zemlje i svoje porodice. U južnoameričkoj jurisdikciji postoje i vojne lože. Zapravo, verujem da među generalima, koji su članovi tih loža, ne postoji oficir koji nije mason – trideset trojka. To je tradicija. Džordž Vašington bio je mason, Amerika je masonska tvorevina. Broj masona u Americi je enorman. Tu se može govoriti o cifri od milion članova. U Francuskoj ima oko 130.000 članova triju loža – Velike lože Francuske, Nacionalne lože i Velikog orijenta. Osnovno pravilo je da među njima mora da vlada tolerancija. Na vrhu je Veliki komander, šef Velike lože, koji se u Francuskoj bira svakih osam godina."

Svedok: „U čemu je moć masona?"

Tapi: „Braća, čak i ako su u različitim ložama, komuniciraju i pomažu se. Oni, naravno, vode računa o prvom pravilu da štite nacionalni interes. U toj sprezi uzajamnog pomaganja rastu. Tu se stvara taj uticaj. Pošto se biraju sposobni i čestiti ljudi, prirodno je da oni privatno napreduju u službi, nezavisno od toga da li su članovi bratstva. Ako su članovi bratstva, oni se pomažu opet štiteći najpre nacionalni, a zatim i opšti interes. Tu počinju zablude. Ljudi vide šta je na kraju, a ne gledaju kako je to na početku. Svaki mason poseduje legitimaciju s kojom može da uđe u bilo koji hram bratstva u svetu iste obedijencije. Danas su rukovodstva masonerije u velikim sukobima, ali o tim sukobima znaju samo rukovodstva i s njima nisu upoznata braća, mada su u taj sukob upetljana državna rukovodstva i obaveštajne službe mnogih zemalja."

Svedok: „Velika loža 'Jugoslavija' uspavana je 1940. U Brozovo vreme nije se oporavila. Počela je da radi tek 1990. Da li se iz toga mogu izvući neki zaključci?"

Tapi: „Ta 'Jugoslovenska loža' bila je veoma jaka. U njoj su bili najumniji, najbogatiji i najuticajniji Srbi. Zbog toga je rad masonerije u komunističko vreme bio zabranjen. Kad je 1990. loža obnovljena, pojavilo se samo troje ljudi (doktor Andrija Gams, doktor Vojin Matić, književnik Borislav Pekić), koji su doneli dokumenta i rekli da su oni bili članovi bratstva. Jedan od njih bio je doktor Andrija Gams, koji je i umro kao mason 1994. godine i data mu je masonska čitulja. Ta čitulja je posle kod nas zloupotrebljavana, što iz neznanja, što iz zlih namera."

Svedok: „Pod čijom obedijencijom je danas Velika nacionalna loža?"

Tapi: „Naša loža je pod obedijencijom Velike lože Francuske. Međutim, tu se javila klasična zaverenička srpska priča. Nemci, koji su pod američkom obedijencijom, preko naših ljudi osnovali su drugu ložu. To svakako ne znači da su ljudi koji su u toj loži nemački špijuni, kao što danas mnogi to tvrde. Problem je u tome što ti ljudi nemaju odgovarajuću težinu da bi učinili nešto za svoju zemlju. Oni se međusobno svađaju oko funkcija u toj loži."

Svedok: „Tvrdite da je Rimokatolička crkva veliki protivnik masonerije. Koliko nam je poznato, ti sukobi su izglađeni."

Tapi: „Rimokatolička crkva bila je veliki protivnik masonerije. Taj sukob datira još od 1307. godine, kad je Filip Lepi, uz saglasnost pape, upao u pariski Priorat i uništio templare. Bilo je uvedeno i pravilo papinog diktata da nijedan katolik ne može da bude mason. To se posle promenilo."

Svedok: „Tvrdite da su totalitarni režimi proganjali i proganjaju masone?"

Tapi: „Najveći progon masona bio je u vreme Trećeg rajha. Tito nije dozvolio da oživi Velika loža 'Jugoslavija', zadržavajući ekskluzivno pravo da samo on na ovim prostorima bude mason. On je oduzeo imovinu uglednim masonima posle Drugog svetskog rata jer su masoni u Srbiji bili trgovci, bankari, hotelijeri i rentijeri. Sve velike zadužbine u Srbiji podigli su masoni."

Svedok: „S tim u vezi pojavila se i tvrdnja koju je ispitivao Gestapo – da li su vođe 27-martovskog prevrata bili masoni?"

Tapi: „Generali Simović i Mirković nisu bili masoni, o čemu svedoči Viktor Novak u svom pisanju 1942. i u svedočenju pred islednicima

Gestapoa, koji su dobili nalog da likvidiraju našu masoneriju zbog navodnih veza sa Englezima. S druge strane, pouzdano se zna da su engleski generali, koji su planirali ovaj puč, bili masoni. O tome govori i svedočenje sekretara Velike lože 'Jugoslavija' da članovi ove naše lože, koja je uspavana 1940, nikad nisu služili tuđim interesima."

ODBRANA SRPSTVA

Dragan Malešević bio je pre svega veliki patriota. Njegova težnja ka ujedinjavanju svih srpskih masona bila je prioritet u njegovom masonskom radu. To je pretpostavljalo i Tapijevu borbu protiv onih koji su razjedinjavali masoneriju i ugrožavali samo srpstvo. Najagresivniji protivnik Velike nacionalne lože „Jugoslavija" i njenog starešine Dragana Maleševića bili su Nemci.

„Nemcima nikako ne odgovaraju Srbi masoni i srpski narod koji je ujedinjen i jak. Nemci su još 1994. godine počeli da velikim novčanim sredstvima, koja su ubacivana u zemlju, pripremaju teren za razbijanje Velike lože 'Jugoslavija' i jačanje Regularne velike lože. Međutim, to im nije nikako uspevalo jer su, tipično za Srbe, u Regularnoj velikoj loži neprestano pravili podele. Grupice su se stalno otimale za vođstvo. Onda su Nemci planirali da formiraju Veliku ložu Crne Gore i tako opet pocepaju srpske masone", govorio je Tapi u jednom intervju.

Kad se to dogodilo, Rajhner Šike, Veliki majstor Nemačke, poslao je po celoj Evropi dekret da niko ne sme da komunicira i posećuje masone Velike lože „Jugoslavija". Istovremeno, Nemci su podsticali odvajanje masona i u Vojvodini.

Grupa izbačenih članova – a izbačeni su zbog toga što su dvojica bili saradnici Službe državne bezbednosti i što su redovno dostavljali sve materijale od onoga što su čuli na sastancima – trebalo je da osnuje ložu „Nikolaj Stratimirović". Održana je i Osnivačka skupština. Veliki majstor Nemačke lično je trebalo da dâ svetlost toj loži. Ali zabranjen mu je ulazak u zemlju.

„Rajhneru Šikeu su izdali ulaznu vizu za Srbiju. Kad je došao u Beograd, jednostavno je vraćen natrag", pričao je o tome Malešević. „Preko masona Novaka Jaukovića, rođaka Radoja Kontića, bio je zakazan sastanak Šikea i premijera. Šike je predstavljen kao industrijalac koji može mnogo da doprinese razvoju naše privrede. Međutim, po mojim saznanjima, Šike je penzioner. Njegova namera je da se od 'Jugoslovenske lože' odvoje i formiraju posebne lože Vojvodine i Crne Gore. Glavno pitanje koje je trebalo raspravljati s Kontićem bilo je povraćaj masonske imovine. Izvršio bi se blag pritisak Nemačke da se to vrati masonima. Verovatno je uzrok vraćanja Šikea sa aerodroma, a to je samo moja pretpostavka, to što je on, koristeći uticaje kao Veliki majstor, imao biznis u našoj zemlji dok je bila u ratu i pod sankcijama", objašnjavao je Tapi.

Time ilegalno delovanje nemačkih masona na Srbiju nije bilo okončano. Ono je nastavljeno i krajem devedesetih kad je izvedena tajna operacija „Hadaburg". Ova operacija („Veliki povratak") imala je za cilj da zemlju, u kojoj su živeli folksdojčeri i Švabe, opet učini delom nemačkog političkog uticaja.

Nemački masoni, naime, žele da Vojvodinu uključe u takozvane ujedinjene podunavske države, naravno pod nemačkim patronatom. Insistiraju na razbijanju „srpskog hegemonističkog programa" i sve se čini da *United States of Danubia* dobije najlegalnije simbole nemačke carske krune i da se pod nemačkom zastavom objedine svi narodi „koje povezuje Dunav – reka prijateljstva".

„Operacija 'Hadaburg' je počela da se ostvaruje zahvaljujući oživljavanju masonske lože 'Aurora' u Vršcu. Podrška i nalog za obnovu poznate vršačke masonske lože 'Aurora' stigli su iz Nemačke, i to lično od Rajhnera Šikea, Velikog majstora Ujedinjene velike lože Nemačke, a poziv da pristupe toj vrsti organizovanja i tajnog delovanja prihvatili su i pojedini vršački privrednici koji su do sada imali dobre lične i privredne veze upravo s firmama iz Nemačke", rekao mi je Tapi.

U okviru svoje propagandne delatnosti, masonska loža „Aurora" imala je agresivan nastup, pa je na adresu mnogih poznatih Vrščana, javnih radnika, pa i novinara, stiglo fotokopirano pismo – proglas o zajednicama članova lože. Između ostalog, pisalo je da se preko te lože u Vršcu očekuje stvaranje terena za povratak Nemaca na „njihova ognjišta", što je kulminiralo u pravoj poplavi pamfleta pronemačke sadržine i isticanja nemačkih simbola po Vršcu i bližoj okolini.

Zato se ne bez razloga u „pismu braći" i kaže da je „naša loža ('Aurora') dobila svetlost i da je posvećena u Veliko delo blagodareći okrilju Simboličke velike lože Ugarske, na čemu smo im mi neizmerno blagodarni i što im ne možemo nikada zaboraviti". Na kraju se konstatuje i ono što su u novinama *Veršetung cajtung* izjavili i potomci nemačkog življa, koje je posle Drugog svetskog rata dobrovoljno iseljeno, a ne proterano, „neka u Vojvodini računaju na naš povratak u kuće koje smo samo privremeno napustili".

Ovo je praktično značilo da je u pitanju bio početak formiranja Velike lože Vojvodine, što je Dragan Malešević kao mason sprečio.

DVA HRAMA

Iskreno odan masoneriji, Dragan Malešević bio je spreman da svoje Bratstvo slobodnih zidara daruje svojim uzvišenim građevinama. Masonski majstor i Veliki komander je krajem devedesetih odlučio da u Beogradu svojim rukama i parama podigne dva masonska hrama.

Kad je gradio hramove, profesor Pantović mu je govorio:

„Drakče, uzmi kredit i brzo ćeš ga otplatiti!"

„Nikad, Aco!", odgovarao je Tapi svom prijatelju Aleksandru Pantoviću.

Dešavalo se to u vreme kada na čitavom prostoru treće Jugoslavije nije postojao nijedan takav hram.

Ovu malo poznatu masonsku priču otkrio mi je Dragutin Zagorac, tadašnji visoki oficir Velike nacionalne lože „Jugoslavija".

„Radeći svoj legat na Banovom brdu, Drakče je zapravo gradio istovremeno i prvi masonski hram u Srbiji. Činila ga je velika sala s masonskim obeležjima i regalijama. Bila je popločana mermerom i ukrašena zastavama. U ovom hramu dva puta smo držali svoje masonske radove. Tokom 1998. godine, Malešević je nameravao da u hramu bude i sedište njegove masonske lože 'Pobratim'", rekao mi je u poverenju Zagorac.

Kad je Dragan Malešević umro, taj njegov umetnički legat i masonski hram su pretvoreni u dečji vrtić.

Drugi masonski hram Malešević je odlučio da podigne na placu u Ulici vajara Đoke Jovanovića kod Topčiderske zvezde. Izgradnju zgrade pratile su dve različite priče. Prema jednoj, vlasnik imanja bila je majka Željka Maksimovića, Maleševićevog druga, pa su se Maka i Tapi dogovorili da joj podignu kuću.

Navodno je, kazuje beogradska priča, na tom placu u Ulici vajara Đoke Jovanovića živela baba Olgica. Od nje je tadašnji direktor *Jugoslovenskih železnica* tražio da mu proda to imanje. Ona je odbijala i požalila se Milanki Maksimović, majci Željka Maksimovića. Majka je ovo rekla sinu Maki, koji je smirio direktora *Jugoslovenskih železnica* i sa svojim drugom Tapijem se dogovorio da on izgradi kuću s dva stana za njihove roditelje.

Prema drugoj priči, plac je pripadao porodici Malešević, pa je Tapi odlučio da tu podigne kuću za svoju majku Jelisavetu.

Sve se to dešavalo krajem 20. veka. Plac je kupljen. Na njemu je bila jedna udžerica koja je srušena i 1998. godine počela je gradnja novog zdanja. Makina majka Milanka Maksimović dobila je građevinsku dozvolu od opštine Savski venac da podigne kuću s dva sprata i 750 kvadrata korisnog prostora.

„Dragan je pristao da osmisli novu kuću i povremeno nadgleda njenu izgradnju", objašnjava Bojana Malešević. „Naime, Dragan je, kako mi je govorio, želeo da jednog dana kupi taj objekat za masonsku crkvu Škotskog rituala."

I Dragutin Zagorac mi je otkrio da je ta kuća trebalo da bude drugi masonski hram Velike nacionalne lože „Jugoslavija".

„Kao što je sâm projektovao prvi hram, Drakče je takođe sâm projektovao i ovaj drugi. Bila je to malo uvećana zgrada od tri sprata sa 850 kvadrata. Hram je", govori Zagorac, „imao ravan krov, terasu, veliku ritualnu salu s mermernim podom i zidovima, i velikom masonskom zvezdom. Njegova izgradnja koštala je Drakčeta nekoliko desetina hiljada nemačkih maraka."

Ovaj drugi masonski hram trebalo je da bude otvoren krajem 2002. godine. Smrt Velikog komandera Dragana Maleševića je to sprečila.

Posle Maleševićeve smrti, vlast je u novembru 2002. godine iz sasvim nepoznatih razloga odlučila da sruši taj masonski hram. O tome je vlast preko GSUP-a Beograda na neobičan način upoznala Dragutina Zagorca, starešinu lože i hrama.

Dragutin Zagorac je tog dana bio službeno u prostorijama Unije poslodavaca na Dorćolu. Iz Gradskog SUP-a dežurni policajac ga je pozvao na mobilni telefon i pitao gde je. Kada mu je Zagorac rekao da je u gradu, policajac mu je odgovorio:

„Da se ovog trena nacrtate kod vašeg masonskog hrama na Topčideru!"

Kad je Zagorac izašao iz Unije poslodavaca, na ulici su ga čekali policajci u službenim kolima i pratili ga do Topčidera i hrama. U dvorištu hrama sreo je policijske inspektore koji su mu natuknuli da postoji sumnja da je u toj zgradi spreman atentat na premijera Srbije Zorana Đinđića. Bilo je čak i sumnji koje su iznesene nešto ranije na suđenju za ubistvo policijskog generala Boška Buhe, za koje je optužena takozvana Makina grupa.

Tada je na sudu zahtevano da „veštaci izaću na teren i utvrde da li je iz kuće pokojnog slikara Dragana Maleševića Tapija moglo da se puca na rezidenciju premijera Zorana Đinđića".

„Bio je to plod jedne od mnogih spletki i podvala na račun Dragana Maleševića. Njegovim protivnicima iz drugih masonerija, a i iz države, bio je potreban razlog da se sruši taj hram srpskih masona. I da se tako izbriše trag našeg masonskog postojanja i delovanja", smatra Dragutin Zagorac, koji je sa mnom podelio svoje mišljenje.

Zvanično nije postojalo ništa dokumentovano ili inkriminisano za upad policije na plac Dragana Maleševića i u hram Velike nacionalne lože „Jugoslavija".

„Nije postojao ni policijski nalog za moje privođenje, niti sudsko rešenje za pretres i rušenje ove kuće. Policajci su došli naoružani i s čeličnim ’ovnom’ za razbijanje ulaznih vrata i zidova. Rekao sam im da ne razbijaju vrata jer je ispod cigle, na pragu, bio ključ od ulaznih vrata", priča Zagorac.

On je uzeo taj ključ, otključao vrata hrama i policajce pustio unutra. Ostao je s policijskim inspektorima ispred vrata da gleda šta se događa.

Pretres i razbijanje hrama su trajali celo prepodne. Naoružani policajci razbijali su mermerne pločice na zidovima, kopali po njima, tražeći valjda neke tajne bunkere ili sefove sa oružjem. Jedan od njih je sišao sa sprata i noseći neku kutiju zelene boje rekao inspektoru: „Vidi, šefe, šta sam našao! Bombu kašikaru!"

Policajac je počeo da otvara kutiju i vadi bombu, a Zagorac i inspektori su odskočili u stranu vičući:

„Ne otvaraj to, može bomba da se aktivira!"

Kutija je bila potpuno čista, bez maltera, bez gipsa, bez prašine, koje je bilo na sve strane po hramu. To je izazvalo sumnju Zagorca, pa je pitao policajca:

„Gde si našao bombu?"

„Gore, na spratu!"

„Pokaži mi tačno mesto gde si je našao."

„Popeli smo se", objašnjavao mi je Dragutin Zagorac. „Policajac je došao do jedne fosne široke dva metra, s polomljenim lajsnama i komadima gipsa i prašinom. Pored mene su stajali i policijski inspektori."

„Pokaži tačno gde je bila kutija s bombom!"

„Evo ovde", pokazao je policajac mesto na zidarskom stolu dugom dva metra.

„Pa gde je trag od kutije u prašini sa ovog stola?", pitao ga je Zagorac. „Gde je prašina od gipsa na kutiji, ako je tu stajala?"

Ni policajac ni inspektori nisu odgovorili na ova pitanja Dragutina Zagorca. Bilo im je jasno da je Zagorac otkrio pokušaj da se u masonski hram i Tapijevu kuću poturi bomba kašikara kao dokaz navodne pripreme atentata na premijera Zorana Đinđića.

Bio je to zapravo pokušaj da se Dragan Malešević zvanično, kroz policijski izveštaj o nađenoj bombi u njegovoj zgradi, proglasi za teroristu, zavernika i atentatora.

„Razišli smo se posle tog incidenta i policija me nikada više nije privodila, niti kontaktirala u vezi s događajem u našem masonskom hramu", rekao mi je Zagorac.

Odlukom opštine Savski venac, hram Velike nacionalne lože „Jugoslavija" potpuno je srušen narednog proleća. Bilo je to 15. aprila 2003. Rušenje je obavilo preduzeće *Avangarda*. Bilo je to u vreme operacije *Sablja* protiv mafijaša i ubica premijera Zorana Đinđića, koji je likvidiran u dvorištu Vlade Srbije 12. marta 2003. godine.

Posle toga, policija je uhapsila atentatore i do temelja srušila njihov štab i veliku kuću u Šilerovoj ulici u Zemunu.

Kad je Tapijevo zdanje iz Ulice vajara Đoke Jovanovića broj 6 na Topčiderskom brdu srušeno, u aprilu 2003, sud je utvrdio da je ono po vlasničkim papirima pripadalo gospođi Milanki, majci Željka Maksimovića Make.

Od nje je tokom 2004. Odeljenje za inspekcijske poslove opštine Savski venac posebnim rešenjem tražilo 3,5 miliona dinara na ime rušenja njene kuće, a Tapijevog hrama.

Advokatski tim *Kancelarije Borović* preuzeo je predmet 2004, podnoseći žalbu na rešenje o plaćanju troškova rušenja kuće. Kasnije je trebalo da podnesu i tužbu protiv bespravnog rušenja kuće. Međutim, posle posete „prijatelja" navedenoj kancelariji, došlo je do prolongiranja i odustajanja od žalbe za rušenje kuće, tako da je sve otišlo ad akta.

I pored svega što se dešavalo tokom aprila 2003. godine, neko iz vlasti hteo je rušenjem Maleševićevog masonskog hrama i mafijaškog dvorca u Šilerovoj ulici da izjednači Tapija sa zloglasnim članovima zemunskog klana.

„Sumnjam da je to bilo delo onih ljudi iz državnih vlasti i drugih loža bliskih vlasti, koji su se bojali da će se otkriti da su oni bili masoni i braća Dragana Maleševića Tapija", kaže Dragutin Zagorac.

SMRT MASONA, ŽIVOT TEMPLARA

Posle smrti Dragana Maleševića, njegova braća masoni iz Velike nacionalne lože Srbije formirali su u Beogradu posebnu ložu kojoj su dali ime „Dragan Malešević Tapi". Njegovo ime i nadimak danas su deo istorije Vitezova templara Srbije jer je Tapi bio prvi moderni srpski templar.

SUMNJE I SMRT

Dragan Malešević bio je poznat u srpskom podzemlju, biznisu, umetnosti, ezoteriji, ali i u politici. Tapi je poznavao Zorana Đinđića, Slobodana Vuksanovića, Bebu Popovića, Mila Đukanovića. Družio se sa Zoranom Đinđićem dok je ovaj bio gradonačelnik Beograda, a i potom kad je postao premijer Srbije.

Malešević je krivio Zorana Đinđića zbog nesposobne vladavine DOS-a. Neko vreme je podržavao Vojislava Koštunicu i nazivao ga je „belim vitezom srpstva".

Tapi nije lično poznavao Slobodana Miloševića, Miru Marković ni Vojislava Šešelja. Kritikovao je i napadao Slobodana Miloševića zbog njegove diktature. Učestvovao je na demonstracijama protiv SPS-a i JUL-a. Prozivao je Službu državne bezbednosti Srbije zbog njenih krvavih poslova.

I dok se Tapi nije javno bavio politikom, političari su se, međutim, i te kako bavili Draganom Maleševićem.

„Sloba i Mira su progonili i Tapija i sve nas iz masonskih loža zato što smo podržavali opozicione partije i lidere. Preko tajne službe pretili su nam kidnapovanjem i likvidacijom", otkrio mi je Milan Lajhner.

Uvek kad su u Beogradu bile velike demonstracije, Tapi i njegovi masoni su bežali u unutrašnjost ili u Crnu Goru jer je postojala realna opasnost da ih ubiju.

„Tapi je bio posebno ugrožen, pa je u Crnu Goru vodio i članove svoje porodice", kaže danas Lajhner.

Početkom 21. veka Vojislav Šešelj, lider srpskih radikala, javno je optužio Maleševića da je u svoju ložu primio Željka Maksimovića (što je netačno jer Maka nije bio mason), za kojeg policija tvrdi da je glavni organizator ubistva Boška Buhe, Radovana Stojčića Badže i Zorana Todorovića Kundaka.

Kad je Dragan Malešević, u januaru 2002. godine, u intervjuu za list *Nacional* otkrio da mu smrću preti srpska Služba državne bezbednosti i državna mafija, javnost je saznala da je Tapijev život postao njegova borba za opstanak. O pretnji smrću govorio je i u *Nedeljniku*, sredinom avgusta 2002. godine, samo mesec i po dana pre nego što je umro u policijskoj stanici.

Krajem oktobra 2002. godine, Dragan Malešević je opet bio teško bolestan. Imao je visok krvni pritisak. Lekari su tražili da opet ode u bolnicu. Odbio je. Umesto toga, Tapi se 29. oktobra uveče našao u policiji.

Krvni pritisak mu je bio 210 sa 137. Medicinska sestra, pozvana da bude i svedok prilikom pretresa stana, obratila se policajcima i rekla im da je Draganovo zdravstveno stanje teško i da hitno mora u bolnicu.

Međutim, policajci su rekli da Tapi treba da ide na informativni razgovor u GSUP Beograda. Tapi je s policajcima napustio kuću posle devet uveče. Žena i prijatelji su strepeli. Otišli su u beogradski SUP da vide Dragana Maleševića. Nažalost, strepnja se ostvarila. Načelnik Lakićević iz Odeljenja za krvne delikte im je rekao:

„Ustao je do prozora. Potom je seo. I glava mu je naglo pala na grudi. Hitna pomoć je brzo došla, pokušana je reanimacija, ali bilo je kasno!"

Za policiju je to bio svršen čin i niko iz GSUP-a Beograd nije više hteo javno da govori o smrti velikog slikara i masona u njihovoj policijskoj stanici. Ostale su, međutim, sumnje zašto je Malešević uopšte priveden na informativni razgovor. I da je namerno teško bolestan mučen i da mu je zato pozlilo, što je izazvalo smrt.

Imao sam čast da zabeležim izjavu beogradskog prote Petra Lukića o svom rođaku i prijatelju Draganu Maleševiću Tapiju:

„Smrt Dragana Maleševića bila je velika tragedija. Dogodila se u smutna vremena u kome su mnogi nedužni ljudi svojim životima platili cenu nemira i ratovanja. U to vreme u Srbiji se manipulisalo ljudima i njihovim životima, pa je i Dragan postao žrtva. Strašno me je zabolela njegova smrt, jer mi smo bili i prijatelji, i komšije, ali i rođaci", poverio mi se otac Pera.

Kada su drugovi i prijatelji pitali Bojanu Malešević gde želi da bude sahranjen njen suprug Dragan, odgovorila je kratko:

„Na Centralnom groblju!"

Tu su već bili grobovi njenih roditelja, Tapijevog oca Novaka, koji je preminuo 1978, i majke Jelisavete, koja je u 79. godini napustila ovaj svet 1997.

Dragutin Zagorac, u to vreme Veliki komander, predložio je da sahrana bude po masonskim običajima. Drugi mason, Milan Lajhner, preuzeo je na sebe obavezu da obezbedi grobno mesto i spomenik svom bratu Draganu Maleševiću.

Porodica je objavila čitulju u novinama. A umrlica u *Politici*, za suverenog Velikog komandera, masonskog brata 33. stepena Vrhovnog saveta Škotskog rituala Srbije, samo je potvrdila izuzetni Tapijev rang u Bratstvu slobodnih zidara.

Sahrana Dragana Maleševića održana je na Centralnom groblju u Beogradu 2. novembra 2002. godine. Bila je subota. Opelo su održala trojica sveštenika Srpske pravoslavne crkve. Na desetine ljudi bilo je na Tapijevom sprovodu. Veliku povorku njegovih prijatelja i poštovaoca od kapele do grobne parcele pratili su zvuci trube i pesme „Đurđevdan".

Tapija je na Večni istok i nebo ispratio trubač Slavko Crvelin, poreklom iz okoline Šibenika, koji je već svirao nad grobovima Josipa Broza, Tome Zdravkovića, Radmile Savićević, Steve Žigona, Ljube Tadića i mnogih drugih uglednih ličnosti.

Milan Lajhner je nad odrom svog druga Dragana držao masonske regalije, odličja i rukavice. Na odru je bio i veliki Maleševićev masonski mač.

Grob Dragana Maleševića prekrilo je na stotine buketa i venaca, znak da je veliki umetnik mnogima bio prijatelj i da su ga mnogi voleli.

Nekoliko dana kasnije, Velika nacionalna loža Srbije i Crne Gore održala je masonsku komemoraciju u svom hramu u Beogradu. Tako su se braća masoni oprostili od svog Velikog komandera.

Shodno promenama naziva srpske države, od Jugoslavije preko Državne zajednice Srbije i Crne Gore do Republike Srbije, i obedijencija, u kojoj je Dragan Malešević bio majstor, a potom Veliki komander, menjala je svoj naziv. Tako je Velika nacionalna loža „Jugoslavija" postala Velika nacionalna loža Srbije i Crne Gore, a 2007. Velika nacionalna loža Srbije.

„Dragan Malešević je otišao na Večni istok 29. oktobra 2002. godine istinskog svetla. Prestao je da bude član Velike nacionalne lože Srbije i Crne Gore i Veliki komander Vrhovnog Saveta Srbije", rečeno je u saopštenju Velike nacionalne lože Srbije i Crne Gore.

Posle smrti Dragana Maleševića, njegova braća masoni iz Velike nacionalne lože Srbije formirali su u Beogradu posebnu ložu kojoj su dali ime „Dragan Malešević Tapi". Njegovo ime danas je deo istorije Vitezova templara Srbije, jer je Tapi bio prvi moderni srpski templar.

DRUGI SRPSKI TEMPLARI

Drugi srpski templar, posle Dragana Maleševića, slikara, bio je Milan Lajhner, biznismen iz Beograda i Beča. Znao je devedesetih za Maleševića, ali ga nije nikad lično upoznao. Slučajnost i sudbina su odigrale svoju ulogu i spojile ovu dvojicu vršnjaka. Milana i Dragana spojilo je slikarstvo. Kad se početkom devedesetih Lajhner vratio u Beograd, radio je slike u Koreji da bi ih poklanjao svojim poslovnim partnerima. U Beogradu je predstavnik firme bio Milanov drug iz mladosti Zoran Sredojević koji se družio s Draganom Maleševićem Tapijem.

Preko Zorana Sredojevića, bivšeg građevinara iz Nemačke, došlo je do direktnog poznanstva Dragana Maleševića i Milana Lajhnera. To što Lajhner radi kopije vrednih slika u Koreji i koristi ih za reprezentaciju dopalo se Sredojeviću, pa je ispričao Tapiju, a ovaj je tražio da vidi Lajhnera i te korejske slike. Tako su Milan i Tapi počeli da se druže. Kad je Sredojević preminuo, njih dvojica su nastavili da se druže. I Lajhner je ušao u Tapijev krug prijatelja.

Njih dvojica su imali još nešto zajedničko – istu godinu rođenja i sličnu mladost. Naime, 1949. godine u Beogradu na svet u januaru dolazi Dragan Malešević, a u avgustu Milan Lajhner. Dve bebe rođene u istom gradu odrastaju u vreme velike nemaštine. Ali kako se život posle ratnih razaranja menjao u Beogradu i Jugoslaviji, ovim dečacima bivalo je sve bolje.

I Milan i Dragan završavaju osnovnu školu u Beogradu. Kreću u srednju školu i bave se sportom. Milan džudom, a Dragan rvanjem i karateom. Završavaju školovanje i kreću svako svojim putem. Ne sluteći da će se ikada sresti, Lajhner ulazi u svet trgovine i nepoznati svetski lavirint gde nije znao šta ga čeka, ali je znao da mora da uspe. Svojim prijateljima u Beogradu je iz Beča poručivao: „Vratiću se sa štitom ili na njemu!"

Dragan je iz Beograda odlazio u London, Prag, Milano, Beč, Ženevu, a Milan je lutao po Evropi radeći za razne kompanije. Smirio se prvo u Hamburgu, u tada velikoj kompaniji *Monark-Diesel*, a onda se usidrio u Beču. Sa ortakom Karlom Hajnchelom otvorio je svoju kompaniju *Automotive Supplies*, koja se bavila trgovinom tehničkim i elektronskim komponentama u tadašnjoj Istočnoj Evropi. Lajhner je razgranao poslove i imao predstavništva u Moskvi, Varšavi, Sofiji, Budimpešti i Beogradu.

Početkom devedesetih, 21. marta 1991, na rođendan svog sina Marka, koji je punio dvanaest godina, Milan Lajhner je iniciran kao mason u loži „Pobratim" u Beogradu. Za prijem u Bratstvo slobodnih zidara predložio ga je advokat Slobodan Perović, sekretar Velike lože „Jugoslavija", kao i Zoran Nenezić, Veliki majstor Velike lože „Jugoslavija".

Član Bratstva slobodnih zidara kasnije je postao i Dragan Malešević. Dvojica vršnjaka, Milan Lajhner i Dragan Malešević, kao masoni Velike nacionalne lože Srbije postali su braća. A onda se dogodilo da to bratstvo učvrste i razviju jer su obojica postali templari. Kako se to dogodilo, svedoči Milan Lajhner, Veliki kancelar Velikog priorata Srbije:

„Godina je bila 1999, sredina jula. U Beogradu počele vrućine, život se posle 78 dana zverskog NATO bombardovanja polako vraća u normalu, koliko je to uopšte bilo moguće. Svima, i privatno i poslovno, život se dovoljno iskomplikovao da ne znamo šta da radimo. U poslovnom smislu kod mene, kao uostalom i kod drugih biznismena, vladalo je zatišje. Nema posla, nikome ništa ne treba. Privatno, život polako ulazi u svakodnevicu", počinje priču Milan Lajhner i nastavlja: „U takvoj atmosferi, jednog dana poziva me slikar Dragan Malešević Tapi, kaže da treba hitno da se vidimo:

'Imam nešto interesantno da ti ispričam', poručio mi je.

'Da prekinem posao i odmah dođem ili mogu i kasnije kad malo zahladi?', odgovaram.

'Ma može i kasnije', kaže Tapi. 'Ja sam u ateljeu, slikam. Ti dođi kad se oslobodiš obaveza.'

Dolazim kod Maleševića predveče u atelje u zgradi iznad Slavije. On veseo, razdragan. Po običaju puši one njegove tanke cigare.

'Stupio sam u vezu s Međunarodnim templarskim redom. Hajde da osnujemo templare u Srbiji!', bio je direktan Malešević.

'Divno!', kažem misleći da konačno treba da se i to organizuje", seća se Lajhner.

Znao je za Maleševićeve veze s Templarskim redom iz Italije. Od tih italijanskih Templara Lajhner i ostali pripadnici Bratstva slobodnih zidara dobili su početkom devedesetih preporuku za Maleševićev prijem u slobodno-zidarsku radionicu „Pobratim", majku svih loža u tadašnjoj Jugoslaviji.

„Malešević mi skoro ništa nije pričao o svojoj pripadnosti templarima. Rekao mi je samo da je to pravoslavni ogranak Reda templara kome on pripada i da kad za to bude vreme, sve će mi, a i drugima, ispričati."

Malešević je svog prijatelja Lajhnera samo usput informisao o svojim aktivnostima u Templarskom redu Italije. Lajhner pamti da mu je Tapi o templarima prvi put govorio 1993. godine, kad mu je rekao:

„Idem u London na veliki svetski skup templara. Biću dostupan na mobilnom telefonu svako jutro, ukoliko ti budem trebao."

To je bilo sve što je Milan Lajhner od Dragana Maleševića čuo o njegovoj pripadnosti templarskom redu do te 1999. godine. U leto 1999. godine, međutim, Dragan Malešević je bio konkretan i direktan. I mnogo pričljiviji:

„Milane, molim te da se prihvatiš operativne organizacije Međunarodnog templarskog reda u Srbiji. I sve što uz to ide, da ti organizuješ. Daću ti kontakt u Londonu od Velikog majstora Templarskog reda da stupiš s njim u vezu i pokreneš celu stvar u Srbiji", bio je uporan Malešević.

Lajhner je prihvatio tu Tapijevu ideju i rekao mu:

„Sjajno! Konačno da dovedeš te svoje templare u Srbiju. Bilo je krajnje vreme da mi preko templara povratimo ugled Srbije u svetu i da se izborimo za svoje zavidno mesto na planeti."

Na to mu je Tapi odgovorio škrto i nevoljno odgovorio.

„To nisu oni kojima sam ja pripadao. Više nisam s Italijanima", priznao mu je Dragan Malešević.

U šoku je pitao: „Zašto, šta se desilo?", na šta mu opet veoma škrto odgovara.

„Uopšte se nisu dobro pokazali za vreme NATO bombardovanja Srbije i Crne Gore. I odlučio sam da s njima prekinem svaki kontakt!"

„To mi je bio znak da Tapiju više nikada ne pominjem italijanske templare", rekao je Milan Lajhner.

BEČKI RAZGOVORI SA OSMTH

Dragan Malešević nije svom bratu Milanu Lajhneru 1999. rekao kako je došao u kontakt s Velikim majstorom Međunarodnog templarskog reda OSMTH iz Londona. Ni ko je njih dvojicu i Srbe preporučio za članstvo u OSMTH-u. Lajhner ništa o tome nije znao, a nije ni pitao Tapija. Znao je: kad bude trebalo da zna, Tapi će mu sve reći.

Malešević i Lajhner su u jesen 1999. i dalje pričali o tome da Srbi postanu templari. Tapi je želeo da se uveri da će se Milan Lajhner bezrezervno angažovati da preko templara povrate ugled Srbije u svetu. Kad se u to uverio, rekao je Lajhneru da će za nekoliko dana dobiti kontakt, broj telefona templara iz Londona kome Milan treba da se javi.

„Malešević mi je dao broj telefona britanskog generala u penziji ser Roja Redgrejva. Taj britanski vitez bio je Veliki majstor Međunarodnog templarskog suverenog vojnog reda jerusalimskog hrama. Tri dana kasnije pozvao sam generala Redgrejva, predstavio se i izrazio našu želju da pristupimo osnivanju Reda u Srbiji“, priča Lajhner. „Izrazio sam i nadu da se gospodin seća preporuke koju je dobio za nas i da zna o čemu se radi.“

„Naravno. Naša želja je da templari konačno dođu u Srbiju. Spremni smo da pomognemo na svaki način, a pre svega organizaciono“, odgovorio mi je Redgrejv.

Lajhner je odmah predložio gospodinu generalu da ga primi u Londonu. Da porazgovaraju o svemu i da se dogovore, ukoliko se ser Redgrejv bude složio, o načinu i intenzitetu saradnje. Veliki majstor OSMTH-a prihvatio je Lajhnerov predlog, ali ga je zamolio da se čuju za tri dana „da se definitivno dogovore“. Kad je Milan Lajhner kroz tri dana telefonom pozvao Redgrejva, ovaj mu je vrlo pragmatično rekao:

„Gospodine Milane, zašto da dolazite u London? Zašto da trošite bespotrebno novac? Imam bolji predlog. Imamo našu organizaciju Veliki priorat Austrije. U Beču je Veliki prior baron Volfgang Odelga. Saglasan je i spreman da templarima u Srbiji bude mentor i dâ svu pomoć i podršku prilikom organizovanja našeg Reda u Srbiji. Pitanje je samo da li ćete se saglasiti, s obzirom na zategnute odnose Srbije s Nemačkom i Austrijom.

Lajhner je pristao, a Redgrejv mu je dao broj telefona barona Odelge da ga pozove i s njim pokrene protokol o saradnji.

Poslednje nedelje septembra 1999. popodne u kafeu hotela *Imperijal*, u pet sati, Milan Lajhner se sreo s Velikim majstorom Velikog priorata Austrije. Taj istorijski susret prvi put opisuje danas u ovoj knjizi Milan Lajhner:

„Baron Volfgang Odelga bio je gospodin od šezdeset tri godine, obrazovan i uglađen. Nastupio je zvanično kao Veliki majstor Velikog priorata Austrije, koji je kao mentor Srba iz Srbije nadležan da nas uvede u Međunarodni templarski red OSMTH. Sastanak smo počeli na vreme, u pet popodne, a završili nešto posle osam. Gospodin Odelga bio je veoma strpljiv, pun pažnje i razumevanja prema meni i našoj ideji da postanemo zvanično prvi srpski templari. S mnogo iskustva objašnjavao mi je u detalje kako funkcioniše osnivanje templarskog reda, šta sve treba da pripremimo. Kako da se prilagodimo srpskom društvu, a kako da se registrujemo kao civilna organizacija kod nadležnih vlasti u Beogradu.

Kad se Lajhner iz Beča vratio u Beograd, informisao je Dragana Maleševića, tada jedinog templara u Srbiji, o toku i detaljima razgovora s baronom Volfgangom Odelgom.

„Analizirali smo sve podatke o Međunarodnom templarskom redu, njegovom ugledu u svetu, uputstva iz protokola o osnivanju templarskog reda u Srbiji i saradnji s OSMTH-om. Ubeđeni da je naš osnivač OSMTH-a prava međunarodna organizacija za nas Srbe, Dragan Malešević i ja, naši prijatelji i braća, doneli smo krajem septembra 1999. godine definitivnu odluku da krenemo u osnivanje templarskog reda u Srbiji", kaže Milan Lajhner.

Čekao ih je ozbiljan i veliki posao. Uzeli su i proučili Statut Međunarodnog templarskog reda OSMTH-a i Statut Velikog priorata Austrije. Počeli su da prave prve statute Templarskog reda Srbije. Prvi je trebalo da bude do detalja usaglašen sa Statutom OSMTH-a, a drugi usaglašen s našim, srpskim zakonima, kako bismo mogli da se registruju u Srbiji kao udruženje građana.

„Sledeće važno pitanje bilo je izbor kadrova s kojima treba da stvaramo prvu Templarsku organizaciju u Srbiji. Za nas je bilo najjednostavnije da u templarski red primimo našu braću iz slobodno-zidarskih radionica. Odlučili smo se za sledeće kandidate: Dragutin Zagorac, Dragoslav Petrović, Dejan Mileković...", nabraja Milan Lajhner i nastavlja: „Izabrali smo i desetoro kandidata da budu zvanični osnivači i članovi grupe građana na koju će se templarski red u Srbiji registrovati kod državnih organa. Ovi ljudi bili su prve osobe u Srbiji koji su postali templari. Prvo kao postulanti, a kasnije su uzdignuti u rang vitezova i dama. Ovi ljudi bili su nukleus Međunarodnog templarskog reda u Srbiji", naglašava Milan Lajhner, danas Veliki kancelar OSMTH-a.

Većina tih ljudi bili su srpski masoni. Jedan od njih, Dragutin Zagorac bio je Veliki komander, visoki oficir Bratstva slobodnih zidara u tadašnjoj Jugoslaviji. Na pitanje zašto je napustio tako visok položaj među masonima i postao templar, Dragutin Zagorac razložno objašnjava:

„Masoni su krajem devedesetih godina svi bili posvađani i bez volje da se pomire. Tada se pojavio Tapi sa idejom da mi Srbi imamo templare, čuvare hrišćanstva i viteštva. Templare sam tako doživeo, kao svetsku zajednicu koja funkcioniše složno i zato stiže do svog cilja. U tome sam video velike mogućnosti razvoja Srbije u svetu. Da preko templara otvorimo Srbiji vrata sveta, započnemo dijalog, prekinemo mržnju i netrpeljivost, steknemo poverenje i razumevanje."

Istorijske činjenice potvrđuju da se upravo tako sve i dešavalo sa srpskim templarima. U međuvremenu, Lajhner je u Beču u više navrata vodio razgovore s baronom Volfgangom Odelgom o usaglašavanju dokumenata i pravila OSMTH-a i Srbije za zvanično osnivanje templarskog reda u Srbiji. Krajem novembra 1999, na poziv Velikog priorata Austrije i Velikog majstora barona Volfganga Odelge, na sastanak u Beč odlaze Dragan Malešević, Dragutin Zagorac i Milan Lajhner.

„Pozvani smo da prisustvujemo sastanku Velikog magistralnog veća OSMTH. To je najviši izvršni organ Međunarodnog templarskog reda", kaže Lajhner. „Na dnevnom redu bili su rešavanje operativnih pitanja za narednu 2000. godinu i donošenje strateških odluka Reda. Jedna od tih važnih strateških odluka bila je osnivanje templarskog reda u Srbiji. Članovi Velikog magistralnog veća OSMTH-a želeli su da se upoznaju i razgovaraju s nekim od budućih članova Reda u Srbiji."

U hotelu *De Frans* u Beču u ime OSMTH-a primio ih je penzionisani američki viceadmiral mornarice Džejms Keri, tadašnji visoki funkcioner, Veliki komander Međunarodnog templarskog reda. Malešević, Zagorac i Lajhner razgovarali su s gospodinom Džejmsom Kerijem sat i po.

„Gospodin Džejms i gospodin Odelga nisu nas ubeđivali da postanemo templari, niti smo mi njih molili da nas prime u templarsku organizaciju. Razgovarali smo otvoreno, bratski i iskreno", naglašava Dragutin Zagorac. „Nismo se oslanjali na njihov svetski status i moć. Delovali smo nezavisno i samostalno. Bilo je to veoma korisno za Srbiju. Prihvaćeni smo ravnopravno i primljeni u Međunarodni templarski red prvi od svih pravoslavnih zemalja, što dovoljno govori o njihovom poverenju u nas."

Malešević, Zagorac i Lajhner ostavili su na Velikog komandera OSMTH-a izuzetno dobar utisak. Dobili su od admirala na poklon templarsku odoru. Veliki komander Džejms Keri na kraju razgovora je svu trojicu zagrlio i izljubio, rekavši:

„Od danas je zastava templarskog reda pobodena i u Srbiji. Što se mene tiče, vas trojica ste već od danas članovi našeg Templarskog reda. Zajedno, međutim, moramo zvanično da prođemo proceduru za prijem u OSMTH. Blagosloveni ste! Amin!"

SRPSKI MENTORI

Krajem 20. veka Međunarodna organizacija vitezova templara OSMTH, u trenutku kad su Srbi zvanično podneli zahtev da budu njeni članovi, bila je najveća i najuticajnija u svetu. Imala je oko 6.500 članova. U tom trenutku u svetu je postojalo više od 1.700 grupa koje su sebe nazivale „templarima" ili „vitezovima templarima". To je naziv koji su sva templarska udruženja mogla slobodno da koriste. Suvereni vojni red jerusalimskog hrama ili OSMTH, kome su pristupili Srbi, registrovan je u Ženevi, kao nevladina i nepolitička organizacija. Oznake i grb OSMTH bili su zaštićeni registracijom i kao intelektualna svojina.

U trenutku kad su Dragan Malešević, Milan Lajhner, Dragutin Zagorac, Dejan Mileković, Dragoslav Petrović i drugi Srbi radili na prijemu u OSMTH i stvaranju Velikog priorata Srbije, ovaj templarski Suvereni vojni red jerusalimskog hrama radio je na širenju svog uticaja na istok Evrope i, pre svega, na pravoslavne zemlje. Zato je Veliko magistralno veće OSMTH-a odlučilo da mentori Srbima budu ugledne ličnosti njihovog Reda – ser Roj Redgrejv, baron Volfgang Odelga i admiral Džejms Keri.

Roj Redgrejv bio je ugledni član OSMTH-a i čovek bogate vojne biografije. Rođen je 16. septembra 1925. kao Roj Majkl Frederik Redgrejv u hotelu *Atina Palas*, jednoj od najlepših zgrada u Bukureštu. Njegova majka Mišelin Kapsa, bila je ćerka rumunskog generala. Odrastao je u Doftani, severno od glavnog grada Rumunije, gde je njegov otac radio na bušenju nafte u tamošnjim kompanijama. Potiče iz čuvene filmske porodice Redgrejv, pionira bioskopa i filma u Britaniji. Danas svetski priznata glumica i oskarovka Vanesa Redgrejv je njegova sestra od strica.

Kad je izbio Drugi svetski rat, Roj Majkl Frederik Redgrejv bio je na školovanju u Engleskoj. Završio je vojni koledž Šerborn i Vojnu akademiju. Zbog rata njegova porodica se nije sastavila punih šest godina.

Posle srednje škole, s nepunih osamnaest godina, Roj Redgrejv postao je vojnik Kraljevske konjičke garde. Bio je komandir Konjičke divizije na krunisanju mlade kraljice Elizabete, što je jedna od najvećih počasti koje vojnik može da dobije u Velikoj Britaniji i Ujedinjenom Kraljevstvu.

Ratovao je u Velikoj Britaniji i u severozapadnoj Evropi. Dok je službovao u Berlinu kao obaveštajac imao je susrete s vođama Trećeg rajha. Postoji i anegdota da kada je Roj Redgrejv otišao da poseti Rudolfa Hesa obratio mu se na nemačkom, a Hes mu je odgovorio na tečnom engleskom. Šokirao se i pitao ga: „Pa vi znate engleski?“, jer je Rudolf Hes odbijao prethodno da govori, obratio mu se i rekao: „Ako ste vi dovoljno civilizovani da mi se obratite na nemačkom, kakav bih ja čovek bio da se ne obratim vama na engleskom?!“

Posle rata je ostao u Nemačkoj kao vojni obaveštajac. Komandovao je britanskom eskadrilom na Kipru tokom 1959. godine. Početkom šezdesetih Redgrejv je bio zamenik vrhovnog komandanta britanske armije u Evropi.

Kad se 1965. vratio u London, napustio je Kraljevsku konjičku gardu i postao komandant Kraljevskog oklopnog korpusa. Sedamdesetih je prekomandovan u Berlin, a odatle prebačen u Hongkong. Imenovan je za komandanta Britanske armije u ovoj kineskoj provinciji. Glavnu bitku vodio je protiv 200.000 ilegalnih migranata. Objavio je dve knjige memoara, *Balkan Blue* i *The Adventures of Colonel Daffodil*, što mu je ujedno bio nadimak. Pred penzionisanje je postao britanski vitez i dobio titulu sera.

Kao vitez templar posetio je Srbiju 2002. godine. Po svojoj funkciji i ugledu u OSMTH ser Roj Redgrejv bio je „primer veoma dobrog templara“. To je izrečeno na njegovoj sahrani. Preminuo je 2011. godine u Londonu.

I Veliki prior Austrije je poreklom iz čuvene aristokratske porodice. Porodica Odelga dugo je godina radila za kompaniju *Lojd* na Jadranskom moru. Baron Volfgang Odelga je po zanimanju filmski producent. Radio je u mnogim svetskim kompanijama kao što su

Dizni, BBC, Metro Goldvin Majer. U vreme osnivanja templarskog reda u Srbiji bio je Veliki prior Austrije i zamenik Velikog komandera OSMTH-a za Jugoistočnu Evropu. Baron je verovatno bio najznačajniji strani templar u procesu osnivanja srpskog Reda. Volfgang Odelga je obavio prvu investituru tj. prijem Srba u OSMTH i zvanično bio mentor templarskog reda u Srbiji. Na preporuku barona Volfganga Odelga, srpski templari su dobili od OSMTH-a svoj Veliki priorat. U samom Međunarodnom templarskom redu gospodin baron bio je zaslužan i za prijem OSMTH-a kao nevladine organizacije u članstvo Ujedinjenih nacija. Dugo godina je Odelga bio predstavnik OSMTH-a pri UN u Beču i član Odbora nevladinih organizacija u Ujedinjenim nacijama.

Admiral Džejms Keri je još jedan vojni velikan u redovima OSMTH-a, koji je svoj život posvetio milosrđu. Keri se prvobitno školovao na prestižnom Nortvestern univerzitetu u Čikagu i na čuvenoj Kelog školi za menadžment. Iako se posvetio biznisu, sudbina ga je odvela na drugu stranu, u Vijetnamski rat. Bio je podoficir u Ratnoj mornarici SAD. Zbog izuzetnog uspeha, Keri se uzdiže i postaje oficir i komandant rezervista. Njegova flota je odlikovana za najspremniju među rezervistima.

Tokom vladavine Ronalda Regana, kapetan bojnog broda Džejms Keri postaje komesar Federalne pomorske komisije i to ostaje i za vreme administracije Džordža Buša starijeg, sve do penzije.

„Kerijevo predsedavanje tom komisijom doprinelo je da Amerika ima ogroman suficit u budžetu zbog velikog uspeha u prekomorskoj trgovini“, pohvalio ga je američki predsednik Džordž Buš.

Admiral Keri je odlikovan više puta kako za državničke, tako i za vojne zasluge. U vreme osnivanja Reda u Srbiji, početkom 21. veka, bio je Veliki komander, a kasnije i Veliki majstor OSMTH-a. Danas kao humanitarac i čovek milosrđa vodi Fondaciju Džejms Keri.

VELIKI PRIORAT SRBIJE

Posle razgovora i dogovora u Beču krajem 1999. i početkom 2000, Malešević, Lajhner, Zagorac i Mileković dobili su od Volfganga Odelga formulare Velikog priorata Austrije za prijem u OSMTH i osnivanje srpskog templarskog reda, kao i formulare za prijavljivanje kandidata i biografije budućih članova. Lajhner je, na primer, prikupljao informacije o pravljenju templarskih mantija i drugih regalija. Planirao je na kojim mestima kandidati za templare mogu da se okupljaju i drže svoje rituale.

Kao opunomoćenik OSMTH-a i glavni administrator templarskog reda u Srbiji, u aprilu 2000, Milan Lajhner je pozvan na sastanak. Ovog puta sastanak sa austrijskim templarima je bio u austrijskoj carskoj banji Bad Išl. Lajhner je Međunarodnom templarskom redu podneo izveštaj.

„Bila je to prilika da upoznam mnoge članove OSMTH-a, da ostvarim kontakte s važnim ličnostima Reda i informišem ih o našim aktivnostima u Srbiji. Posle toga, protokol je počeo da se ubrzava", seća se Lajhner. „Već u maju 2000. u Beču nas desetoro osnivača templarskog reda iz Srbije, u hotelu *De Frans*, zvanično smo primljeni u Međunarodni templarski red kao postulanti. To je laički značilo da smo bili templari na probnom radu."

Prvo pojavljivanje u javnosti srpski templari su imali na sastanku 2001. u beogradskoj kafani *Kolarac*. Na sastanku su bili Dragan Malešević, slikar, Milan Lajhner, biznismen, Dragoslav Petrović, advokat, Dejan Mileković, novinar, Dragutin Zagorac, poslovni čovek. Zajedno su radili na tome da formiraju prvu Komanderiju templarskog reda u Beogradu. Pravilo OSMTH-a je nalagalo da sedmoro templara ima pravo da osnuje Komanderiju, da tri Komanderije mogu da stvore Priorat, a potom da tri Priorata mogu da formiraju Veliki priorat.

Prvi komander srpskih templara bio je beogradski biznismen Milan Lajhner. Sednice tog novog i neobičnog društva u Srbiji održavane su od 2000. u njegovoj kući na Dorćolu. Drugi komander, Dragoslav Petrović zvani Diksi bio je sjajan starešina i organizator slobodno--zidarske lože „Šumadija" u Beogradu. Kad se Lajhner s poslom preselio u Beč, titulu prvog među jednakima dobio je novinar Dejan Mileković.

I drugi ključni čovek u stvaranju srpske templarske organizacije pokojni Dejan Mileković bio je član masonske lože „Šumadija". Čovek širokog obrazovanja, novinar sa izuzetno dobrim kontaktima i vezama, na koga niko nije mogao da se naljuti. Uvek je bez svađe i konflikta uspevao da reši svaki problem. Ništa mu nije bilo teško, rešavao je sve lako i uvek bio dobro raspoložen.

„Vodio je poslove vezane za javnost rada, saradnju s medijima i kontakte s novinarima. Nijedna vrata nam nisu bila zatvorena. Novinari su gotovo svakodnevno zvali i tražili informacije. Pozivali su nas atašei za kulturu iz raznih ambasada i tražili susrete, sastanke i saradnju. Dejan Mileković je sve te poslove radio savršeno, što je za nas bio veliki dobitak. Prihvaćeni smo u javnosti kao organizacija za ugled", svedoči Milan Lajhner.

Treći ključni čovek u stvaranju organizacije bio je Dragutin Zagorac, budući Veliki prior i sadašnji starešina Velikog priorata Srbije.

„Zagorac je čovek koji nije imao opis svog radnog mesta i delovanja jer je radio sve ono što mi njegovi saradnici nismo mogli da završimo", opisuje ga Lajhner.

Imao je odlične odnose s privrednicima jer je bio predsednik Unije poslodavaca Srbije i dobre odnose s političkim partijama i političarima jer ih je jako dobro poznavao. Bio je čovek za vezu s članovima Vlade Srbije, ministarstvima i stranim ambasadama.

Milan Lajhner je, kako sâm kaže, bio devojka za sve. Sve ono što njegova braća Petrović, Mileković i Zagorac nisu stigli ili mogli da urade, prihvatio je kao svoj zadatak i obavezu.

Dragan Malešević, Dragoslav Petrović, Dejan Mileković, Dragutin Zagorac i Milan Lajhner činili su nukleus stvaranja templarskog reda OSMTH u Srbiji.

Krajem oktobra 2001. baron Volfgang Odelga je došao s nekoliko članova Velikog priorata Austrije u Beograd. Želeo je na licu mesta da oseti raspoloženje i atmosferu u Srbiji i među kandidatima za templare.

„Tada smo u Maloj crkvi u predgrađu Sremske Mitrovice (koju je ranije posećivao prvi srpski templar Dragan Malešević Tapi) nas desetoro u svečanom ritualu uzdignuti u rang vitezova i dama Međunarodnog templarskog reda OSMTH", kaže tadašnji Komander Dragoslav Petrović, pred kojim su se zaklinjali novi templari.

Ceremonija zvaničnog primanja i rukopolaganja, odnosno investiture u Red vitezova templara u 21. veku odvija se po adaptiranom načelu iz *Pravila templara*, (Retrais 657–686). Kandidat podnosi molbu za prijem u članstvo Reda. Po prijemu molbe, i nakon generalne saglasnosti da je kandidat dostojan prijema, na Konvenciji koja se održava povodom njegovog uvođenja, starešina izjavljuje:

„Dobra braćo u Gospodu, vidite dobro da se većina saglasila da ovoga ovde učinimo bratom. Ako ima neko od vas koji o njemu zna bilo šta zbog čega ga odmah ne bismo učinili bratom, neka kaže. Jer će za njega biti bolje da to kaže pre nego da posle dođe pred nas."

Potom kandidata odvode u odaju blizu prostorije u kojoj se održava konvencija i dvojica ili trojica starijih članova Reda odlaze do njega kako bi mu objasnili postupak uvođenja u Red, govoreći:

„Brate, želiš li da pristupiš u Red?“

To pitanje je izrekao i Dragoslav Petrović kao starešina u Maloj crkvi kod Sremske Mitrovice, kad su primali prve kandidate u templarski red:

„Da li si još voljan?“

Kad kandidat kaže *da*, starešina ga pita:

„Dobri brate, ti moliš za nešto, vrlo veliku stvar, jer od ovog Reda ti vidiš samo spoljnu sliku. Jer ovo što vidiš jeste kako mi ovde imamo lepu odeću i dobru hranu i piće, pa ti se tako čini da će i tebi biti dobro. Ali ti ne znaš za stroge zapovesti koje leže ispod ovoga: naša misija jeste da bijemo bitku za Hrista gde god postoji potreba ili poziv, i da budemo sluge Hristove i ovoga Reda u tom cilju. Sada odluči, dobri blagorodni brate, da li možeš da podneseš ove žrtve.“

I kandidat kaže: „Da, podneću ih ako je to Bogu ugodno.“

Starešina kaže:

„Dobri brate, ne treba da tražiš društvo ovoga Reda ako želiš da imaš velike posede i bogatstva, niti da bi imao udobnost ili čast. Treba da ga tražiš iz tri razloga: prvo, da ostaviš iza sebe grehe ovoga sveta; drugo, da služiš Gospoda našeg i treće, da budeš siromašan i da se pokajavaš u svetovnom životu na ovom svetu, kako bi dušu spasao; takve treba da budu tvoje misli kada ovde moliš u prijem. Da li želiš da budeš u svim danima svog života od danas pa do kraja, sluga ovoga Reda?“

Kandidat odgovori: „Da, ako je to Bogu ugodno, Gospodine!“

Starešina Dragoslav Petrović na ovoj investituri na kraju jasno pita:

„Da li si dobro razmislio, dobri brate, da li želiš da budeš sluga ovog Reda?“

I kad kandidat kaže: „Da, Gospodine, ako je to Bogu ugodno“, sledi njegova zakletva Redu.

Templar stavlja ruku na *Bibliju* i izgovara zakletvu:

Zaklinjem se da moji motivi da postanem punopravni član Reda nisu plod skrivenih ambicija već jedino i isključivo želje da lično delanje stavim u funkciju hrišćanskog viteštva i da, živeći u skladu s visokim moralnim normama hrišćanstva, pokažem da sam dostojan članstva u Redu.

Zaklinjem se da ću poštovati pravila Reda, da ću učiniti sve da ni rečju ni delom ne ukaljam čast i ugled Reda i da ću raditi u skladu s ciljevima međunarodnog Reda i Velikog priorata Srbije.

Zaklinjem se da sam spreman da služim svojim prijateljima, da pomognem progonjenima i nemoćnima, da budem uz svoju braću i sestre, da promovišem i primenjujem principe hrišćanstva i humaniteta i da dozvolim da časne namere budu praćene dobrim delima.

Nakon ovog, dodirujući kandidata mačem, starešina Dragoslav Petrović je izgovorio:

„Mi, u ime Boga i Blažene Bogorodice, i u ime Moga Gospodara Svetog Petra Rimskog, i u ime Oca i Sina i Svetoga Duha, i sve braće i sestara Hrama, uvodimo te u milosti ovoga Reda, kao što je oduvek činjeno i kao što će uvek biti činjeno sve do kraja, i tebe i sve one koje ti želiš da uvedeš od svoje loze. I ti isto primaš nas u sve milosti koje si do sada učinio i koje ćeš učiniti. A mi ti obećavamo samo hleb i vodu i sirotinjsku odeždu ove Kuće. Stoga, kao Prior Priorata Srbije, Reda *Ordo Supremus Militaris Templi Hierosolymitani*, po dostojanstvu ovlašćenja koje mi je dato, po imenu i u ime Velikog Magisterijuma, prihvatam tebe za brata Hrama, u ime Oca, i Sina i Duha Svetoga."

Novi templar dobija krstaški krst oko vrata i belu mantiju s crvenim templarskim krstom na levoj strani grudi.

Druga Velika investitura OSMTH-a u Srbiji i svečana ceremonija srpskih templara održana je 2002. u manastiru Rajinovac, koji je time opet postao istorijski važno mesto. Najranije podatke o ovom manastiru nalazimo u turskom popisu „Vlaha beogradske nahije" iz 1528. godine, gde se navodi kao „Manastir Sveti Rajko". Selo Begaljica kod Grocke, gde se ovaj manastir nalazi, u tom periodu je imalo svega pet kuća.

Obnovljen je po nalogu knjaza Miloša Obrenovića i dovršen do leta 1839. godine.

Kako tvrdi hroničar Jovan Lazić, manastirsku crkvu je, u periodu od 1996. do 2002. godine, živopisao u vizantijskom stilu Dragomir Jašović. Najvećim blagom manastira Rajinovac smatra se čudotvorna ikona Presvete Bogorodice rajinovačke. Manastir Rajinovac je čuven po tome što je u njemu svake godine o Maloj Gospojini službu vršio patrijarh srpski Pavle i pretvorio ga u istinsko svetilište.

Treću svečanu investituru imali su u hotelu *Metropol* u Beogradu. Tada su Lajhner i Zagorac svoje mantije, koje su dobili na poklon u SAD, darivali mladim templarima.

Investiture u Maloj crkvi i manastiru Rajinovac, kao i činjenice da su Srbi tokom 2001. godine formirali pet komanderija u Srbiji, Crnoj Gori i Republici Srpskoj uverili su rukovodstvo OSMTH-a da su Srbi ozbiljno prišli organizaciji templarskog reda u Srbiji. Time su Srbi ispunili prvi uslov da njihov templarski red dobije svoj priorat (malu zemlju). Kad je 2002. godine srpski Red bio u službenoj poseti SAD, u Čikagu su, u sedištu OSMTH-a, članovi Međunarodnog templarskog reda zajedno doneli odluku da Templari Amerike podrže Srbiju u borbi za očuvanje Kosova i Metohije.

„Kao znak visokog priznanja za naš veoma naporan i dobar rad, Veliko magistralno veće donelo je odluku da se Godišnji sastanak OSMTH održi početkom naredne godine u Beogradu i da se tom prilikom svečano proglasi Veliki priorat Srbije. Priznajem, bili smo ponosni što osnivamo svoj templarski red i što smo u vreme države SRJ dalekovido išli na stvaranje Velikog priorata Srbije", ponosan je i danas Milan Lajhner, Veliki komander i operativac u čitavom tom procesu.

VITEŠKA PRAVILA

Organizacija Godišnjeg sastanka OSMTH u Beogradu marta 2003. godine bila je briljantna. Najviše rukovodstvo Međunarodnog templarskog reda dobilo je status VIP gostiju i dočekano je na državničkom nivou. Ministar kulture Branislav Lečić primio je delegaciju OSMTH-a, a ministar Dušan Mihajlović i MUP Srbije im je omogućio posetu i prisustvo vežbi jedinice SAJ. Svetski templari su u policijskom kampu probali srpski vojnički pasulj. Tada je organizovan i prvi Templarski forum, koji je otvorio Mihel Vaninger, politički savetnik Romana Prodija, predsednika Evropske komisije. Na beogradskom templarskom samitu gosti su bili i Roj Redgrejv, britanski admiral u penziji i Džejms Keri, republikanac s velikim uticajem na američki Kongres.

Tadašnji Veliki komander admiral Džejms Keri dao je intervju *Politici*, koji je objavljen na celoj trećoj strani. Beograd je bio okićen templarskim simbolima. Hotel *Metropol*, u kome je održan Godišnji sastanak OSMTH-a, dao je dobre cene i besplatno korišćenje kongresnih sala. Svetski templari su tom prilikom posetili i videli Kalemegdan i Oplenac. Vratili su se svojim kućama sa sasvim drugačijim mišljenjem o Srbima i Srbiji.

„Mi templari Srbije smo tada uspostavili model i kvalitet organizacije sastanaka OSMTH-a koji su drugi morali da prate", kaže Milan Lajhner.

U Beogradu je tog marta 2003. Međunarodni templarski red svečano proglasio postojanje Velikog priorata Srbije (VPS), odnosno Velike templarske zemlje.

Dobijanjem statusa Velikog priorata Srbije (VPS), u okviru Međunarodnog templarskog reda, vitezovi templari iz Srbije prihvatili su i obavezu da se ponašaju u skladu s pravilima OSMTH-a. Viteška pravila utkana su u Statut Velikog priorata Srbije i Templarski kodeks. Veliki priorat Srbije ima na čelu organizacije, kao vrhovni autoritet, Velikog priora. Uz njega su Veliki kancelar, Veliki maršal, Veliki arhivar i Veliki sekretar. Veliki prior je trenutno Dragutin Zagorac. Veliki kancelar bio je Milan Lajhner. Svi članovi užeg rukovodstva su po rangu stariji oficiri.

Danas je ovaj Red otvoren za muškarce i žene, koji prihvataju njegove ciljeve, ali i koji svojim životom, ponašanjem i prethodnim delovanjem zaslužuju da postanu njegovi članovi. Okupljajući pojedince visokih etičkih principa, Red teži da pokaže kako je ideal duhovnosti od presudne važnosti za očuvanje hrišćanske tradicije, za patriotizam i ispunjavanje građanskih dužnosti.

„Templari nemaju skrivena pravila, niti tajne rituale. Naš obred prijema kandidata održava se u prostorijama Reda templara Srbije ili u hramovima Srpske pravoslavne crkve“, izjavio je odavno Dejan Mileković.

Vrline vere, nade, ljubavi i milosrđa ideje su vodilje Reda, čiji članovi žele da služe baš kao što su to činili i drevni templari. Moto reda jeste citat iz *Biblije* koji glasi:

Ne nama, o Gospode, ne nama, već slavu daj imenu Tvojem.

Red je usvojio i gaji forme ponašanja i ceremonije zasnovane na toj viteškoj tradiciji. Kvalifikovani muškarci i žene se pridružuju Komanderiji ili Prioratu kao obični vitezovi i dame.

Od Velikog priora Srbije saznajemo da su standardi za članstvo namerno visoko postavljeni i da traže stalnu posvećenost ne samo redu već i porodici, otadžbini i hrišćanstvu.

Kodeks Reda postoji i u njemu se definišu ne samo prava i obaveze članova nego i poštovanje vrhunskih etičkih vrednosti. Na primer:

Zaklinjem se da sam spreman da služim svojim prijateljima, pomognem progonjenima i nemoćnima, da budem uz svoju braću i sestre, da promovišem i primenjujem principe hrišćanstva i humaniteta i da dozvolim da časne namere budu praćene dobrim delima.

Čuveni templarski mač nije više oružje već simbol čvrstine, dobrote i dostojanstva templara.

„Templarski mač u 21. veku nije prvenstven i najbolji način pomaganja ugroženim hrišćanima“, kaže vitez Patrik I. Ria, bivši Veliki majstor OSMTH-a. „U stvari, mi kao hrišćani verujemo da razumevanjem i tolerancijom možemo izgraditi bolje društvo i svet za celo čovečanstvo. Niz reflektovanih ciljeva su prirodni rezultat tog uverenja koji uključuje današnje templare kao graditelje mostova unutar hrišćanske zajednice i s drugim ljudima koji su zasnovali život na veri. Iz ovog razloga templari su ekumenski hrišćanski red."

Članovi Reda se oslovljavaju sa „brate" ili „sestro".

Pozdrav „viteže" je takođe odgovarajući. Kurtoazni kraj prepiske može se završiti sa „Bratski vaš".

Templari sveta i vitezovi templari Srbije su hrišćani, pravoslavci koji veruju u Gospoda Boga, u Isusa Hrista, i koji štite njegove vernike i samo hrišćanstvo. U tradiciji izvornog Reda, svi sastanci su se otvarali i zatvarali molitvom, koja glasi:

Kako je lepo i krasno kad sva braća žive zajedno! Kao dobro ulje koje je na glavi, koje se stače na bradu, čak do brade Aronove, koje se stače na skut haljine njegove. Kao rosa na Ermonu, i poput rose koja silazi na gore Sionske. Jer je onde utvrdio Gospod blagoslov, čak i život doveka.

VELIKI PRIORI

Posle osnivanja Priorata u Srbiji 2000, vitezovi i dame templari Srbije prionuli su na posao. Primani su u Red novi kandidati, formirane su nove komanderije, pravljene regalije, imenovane starešine, vitezovi i dame, edukovalo se članstvo i dogovarale prve aktivnosti. Došlo je vreme i da Veliki priorat Srbije ima i svog starešinu, prvog Velikog priora.

„Većina nas je bila u Velikoj nacionalnoj loži 'Jugoslavija' i opet smo među nekadašnjim masonima potražili 'prvog među prvima' da bude naš starešina. Objasnio sam Dragoslavu Petroviću smisao postojanja templara u Srbiji zamolivši ga da bude prvi Veliki prior našeg Velikog priorata Srbije", seća se Milan Lajhner.

Petrović nije bio spreman odmah da prihvati tako veliku obavezu. Bio je zauzet kao advokat, kao generalni sekretar Unije poslodavaca Srbije, kao starešina masonske lože, kao član Saveznog veća i pripadnik Velike nacionalne lože 'Jugoslavija'.

Kada mu je objašnjeno da će Srbija preko templara i Međunarodnog reda OSMTH-a dobiti priliku da povrati ugled u svetu, da se izbori za svoje zavidno mesto, Dragoslav Petrović je prihvatio da bude Veliki prior. Preuzeo je veliki deo dokumentacije i administrativnih poslova od Milana Lajhnera. Kao pravnik dao je definitivni oblik statutima, registrovao i prijavio stvaranje Udruženja građana, odnosno templara Srbije. Sva dokumenta je preveo na engleski jezik i dostavio ih u OSMTH-u, koji je zvanično informisao o našem radu.

Na sednici Reda u Beogradu za Velikog priora Srbije izabran je Dragoslav Petrović. Svojim uzornim hrišćanskim ponašanjem nametnuo se svojim kolegama.

Bio je glavni organizator Templarskog foruma koji je početkom 2002. održan u Beogradu. Kako je naglasio Petrović, bila je to prilika da Srbija progovori i da se srpski templari istaknu kao patriote.

„Na Beogradskom forumu pokazali smo našim prijateljima iz sveta da danas ne treba ići u Jerusalim da bi se došlo do ugroženih hrišćana. Oni su na samo nekoliko stotina kilometara južno od Beograda. Od dolaska Kfora, na Kosovu i Metohiji srušeno je 138 crkava. Mi hoćemo da zaštitimo ono što je ostalo i obnovimo oskrnavljeno. Dolazak uticajnih ljudi i to templara iz celog sveta značio je ujedno i njihovu edukaciju o našoj zemlji i našem narodu. Kao jaki lobisti kod međunarodnih finansijskih institucija, obećali su svoju pomoć", govorio je Dragoslav Petrović.

Posle njega, Veliki prior je postao Dejan Mileković, poznati beogradski novinar. Početkom 21. veka, u vreme demokratskih promena u Srbiji, bio je savetnik za medije novoformirane stranke Pokret snaga Srbije, a ubrzo i njen portparol. Na izborima 2004. godine ta stranka zajedno doživljava neverovatan uspeh osvojivši za mnoge i danas nedostižnih 18,6 odsto glasova.

Kad je DOS pobedio 5. oktobra i preuzeo vlast, Dejan Mileković je za vreme vladavine premijera Zorana Đinđića bio specijalni savetnik za medije Obrena Joksimovića, ministra za zdravlje. Istovremeno se bavio biznisom, u Bosni i Hercegovini i Makedoniji s poslovnim partnerom je osnovao privatnu firmu za telekomunikacije, koja je u Bosni postala prvi privatni telekomunikacioni operater. Paralelno s tim aktivnostima, Mileković se razvijao kao dobar hrišćanin, kao templar.

Njegova nesebična pomoć Međunarodnom templarskom redu je trajala od 2000. sve do njegove smrti. Mileković je mnogo doprineo ugledu OSMTH-a, posebno srpskih templara u svetu. U Nemačkoj je 2006. jednoglasno izabran za zamenika Velikog komandera OSMTH-a i tako zvanično postao drugi čovek Reda. Bio je zadužen za sve templarske poslove u Evropi.

S braćom templarima Mileković je odlično sarađivao jer su se znali odranije u Uniji poslodavaca i u masonskoj loži. Tu se iskovalo prijateljstvo Dejana Milekovića s Dragoslavom Petrovićem, Dragutinom Zagorcem, Draganom Maleševićem, Milanom Lajhnerom i ostalim budućim srpskim templarima. S njima i s mentorima OSMTH-a, kao što su Roj Redgrejv, Volfgang Odelga i Džejms Keri, gradio je templarski red u Srbiji, prve komanderije, priorat i Veliki priorat Srbije.

„Sledbenici smo ideje da vrhunske vrednosti hrišćanstva treba da se čuvaju i razvijaju. Nosimo titule vitezova i dama, komandera i priora, prvih među jednakima u zaštiti hrišćanstva. Pomažemo ugnjetenim i ugroženim ljudima i svom narodu", objašnjavao je Dejan Mileković novinarima u Srbiji misiju templarskog reda i templara.

Govorio je da se templari ne opredeljuju za ovu ili onu političku opciju ili stranku, za jedno ili drugo teološko učenje već samo za mir i pravdu.

„Čini se da templari deluju pomiriteljski među hrišćanskim crkvama, gotovo ekumenski. To su naši vekovni stavovi. Nikakve veze nema je li naš član katolik ili srpski, bugarski ili ruski pravoslavac, protestant, prezbiterijanac. Zajedničko nam je hrišćanstvo, koje nas okuplja. Svoje ciljeve želimo da postižemo kroz viteštvo, dobrotu, milosrđe i isključivo mirnim sredstvima. Umesto ognjem i mačem, kako je funkcionisao stari krstaški Red, mi hrišćanski borci u 21. veku borimo se milosrđem i rečima", govorio je Dejan Mileković.

Dejan Mileković je među vitezovima templarima Srbije bio jedan od osnivača, a potom jedan od postulanata OSMTH-a. Primljen je u Red kao vitez, da bi potom postao komander, pa prior, zamenik Dragoslava Petrovića, Velikog priora Srbije, ali i zamenik Velikog majstora Međunarodnog templarskog reda, odnosno prvi čovek OSMTH-a nadležan za Evropu.

„Kad smo 2005. kao Veliki priorat Srbije postali nadležni za jugoistočnu Evropu, naš starešina i visoki funkcioner OSMTH-a Dejan Mileković je posebno radio na proširenju templarskog reda. Uveli smo templare u druge pravoslavne zemlje, u Bugarsku 2006, a Grčku i Kipar 2007. Bili su prvo Komanderije pod patronatom Srbije, potom Priorati, pa Veliki priorati. Time smo mi Srbi dali svoj nesumnjivo veliki doprinos razvoju OSMTH-a u Evropi", zaključuje Dragutin Zagorac.

Pred kraj svog života, već ozbiljno bolestan, Veliki prior Dejan Mileković je razmišljao o tome kako proširiti Red na teritoriju Turske, jedne islamske zemlje.

Mileković je preminuo 2013. u 54. godini.

VELIKI PRIOR DRAGUTIN ZAGORAC

Treći Veliki prior Dragutin Zagorac izabran je na ovu funkciju 2001. Bio je tada na položaju zamenika Velikog priora, Dejana Milekovića, i očekivalo se da ga nasledi na čelu Velikog priorata Srbije. Zagorac je rođen 1954. u Beogradu. Potomak je Petra Zagorca, vlasnika prve privatne fabrike plastike u Srbiji. Deda mu je bio mason, pa je sledio njegovu tradiciju i bio član Bratstva slobodnih zidara Srbije.

Diplomirao je tehnologiju u Beogradu i 1989. nasledio fabriku *Neoplastika*, koja danas proizvodi 2.500 artikala. Osnivač je Unije poslodavaca Srbije 1994. godine, bio je član Nove demokratije i predsednik Gradskog odbora u Beogradu. S Draganom Maleševićem i Milanom Lajhnerom osnivač je templarskog reda u Srbiji. Evo zašto je odlučio da bude srpski templar:

„Osnivanjem vitezova templara u našoj zemlji uvideo sam velike mogućnosti razvoja Srbije u svetu. Masoni, kojima sam pripadao, bili su posvađani i nesložni. Templari su složni, deluju efikasno i pomažu se. To sam iskusio kroz Uniju poslodavaca Srbije, koju sam vodio, koja je imala podršku Evropske unije i uticaj u svetu", priča Veliki prior Srbije.

Naime, Dragutin Zagorac i Zoran Luković su formirali Uniju poslodavaca Srbije kao tripartitno uređenje odnosa u privredi, koja je izazvala pozitivne društvene promene u Srbiji. Zagorac je templare doživeo kao svetsku zajednicu koja funkcioniše složno i skladno i zato stiže do svog cilja. S druge strane, želeo je da preko templara otvori Srbiji vrata sveta, otpočne internacionalni dijalog, prekine netrpeljivost prema srpskom narodu, kako bi stekao poverenje i razumevanje stranih država, državnika i svetskih institucija i javnosti.

Kao kandidat za viteza templara bio je u delegaciji koja je posetila maja 2000. Veliki priorat SAD i bila primljena na *Univerzitetu Vest Point*. U Ameriku je otišao bez templarske odore, ali je od američke braće dobio novu na dar kad je uzdignut u rang viteza templara. Zagorac i Lajhner su kasnije te odore poklonili mladim templarima u Srbiji prilikom njihovog prijema u Red.

Dragutin Zagorac je još kao zamenik Velikog priora učestvovao u mnogim međunarodnim poslovima OSMTH-a.

„Godine 2005. postali smo nadležni templari za jugoistočnu Evropu. Brat Dejan Mileković je kao visoki funkcioner OSMTH-a radio na proširenju Međunarodnog templarskog reda. Uveli smo templare u druge pravoslavne zemlje, Grčku i Kipar, 2007. i Bugarsku 2008, a zajedno s njom osnovali smo Velike priorate u Rusiji i Ukrajini 2016. Radimo na tome da 2019. na Kosovu i Metohiji otvorimo komanderiju. Imamo članove na Kosmetu, ali još nemamo organizaciju. Po našem statutu, i da se desi da Kosmet postane totalno nezavisan, međunarodno priznat, naša Komanderija vitezova templara Srbije tamo će biti i ostati srpska", objašnjava svoje stavove Veliki prior Srbije.

Kad je Zagorac izabran za starešinu Vitezova templara Srbije, odredio je strateške ciljeve svog rada i Velikog priorata Srbije. Među ciljevima bila je i međunarodna kampanja OSMTH-a na zaštiti hrišćanske baštine u svetu i na Kosovu i Metohiji.

„Na Zapadu su neke zemlje bile i dalje agresivne prema Srbiji. Hteli smo preko Međunarodnog reda vitezova templara da smirimo strasti, da Srbiju predstavimo u pravom svetlu, da strancima objasnimo da u našoj pokrajini ne postoji samo Kosovo, kako su je oni zvali, već da je to Kosovo i Metohija. Naučili smo ih da su to srpske zemlje, naše vlasništvo i usadili ideju da je to deo hrišćanstva koji treba zaštititi. Potom je nastala Deklaracija o zaštiti hrišćanske baštine na Kosovu i Metohiji i u svetu", otkriva nam Dragutin Zagorac.

Ako je suditi samo po statusu ovog starešine Vitezova templara Srbije u međunarodnoj zajednici, srpski templari su visoko kotirani u svetu. Veliki prior Srbije je delegat u OSMTH-u. Član je Velikog magistralnog veća, Strateške komisije za razvoj Reda i bio je Suvereni inspektor Reda tokom 2016. Kao predstavnik OSMTH-a član je Komisije Ujedinjenih nacija u Ženevi. Aktivan je kao inicijator u Projektu voda sveta jer na planeti 2045. neće više biti pijaće vode.

Poslednjih godina, kao Veliki prior Srbije, Zagorac je na unutrašnjem planu sproveo stratešku aktivnost Velikog priorata Srbije u obrazovanju članstva i srpske javnosti. Inicirao je osnivanje revije *Templar* i časopisa *Viteška kultura*, otvaranje elektronske stranice Reda, kako bi javnost bila upoznata sa svim aktivnostima templara. Na spoljnopolitičkom planu Zagorac se posebno zalagao za veće prisustvo Velikog priorata Srbije u templarskoj prestonici, u zamku *Tomar* u Portugalu.

VITEZOVI TEMPLARI SRBIJE

Kada su se prilike u Srbiji izmenile, templarski red je 2014. ponovo izvršio svoju registraciju kod Agencije za privredne registre kako bi se upisao pod pravim imenom. U rešenju koje je doneto piše:

„Registrator Registra udruženja koji vodi Agencija za privredne registre, na osnovu člana 27. Zakona o udruženjima („Službeni glasnik RS" br. 51/09), i člana 15. stav 1. Zakona o postupku registracije u Agenciji za privredne registre („Službeni glasnik RS", broj 99/2011, 83/2014), odlučujući o registracionoj prijavi Udruženje „Vitezovi templari Srbije", za registraciju promene podataka u Registar udruženja, koju je podneo/la: Dragutin Zagorac.

REŠENJE
Usvaja se registraciona prijava i registruje se u Registar udruženja, promena podataka o:
Naziv: Udruženje „Vitezovi templari Srbije", matični broj: 17372408. Upisuje se u Registar: OSMTH Srbija.

I na ulazu u Templarski hram, u Beogradu piše:
Ordo Supremus Militaris Templi Hierosolymitani.

Članstvo Vitezova templara Srbije u Međunarodnom templarskom redu, sa sedištem u Portugalu, omogućava da imaju jedinstvenu organizaciju i protokol.

„Naš zvanični naziv je Vrhovni vojni red jerusalimskog hrama. Mi smo deo svetske organizacije koja ima oko 7.000 članova i svoju stolicu u Ujedinjenim nacijama, Unesku, Svetskom savetu crkava i Međunarodnom birou za mir s pravom učešća u radu Nobelovog komiteta za mir. Predstavljamo se i kao OSMTH-a Srbija", kaže Veliki prior Dragutin Zagorac.

Pripadnost OSMTH-u daje Velikom prioratu Srbije svetski status. A to znači da su Vitezovi templari Srbije delegirani u Veliko magistralno veće OSMTH-a, da su članica s pravom veta u OSMTH, da su pridruženi član Ujedinjenih nacija, Uneska, Svetskog saveta crkava, Međunarodnog komiteta Crvenog krsta, Međunarodnog Nobelovog komiteta. I da su zvanično mentor za pravoslavne zemlje u Evropi, s pravom osnivanja komanderija, priorata i velikih priorata u tim državama.

U nadležnosti Velikog priorata Srbije danas su tzv. nezavisno Kosovo, Crna Gora i Republika Srpska. Bosna i Hercegovina je prepuštena nadležnosti Velikom prioratu Austrije.

U Statutu Reda taksativno pišu ciljevi i obaveze udruženja i njegovog članstva:

– Promovisanje humanitarno-hrišćanskih principa u odnosima među ljudima, promovisanje i razvijanje odnosa društvene solidarnosti i promovisanje, razvijanje i organizovanje pomoći ugroženim pojedincima i društvenim grupama na principu dobrovoljnosti, a posebno prema: deci, starima, hendikepiranima, materijalno ugroženima, bolesnima, izbeglicama i drugima kojima je pomoć na civilizacijsko-hrišćanskim i humanitarnim principima neophodna.

– Red se finansira iz članarine i privatnih donacija članova i simpatizera. To su skromna sredstva i služe, osim podmirenja troškova, i za humanitarnu delatnost. Materijalna dobit od članstva ne postoji. Naprotiv, članovi prilažu koliko mogu. Srpski templari ne traže podršku države, niti državne administracije i aristokratije jer su oni, kako sami priznaju, običan laički red.

Delegacija Vitezova templara Srbije imala je početkom 2013. susret i razgovore s predsednikom Generalne skupštine Ujedinjenih nacija i potom s predsednikom Uneska o zaštiti srpskih svetinja na Kosovu i Metohiji, kao i srpskog hrišćanskog naroda. O toj poseti bio je obavešten Aleksandar Vučić, tada prvi potpredsednik Vlade Srbije.

Jedinu podršku koju imaju srpski templari jeste saradnja s kraljevskom porodicom Karađorđević. Naime, njihov „kraljevski zaštitnik" je kneginja Jelisaveta Karađorđević, koja je i član Reda templara u Srbiji već skoro dve decenije.

„Naša saradnja s kraljevskom porodicom Karađorđević je tradicionalna jer je kralj Petar II Karađorđević bio Veliki prior", izjavio je Dejan Mileković i naglasio: „Naš 'kraljevski zaštitnik' je kneginja Jelisaveta Karađorđević, čime iskazujemo poštovanje prema srpskoj dinastiji, monarhiji i tradiciji, koju kao templari nastavljamo."

Kneginja Jelisaveta Karađorđević je prvi kontakt i saradnju započela s Velikim priorom Dragoslavom Petrovićem, a nastavila s velikim priorima Dejanom Milekovićem i Dragutinom Zagorcem. Kneginja je ćerka kneza Pavla i kneginje Olge Karađorđević. Rođena je na Belom dvoru u Beogradu 1936. godine. Diplomirala je istoriju lepih umetnosti u Parizu. Državljanka je Ujedinjenog Kraljevstva i Srbije. Odrekla se državljanstva SAD 2002. godine.

Živela je u Njujorku od 1954. godine. Udala se za proizvođača konfekcije Hauarda Oksenberga. Rodila je ćerke Katarinu (1960), holivudsku glumicu i Kristinu Oksenberg (1962), spisateljicu. Bila je verenica britanskog glumca Ričarda Bartona, prijateljica Džona Kenedija i pripadnika američke elite.

U braku (1969) s Nilom Roksburgom Balforom iz Londona dobila je sina Nikolasa Avgusta Balfora. Treći muž bio joj je Manuel Uljoa, bivši peruanski premijer. Radila je kao modni kreator i dizajner. Vlasnik je parfema sa svojim inicijalima. Autor je četiri knjige za decu.

U SAD je (1990) osnovala Fondaciju princeze Jelisavete za pomoć unesrećenom narodu. Angažovana je u procesu rehabilitacije oca kneza Pavla, majke Olge, restitucije njihove imovine, ekshumacije njihovih posmrtnih ostataka u Švajcarskoj i sahrani na Oplencu 6. oktobra 2012.

„Ja sam borbena dama", rekla je jednom prilikom za sebe kneginja Jelisaveta. „Zato me i zovu Karađorđevićka bez brkova!"

U više navrata kneginja Jelisaveta Karađorđević, kao kraljevski zaštitnik Reda, prisustvovala je ritualima Vitezova templara Srbije.

Danas Veliki priorat Srbija broji blizu 200 članova uključujući i one u Crnoj Gori i u Republici Srpskoj. Među članovima su pored Srba, Slovaci, Mađari, Rumuni, Grci i Bugari. To su uglavnom uspešni profesionalci: visoki državni službenici, članovi diplomatskog kora, više sveštenstvo, oficiri, lekari, inženjeri, profesori, naučnici, stvaraoci u kulturi i humanitarni radnici.

Srpski templari se okupljaju u svom hramu u Beogradu, u Ulici Zdravka Čelara.

PATRIJARH I BOŽJA BRAĆA

„Templari baštine tradiciju Svetog Save i pravoslavlja. Naša Zakletva pripadnosti i odanosti Redu polaže se na *Svetom pismu*. Svečani prijemi u Red i drugi rituali kao što su uzdizanje u viši rang održavaju se u pravoslavnim hramovima u Srbiji. Mi smo odani pravoslavnoj veri, ali poštujemo i sve druge vere i verske zajednice", kategoričan je po ovom pitanju Veliki prior.

ZAKLETVA NA *SVETOM PISMU*

Jedno od pitanja dela javnosti, koje se s vremena na vreme postavlja, jesu odnosi Vitezova templara Srbije i Srpske pravoslavne crkve, tačnije, odnos templarskog reda prema srpskom pravoslavlju. To pitanje se ponekad postavlja na zlurad način, ne bi li se otkrila ili pokazala verska netolerancija OSMTH Srbija prema pravoslavlju. Istovremeno, Vitezovi templari Srbije se ponekad označavaju kao ekumenisti, iako istorijske i savremene činjenice govore u prilog saradnje srpskih templara i pravoslavaca.

„Templari baštine tradiciju Svetog Save i pravoslavlja. Naša Zakletva pripadnosti i odanosti Redu polaže se na *Svetom pismu*. Svečani prijemi u Red i drugi rituali kao što su uzdizanje u viši rang održavaju se u pravoslavnim hramovima u Srbiji. Mi smo odani pravoslavnoj veri, ali poštujemo i sve druge vere i verske zajednice", kaže Veliki prior Dragutin Zagorac.

Uostalom, Vitezovi templari Srbije imaju svog duhovnika. To je jedno vreme bio Stojan Demčević, starešina Crkve Ružice na Kalemegdanu. Red ima među sveštenicima Srpske pravoslavne crkve svoje simpatizere, kao što je vladika Lavrentije, koji drži templarske znake na zidu u svojoj episkopskoj kancelariji.

Pojedine javne ličnosti i predstavnici medija, koji ne razumeju suštinu hrišćanskog delovanja OSMTH-a i Vitezova templara Srbije, stalno insistiraju na „skrnavljenju pravoslavlja" koje čine srpski templari. To je posebno došlo do izražaja tokom posete Vitezova templara Srbije i investiture u manastiru Soko Grad, odnosno u Crkvi Svetog Nikolaja Mirlikijskog.

Soko Grad je danas pravoslavno svetilište i utočište za Srbe iz rasejanja i njihovu decu iz dijaspore, koja ovde stiču svoja prva saznanja o svom poreklu i uče srpski jezik, veronauku i istoriju. Vodi ga vladika Lavrentije. U nekim medijima i templari i vladika Lavrentije, nadležan za ovaj manastir, okrivljeni su za ekumenističko delovanje, što znači delovanje protiv interesa Srpske pravoslavne crkve. Deo tog nerazumevanja Veliki prior vidi u samoj poziciji Vitezova templara Srbije:

„Mi nismo crkva, mi smo hrišćanski red. Nismo ni čisto pravoslavna, ali ni klasično ekumenska organizacija, već hrišćanska, s tendencijom da se približavamo svim verskim zajednicama jer svi verujemo u jednog Boga. Naši odnosi sa Srpskom pravoslavnom crkvom su nezvanični jer ne postoji zajednički i zvanični dokument o saradnji, niti protokol o zajedničkim aktivnostima. Patrijarh srpski Irinej i Patrijaršija redovno su od nas dobijali informacije o našim aktivnostima. Srpska pravoslavna crkva nas trpi, ne kritikuje, ali nas toleriše", definiše odnos Veliki prior Srbije.

Slično iskustvo i razmišljanje ima i Prior Vojvodine, kad kaže da članstvo u templarskom redu u Srbiji nije u nesaglasju s pripadnošću Srpske pravoslavne crkve.

„Odnosi našeg Velikog priorata prema Srpskoj pravoslavnoj crkvi nisu formalizovani. Zasad se odvijaju na bazi ličnih kontakata u kojima ih informišemo o svojoj delatnosti i sarađujemo u meri obostranih interesa zaštite i pomoći hrišćanima. Ta aktivnost nije značajna, ali se većina naših članova smatra i ponaša kao lojalni član svoje crkve."

Uostalom, srpski templari su u više navrata s lokalnim sveštenicima u Bečeju organizovali templarske obrede u kapeli dvorca Fantast, u manastirima Velika Remeta i Railovac, u Maloj crkvi u Sremskoj Mitrovici i Vojnoj crkvi u Novom Sadu.

Vitezovi templari Srbije kao nevladina organizacija i kao hrišćanski red u organizacionoj strukturi imaju Legat za Srpsku pravoslavnu crkvu, koji su vodili Veliki kancelar, Veliki sekretar i sâm Veliki prior.

„Svi naši članovi su, velikom većinom, pravoslavci. Mi sarađujemo sa sveštenstvom Srpske pravoslavne crkve koje pokazuje razumevanje za naše hrišćanske aktivnosti", kaže Veliki prior. „Nažalost, pravoslavlje je podeljeno na moskovsko i carigradsko, a mi želimo da pravoslavlje bude jedinstveno i da sarađujemo sa svim patrijaršijama. Zahvaljujući saradnji s pojedinim vladikama i sveštenicima, imali smo svoje rituale i aktivnosti."

Treba istaći da svi najviši organi Reda OSMTH-a, pa i OSMTH Srbija, uvažavaju specifičnosti naše zemlje – civilizacijske, kulturološke, verske i istorijske. OSMTH održava izuzetno bliske odnose s vaseljenskim patrijarhom u Konstantinopolju, s Aleksandrijskim patrijarhom u Jerusalimu, kao i s primatima pravoslavnih crkava u Grčkoj, Kipru, Bugarskoj, Rumuniji, Rusiji, Ukrajini i Gruziji.

Ovakve odnose s pravoslavljem gradili su i prethodni veliki priori – Dragoslav Petrović i Dejan Mileković, uz i tada primetnu rezervu Srpske pravoslavne crkve.

„Srpska pravoslavna crkva ima sve informacije o našem radu. Upoznali smo je s našim delovanjem i preko pisma upućenog Njegovoj svetosti patrijarhu Pavlu. Sigurno je da ta saradnja može da bude mnogo intenzivnija. Utoliko pre što templari sve čine na bazi Hristovog učenja i hrišćanske ljubavi", govorio je Dejan Mileković. „Međutim, treba razumeti i Srpsku pravoslavnu crkvu i njenu opreznost. Predugo su stvari mistifikovane i mnoge su teme izmešane. Pravoslavne crkve uvek su obazrive jer ih je istorijsko iskustvo na to nateralo. Pojedini velikodostojnici u svetu održavaju s Templarima odlične odnose jer preko njih dobijaju veze i kontakte u tim zemljama, ali i konkretnu pomoć za rad.

Visokih predstavnika pravoslavnih crkava ima i među članovima Međunarodnog reda OSMTH. Američki templari, na primer, tesno sarađuju s Ruskom pravoslavnom crkvom na projektu izrade medicinskog voza, koji treba u Sibiru da omogući i u najudaljenijim mestima zdravstvenu zaštitu, lekarske i stomatološke intervencije. Oni u svom sastavu imaju kapelu i sveštenika za duhovnu potporu.

Uostalom, najbolji primer verske povezanosti templara i Srpske pravoslavne crkve pokazuje slučaj gospodina Metjua Makena, koji je 31. avgusta 2009. godine u Srbiji, kao škotski templar, postao pravoslavac. Ovu lepu scenu u manastiru Bukovo, pored svatova iz Negotina, upotpunilo je i tridesetak zadivljenih gostiju iz raznih krajeva sveta odevenih u tradicionalne odežde templara, koji su tokom pokrštavanja i tokom venčanja ushićeno uzvikivali: „Svi smo Božja deca!"

SLUČAJ MITROPOLITA HRISTOFORA

Vitezovi templari Srbije sa izuzetnim poštovanjem se odnose prema Srpskoj pravoslavnoj crkvi i njenim poglavarima. O tome posebno svedoči namera Velikog priorata Srbije da 2008. godine kandiduje patrijarha srpskog gospodina Pavla za dobitnika Nobelove nagrade za mir. O tome nam je svojevremeno svedočio Veliki prior Dejan Mileković:

„Međunarodni, a time i srpski Red templara je kao savetodavna organizacija i član Međunarodnog biroa za mir s pravom učešća u radu Nobelovog komiteta za mir 2008. osmislio predlog da kandidat za Nobelovu nagradu za mir bude Njegova svetost patrijarh srpski gospodin Pavle. Vođeni su i razgovori s Kancelarijom patrijarha da se dobije blagoslov Njegove svetosti. S našom idejom su se 2008. godine složile neke vladike Srpske pravoslavne crkve. Konačnu odluku nismo donosili dok ne proverimo ko su sve bili mogući protivkandidati patrijarhu Pavlu."

Kada su srpski templari videli da je na listi kandidata za Nobelovu nagradu za mir i Mahti Ahtisari, čovek koji nam je oteo Kosmet, odustali su od kandidature patrijarha Pavla za Nobelovu nagradu. Nisu želeli da stavljaju u istu ravan jednog političkog zločinca i jednog pravoslavnog svetog čoveka.

„Želja nam je bila da patrijarha Pavla kandidujemo 2009. godine", objašnjavao nam je Dejan Mileković. „Smrt Njegove svetosti sprečila je patrijarha Pavla da bude jedan od najozbiljnijih kandidata, a možda i dobitnik Nobelove nagrade za mir. Otkako je patrijarh Pavle preminuo razmišljamo o tome da nekog drugog uglednog građanina Srbije predložimo za Nobelovu nagradu", rekao nam je Dejan Mileković, koji nam nije kazao koji su novi mogući pravoslavni kandidati Reda templara za Nobelovu nagradu za mir.

Kad je patrijarh srpski gospodin Pavle preminuo u jesen 2009, američki mediji su počeli da spekulišu da bi novi poglavar Srpske pravoslavne crkve mogao biti mitropolit Hristofor, poglavar Srpske pravoslavne crkve u SAD i Kanadi.

Prema pisanju američkog lista *Čikago tribjun*, mitropolit Hristofor, član viteškog Reda templara je „prisustvovao okupljanju templara u Čikagu". Radilo se o susretu gospodina Pata Reja, Velikog majstora OSMTH-a, Džejmsa Kerija, Velikog komandera sa srpskim mitropolitom Hristoforom na jednoj humanitarnoj priredbi.

Na ovu američku vest nadovezali su se neki domaći srpski mediji i iz inostranstva, pre svega sajtovi, na kojima je objavljena američka insinuacija sledeće sadržine:

„Mitropolit srednjozapadnoamerički Hristofor, američki templar, ispunjava sve uslove da maja 2010. godine postane novi srpski patrijarh."

Mitropolit Hristofor je rođen u Galvstonu, u Teksasu. Kršteno ime mu je Velimir Kovačević. Bio je deveto od dvanaestoro dece srpskih emigranata. Nakon završene više škole, studirao je i diplomirao na Bogoslovskom fakultetu *Sveti Sava* u Libertivilu. Nastavio je obrazovanje i doktorirao na Teološkom fakultetu u Čikagu. Bio je veliki pobornik ujedinjenja crkve u vremenu raskola u Srpskoj pravoslavnoj crkvi i zalagao se za jedinstvenu crkvu. Sinod Srpske pravoslavne crkve ga je 1970. godine imenovao za episkopa i tom prilikom je dobio ime Hristofor. Mitropolit je bio prvi episkop Srpske pravoslavne crkve rođen u SAD, koji je dobio i vodio Eparhiju novogračaničku u Severnoj Americi. Za mitropolita srednjoameričkog imenovan je 1991. Po pisanju američkih i srpskih medija, mitropolit Hristofor je u zimu 2009. bio jedan od kandidata za 45. patrijarha Srpske pravoslavne crkve.

Beogradski tabloidi *Alo* i *24 časa* pisali su, 5. januara 2010. godine senzacionalistički kako je „naslednik patrijarha Pavla templar", nagoveštavajući mogućnost da se templar nađe na vrhu Srpske pravoslavne crkve. List je navodio mišljenja Mirka Đorđevića, sociologa religije, Dimitrija Kalezića, teološkog pisca, tadašnjeg vladike niškog Irineja i Dejana Milekovića Velikog priora Srbije, koji je demantovao da je Hristofor član srpske templarske organizacije, naglašavajući „da bi njegovo članstvo u toj organizaciji bilo afirmativno i za srpski narod i za Crkvu".

Dejan Mileković kazao je tada da su templari ličnosti hrišćanske vere i da nije problem da neki templar postane pravoslavni poglavar. Sâm mitropolit Hristofor srednjozapadnoamerički je u intervjuu za list *24 časa* izjavio da je greškom doveden u vezu s templarima.

„Ni ja ni bilo koji drugi sveštenik Srpske pravoslavne crkve nismo članovi Reda vitezova templara. U američkim medijima objavljena je pogrešna informacija o mom članstvu u tom novom društvu, koje nema nikakve veze sa istorijskim templarima s rimokatoličkog Zapada, koji su mnogo zla naneli istočnim pravoslavnim hrišćanima."

Kako drugi mediji nisu želeli da objave mitropolitov demanti, to je učinio Veliki prior Srbije.

„Sve su to bile neistine. Srpski Red templara je privržen Crkvi. Naš puni internacionalni naziv je 'ratnici Svetog Jerusalima'. Znamo da su templari bili u Svetoj zemlji kada je naš svetac pohodio Jerusalim i Mar Sabu. Sigurno je, međutim, da Sveti Sava sâm i bez podrške templara nije mogao da obilazi Palestinu. Uostalom, moto Reda templara jeste citat iz *Biblije*: *Ne nama, o Gospode, ne nama, već slavu daj imenu Tvojemu*", kazao je novinarima Dejan Mileković.

HRAM U NJUJORKU

Medijski slučaj mitropolita Hristofora, episkopa Srpske pravoslavne crkve na severu SAD i jugu Kanade, okončan je prvo izborom patrijarha Irineja za poglavara Srpske pravoslavne crkve i kasnije smrću samog mitropolita 2016. godine. Tačku na tu priču, koja je trebalo da ima skandalozne dimenzije, stavio je generalni sekretar OSMTH-a gospodin Dejl Starks kada je izjavio:

„Srbija i njen Red su prva organizacija vitezova templara u pravoslavnom svetu. Templari iz Srbije su danas graditelji hrišćanskog mosta između Zapada i Istoka. Imaju veliki uticaj na razvoj našeg Reda OSMTH u Rusiji, Bugarskoj, Rumuniji, Grčkoj, Makedoniji, Crnoj Gori, Republici Srpskoj i na Kosovu i Metohiji. Templari su doprineli susretima pape Franje s ruskim patrijarhom Kirilom, ali i s luteranskim vladikom Janikijem. Nagoveštavaju i papine susrete sa svim patrijarsima pravoslavnih crkava i ostalih hrišćanskih verskih zajednica kako bi se u svetu učvrstio mir među hrišćanima."

Kad je gospodin Starks bio 2017. u Srbiji, Veliki prior Srbije obavestio ga je o planu OSMTH Srbije i Svetskog arheološkog društva iz Engleske da u 3D tehnologiji snime kompletnu hrišćansku baštinu na Kosovu i Metohiji i arhiviraju je u Međunarodnom templarskom redu.

Ovaj projekat započet je pre nekoliko godina, pa je Veliki priorat Srbije kontaktirao sa Eparhijom raško-prizrenskom i s njenim episkopom Teodosijem.

Visoka delegacija Reda OSMTH želi da poseti naše bogomolje na Kosovu i Metohiji. I za to je zatražen blagoslov od Srpske pravoslavne crkve i Eparhije raško-prizrenske.

„Pored zaštite srpske kulture i Srpske pravoslavne crkve na Kosovu i Metohiji, planiramo i da pomognemo izgradnju Crkve Sveti Sava u Njujorku, koji je izgoreo na Vaskrs 2016. godine", rekao mi je Veliki prior Srbije.

Hram Svetog Save je star 160 godina, predstavlja spomenik američke kulture i nalazi se pod zaštitom SAD. O njegovoj obnovi govorio nam je starešina hrama protojerej-stavrofor dr Živojin Jakovljević, poreklom iz Valjeva.

„Požar nije uništio zidove i pod. Cilj nam je da se crkva stavi pod krov i zameni njen pod. Spoljašnjost će ostati kakva je bila, a želja nam je da unutrašnji prostor hrama obnovimo u ranom vizantijskom stilu.“

U međuvremenu, vladika Irinej i crkveno povereništvo pokrenuli su akciju prikupljanja sredstava za obnovu Crkve Svetog Save, za koju vladika Irinej očekuje da će trajati do pet godina.

Vitezovi templari Srbije obavestili su Srpsku pravoslavnu crkvu, vladiku Irineja, episkopa istočnoameričke eparhije, generalnog sekretara OSMTH-a gospodina Dejla Starksa o saradnji sa Srpskom pravoslavnom crkvom.

„Svi ti projekti su deo misije OSMTH-a koja se bori za razvoj i zaštitu hrišćanstva u svetu. Na tom planu templari iz Srbije su učinili mnogo i za to dobili podršku i pohvale Međunarodnog reda vitezova templara“, kaže Veliki prior Srbije.

OSMTH I KOSOVO I METOHIJA

Ordo Supremus Militaris Templi Hierosolymitani ili Međunarodni red vitezova templara (OSMTH) je nevladina organizacija. Registrovana je u Ženevi. Švajcarski savezni registracioni broj je CH–660.1972999–4, piše u Izvodu rešenja države Švajcarske. OSMTH je Suvereni vojni red jerusalimskog hrama. Vitezovi templari Srbije su njegov član sa statusom Velikog priorata.

Red se trenutno sastoji od 22 države članice (sa sedištima po celoj Evropi i obe Amerike) i njihovim pridruženim oblastima jurisdikcije i rada (Azija, kontinentalna Indija, Okeanija, Afrika i Bliski istok), s članstvom od više od 6.000 muškaraca i žena, sa otprilike 1.000 pripravnika i pridruženih članova. OSMTH danas ima velike priorate u sledećim državama: Austriji, Argentini, Engleskoj i Velsu, Švedskoj, SAD, Kanadi, Finskoj, Francuskoj, Nemačkoj, Norveškoj, Italiji, NATO-u, Grčkoj, Belgiji, Brazilu, Bugarskoj, Meksiku, Hrvatskoj, Danskoj, Ukrajini i Portugalu. Ima jake uticaje i priorate na Kipru, u Rusiji, Sloveniji, Škotskoj, Japanu i Južnoj Africi.

Delegati Velikog priorata Srbije (VPS) su prisustvovali na nekoliko sastanaka Velikog magistralnog veća u Kopenhagenu, Kelnu, Sofiji, Torontu. Na sastanku je bilo u proseku po 1.000 članova OSMTH-a. Veće ima radne sesije i generalne skupštine. U Sofiji je Veliki priorat Srbije uzdigao u red vitezova nekoliko svojih članova. A u prestonici Bugarske je 2016. na Velikom magistralnom veću uzdignut Priorat Rusije u Veliki priorat Rusije.

Administrativni centar OSMTH-a je zamak *Tomar* u Portugalu. Zamak je izgrađen 1162. godine kao deo odbrambenog sistema mladog hrišćanskog kraljevstva. U njemu je sedište Međunarodnog reda vitezova templara i sedište kancelarija velikih priorata. Kako Vitezovi templari Srbije predlažu OSMTH-u da u zamku *Tomar* organizuju i otvore Muzej Međunarodnog reda vitezova templara, postoji mogućnost da kao suosnivači Srbi dobiju i svoju kancelariju.

OSMTH ima akreditaciju ECOSOC nevladine organizacije Ujedinjenih nacija (u specijalnom konsultativnom statusu, br. 19885) i održava stalne misije Ujedinjenih nacija u Njujorku, Ženevi i Beču i stalne delegacije pri Odeljenju za javne informacije (DPI), Visokom komesarijatu za ljudska prava (OHCHR), Visokom komesarijatu za izbeglice (UNHCR), Upravi za borbu protiv trgovine drogama i kriminala (UNODC), Globalnoj inicijativi za borbu protiv trgovine ljudima (UNGIFT), Konvenciji o ženama i Konvenciji o biodiverzitetu.

Red je aktivni partner Agencije Evropske unije za osnovna prava (EU FRA); NATO-u, Međusavezničke konfederacije rezervnih oficira (NATO-CIOR); Konferencije nevladinih organizacija u konsultativnoj vezi sa Ujedinjenim nacijama (Kongo); Međunarodnim mirovnim biroom (član), preko koga OSMTH služi kao nominujuće telo za komitet za dodelu Nobelove nagrade za mir i Međunarodnog centra za religiju i diplomatiju.

Mada OSMTH nije crkva, fundamentalistička grupa ili misionarska organizacija izražava svoja hrišćanska uverenja kroz rad preko „četiri stuba“:

– Mirotvorstvo i pravda: posredovanje, olakšavanje, diplomatija, humanitarna pomoć, izgradnja i razvoj kapaciteta.

– Sveštenstvo: bliski i aktivni odnosi sa svim hrišćanskim denominacijama plus međuverski dijalog i izgradnja mostova.

– Članstvo: članstvo visokog nivoa u odnosu na profesionalnu stručnost, motivaciju i umreženost.

– Tradicija: izražena kao viteški red kroz našu crkvenu zaštitu i kraljevsko pokroviteljstvo, Regula moderna, etički kodeks ponašanja, akademski i istorijski diskurs.

Međutim, četiri druga faktora su od suštinskog značaja za pristup i upravljanje Redom: demokratija, transparentnost, jednakost i nepolitička aktivnost ili pripadnost.

Red ima misiju pružanje humanitarne pomoći hrišćanima i svim narodima u nevolji po celom svetu davanjem fizičke, finansijske i moralne podrške; promovisanje dijaloga zasnovanog na principima mira i pravde između vera sinova Avramovih i drugih velikih svetskih religija, radi uspostavljanja boljeg razumevanja i veće tolerancije.

Aktuelni događaji rasprostranjenog hrišćanskog stradalništva u svetu, a naročito u regionima Bliskog i Srednjeg istoka, Severne Afrike, dela Azije i na Balkanu (KiM) ukazivali su početkom 21. veka na visok stepen verski motivisanog nasilja koje za posledicu ima veliki broj stradalih i prognanih lica koja su hrišćanske verske provenijencije.

Na udaru radikalnog verskog ekstremizma, posebno islamskog fundamentalizma, našle su se brojne hrišćanske zajednice u navedenim područjima. Posledice verskog, političkog i oružanog nasilja u njima su nažalost teške i pogađaju značajan deo hrišćanske populacije.

„Ruše se i pale bogomolje, manastiri, sakralni spomenici, groblja i drugi verski objekti i time se ostvaruju pokušaji potpunog religijskog, ali i simboličkog zatiranja vekovnih hrišćanskih staništa i prostora. Ubijaju se vernici, sveštenici, monasi i drugi crkveni velikodostojnici. Tim brojnim ratnim zločinima, ubistvima i proterivanjima celih hrišćanskih zajednica briše se trag njihovog postojanja i etničko-verski prekomponuje teritorija. Na udaru nasilja i razaranja su njihovi domovi, sela i gradovi, kao bazični uslovi egzistencije i opstanka. Ugrožena su im elementarna ljudska prava i slobode koje su već decenijama standard u zaštiti koju garantuju OUN i druge međunarodne konvencije i deklaracije univerzalnog karaktera", utvrđeno je u studiji o stanju hrišćanstva danas i saopštenju OSMTH Srbije.

Na udaru radikalizma, fundamentalizma i vandalizma našli su se i brojni kulturni i verski spomenici drevnih civilizacija i religija koji pripadaju svetskoj kulturnoj baštini i kao takvi moraju biti efikasno zaštićeni i sačuvani za buduće generacije. Nasilje se vrši i nad drugim nehrišćanskim versko-konfesionalnim zajednicama.

S tim u vezi reagovali su Vitezovi templari Srbije još 2009. Veliki priorat Srbije ponovo je pred zvaničnicima Uneska reaktualizovao inicijativu iz 2011. da se pokrene trajna zaštita hrišćanskih svetinja kao ukupne svetske kulturne baštine.

Vitezovi templari Srbije inicirali su stvaranje Deklaracije o potrebi zaštite hrišćanske kulturne baštine na Kosovu i Metohiji i hrišćanskih stradalnika u svetu. Uz taj predlog išla je i inicijativa da se organizuje hodočasničko putovanje međunarodnih predstavnika templara kao „poklonički put" na Kosovu i Metohiji.

U svom saopštenju za javnost Vitezovi templari Srbije su istakli da „osećaju posebnu obavezu da u sklopu ukupne viteške misije" podignu svest o jačanju hrišćanske solidarnosti pošto je hrišćanstvo sve više izloženo „korozivnim silama relativizacije i devastacije".

Njihova inicijativa je prihvaćena, pa su OSMTH i Unesko dobili i usvojili Deklaraciju o potrebi zaštite hrišćanske kulturne baštine na Kosovu i Metohiji i hrišćanskih stradalnika u svetu, Rezoluciju o terorizmu i Rezoluciju o vodama.

Srpska Deklaracija je usvojena na sastanku Velikog magistralnog veća u Kelnu 3. oktobra 2015.

Međunarodni red vitezova templara prihvatio je saznanja i stavove srpskih Templara o stanju hrišćanskog nasleđa na Kosovu i Metohiji. O tome je za časopis *Geopolitika* govorio Džon Vilson iz Velike Britanije, savetnik u OSMTH-u.

„Kosovo je Srbija, i tačka! Ne može da bude rasprave o tome. Geopolitički ispad nanet Srbiji ne Kosovu je glavni prestup protiv srpskog naroda i akt agresije protiv čitavog hrišćanstva. Smatramo Kosovo okupiranom teritorijom i molimo se za dan kad ćemo moći visoko da podignemo bojnu zastavu iznad snaga koje će ponovo osloboditi svetu srpsku zemlju Kosovo. Ovoj svrsi mi templari polažemo svoju vernost", istakao je Džon Vilson, savetnik u OSMTH-u.

Pošto je usvojio Deklaraciju o potrebi zaštite hrišćanske kulturne baštine na Kosovu i Metohiji i hrišćanskih stradalnika u svetu, Međunarodni red vitezova templara ju je poslao Generalnoj skupštini Ujedinjenih nacija i Unesku. Bio je to uspešan završetak akcije, koju su Dejan Mileković i Dragutin Zagorac započeli još 2007.

Potom su srpski templari 2016. međunarodnim organizacijama poslali svoju Deklaraciju o pogromu Srba na Kosovo i Metohiju tokom marta 2004, u kome je 900 ljudi teško povređeno, a 3.700 Srba proterano iz pokrajine.

„Urađena je i studija *Zaštitimo hrišćansko Kosovo i Metohiju* na engleskom jeziku na 36 stranica, koja objavljuje sva dokumenta, zatim kartu i spisak uništenih dobara srpske kulture, kao i stotinu fotografija", objasnio mi je Veliki kancelar Milan Lajhner.

Tokom juna 2017. studija je objavljena u reviji *Templar* na engleskom jeziku za strane predstavnike u Srbiji i strane medije i institucije u svetu. Na adrese stotinu svetskih organizacija, međunarodnih društava i srpskih udruženja u rasejanju poslednjih meseci Red vitezova templara Srbije poslao je svoj časopis *Templar*, štampan na engleskom jeziku, kako bi upozorio na tužnu sudbinu srpske kulturne baštine na Kosovu i Metohiji.

ČUVARI PRAVOSLAVNOG BALKANA

U svetskom Redu templara često je isticano da je Red vitezova templara Srbije prva članica svetskog Vrhovnog vojnog reda jerusalimskog hrama iz jedne pravoslavne zemlje. Godine 2005. Veliki priorat Srbije dobio je mandat da bude mentor, odnosno čuvar pravoslavnog Balkana. Srpski Templari su inicirali osnivanje Međunarodnog templarskog reda na Kipru, u Grčkoj, Bugarskoj, Rumuniji, Rusiji, Ukrajini, Crnoj Gori, Republici Srpskoj i na Kosovu i Metohiji. Taj odgovoran posao operativno je s ovlašćenjima Međunarodnog reda i Velikog priorata Srbije vodio Milan Lajhner.

Lajhner priznaje da to nije bilo nimalo lako.

„U okviru OSMTH-a postojao je početkom 21. veka virtuelni Veliki priorat pod imenom 'La Rošel'. Njegov starešina bio je kardiohirurg doktor Marsel de Picioto, pukovnik i Veliki prior iz Velikog priorata Francuske. Poseban zadatak virtuelnog Velikog priorata 'La Rošel' bila je da širi Međunarodni templarski red po svetu. Kao funkcioner Velikog priorata Srbije, bio sam priključen sastavu 'La Rošel' kao ličnost nadležna i odgovorna za širenje OSMTH-a na prostoru bivše Istočne Evrope, a pre svega na teritoriji pravoslavnih zemalja", objašnjava Lajhner.

Radio je prvo na osnivanju templarskog reda u Grčkoj i Bugarskoj. U Grčkoj se opredelio za brokera Konstantina Nastosa.

„Bavio se gospodin Natos svim vrstama osiguranja i bio je veoma zainteresovan, gotovo zaluđen idejom da se napravi templarski red u Grčkoj. Za nešto više od godinu dana, uz nesebičnu pomoć doktora De Piciota i barona Volfganga Odelge, uspeo sam da u Grčkoj postavim organizaciju OSMTH na noge. U Atini smo 2003. osnovali Veliki priorat Grčke. Danas je to jedan od veoma dobro organizovanih Velikih priorata. Novi grčki Veliki prior je brat Zolakidis, s kojim imamo dobre odnose", kazao je Milan Lajhner, bivši Veliki kancelar.

Stvaranje templarske organizacije u Bugarskoj bilo je jednostavnije jer je Lajhner dugo živeo i radio u Sofiji. Poznavao je mnogo različitih ljudi u Bugarskoj i odlučio je da ovaj zadatak formiranja templarskog reda poveri svom venčanom kumu Asenu Janevu i poslovnoj partnerki Inai Vutovoj.

„Janev i Vutova su primljeni prvo u srpski templarski red u Beogradu i postali su prvi templari u Bugarskoj. Počeli smo da primamo kandidate za postulante iz Bugarske, da ih prema pravilu, dok se ne formira organizacija u Bugarskoj, raspoređujemo u komanderije Velikog priorata Srbije. Napravili smo dobar odabir ljudi i polako pripremali teren da se naprave tri komanderije u Bugarskoj, a potom da osnujemo priorat u Bugarskoj, pod zaštitom Velikog priorata Srbije."

Veliki priorat Bugarske ubrzo je osnovao ukupno šest komanderija, od toga pet u Sofiji („Sveti Đorđe", „Sveti Jovan", „Serdika", „Boris Prvi" i „Sveta Sofija") i jednu komanderiju u Varni („Car Kalojan").

U OSMTH-u se u međuvremenu ugasio virtuelni Veliki priorat „La Rošel" i ubrzano širenje Međunarodnog templarskog reda povereno je Velikim prioratima kao mentorima. Veliki priorat Srbije je po novim pravilima bio mentor za osnivanje Reda u Bugarskoj.

„Međutim, na naše veliko iznenađenje, za mentora Bugarima odmah se kod OSMTH-a prijavio Veliki priorat Italije. Obavestio sam Velikog komandera OSMTH-a da oni imaju jednu komanderiju u Italiji sastavljenu od Bugara i da zato traže da italijanski templari budu mentori zajedno sa Srbima. To je pokvarilo odnose između srpskih i italijanskih templara i izazvalo nepoverenje u rukovodstvo Međunarodnog reda", kaže Lajhner.

Veliki priorat Srbije, kao zvanični mentor, želeo je i pokušavao da zaštiti svoje članove iz Bugarske i završi započeti posao stvaranja bugarske templarske organizacije. Borio se neprekidno na svim frontovima i svim sredstvima.

„Odlučujuću ulogu je imao Dejan Mileković, koji nam je doneo pobedu. Sačuvali smo naš templarski ponos i 2008. osnovali Veliki priorat Bugarske. Ustoličili smo rukovodstvo u Velikom prioratu Bugarske i za Velikog priora je postavljen profesor Rumen Ralčev. On je bio general-major u penziji i veliki prijatelj Srba i Srbije", otkriva nam Lajhner.

Danas je Veliki priorat Bugarske, pored Velikog priorata SAD, najbrojniji i najbolje organizovan Veliki priorat u OSMTH-u. Veliki priorat Srbije i Veliki priorat Bugarske pod vođstvom Dragutina Zagorca i Rumena Ralčeva osnovali su velike priorate u Ukrajini i Rusiji.

Priorat Rusije je uspostavljen od 3. do 6. decembra 2015. u Moskvi. U februaru 2016. godine uzdignut je Priorat Ukrajine u Veliki priorat. Ukazom Ministarstva odbrane Ukrajine gospoda Dragutin Zagorac i Rumen Ralčev odlikovani su Ordenom za zasluge. Nakon svečanosti posetili su ranjene u ukrajinskim sukobima i uručili im humanitarnu pomoć Srbije i Bugarske.

Ove Velike priorate vode u Ukrajini Mikola Sergijenko i u Rusiji profesor Aleksandar Šaravin, veliki priori. Zato Milan Lajhner zaključuje da je Veliki priorat Srbije bio rodonačelnik i osnivač templarskog reda u pravoslavnim zemljama.

„Svih šest templarskih redova – u Srbiji, Grčkoj, Bugarskoj, Ukrajini, Rusiji i na Kipru – poštujući svoje pravoslavne običaje, imaju izuzetno dobru saradnju u međusobnim i u međunarodnim odnosima. Po svakom internacionalnom pitanju unutar OSMTH-a usaglašavamo stavove i glasamo jedinstveno. U tome nas često podržava Veliki priorat Austrije, tako da raspolažemo velikim uticajem, glasova šest organizacija u Međunarodnom templarskom redu", kaže Milan Lajhner.

Odlukom OSMTH-a jedno vreme mentori za osnivanje templarskog reda na Balkanu bili su Veliki priori Italije, Austrije i Srbije. Oni su imali određene uticaje na formiranje preceptorija i komanderija u Sloveniji i Hrvatskoj, Makedoniji i Crnoj Gori, Rumuniji i Bosni i Hercegovini. Da ne bi došlo do nesporazuma, kakav su, na primer, imali Veliki priorat Srbije i Veliki priorat Italije s mentorstvom u Bugarskoj, Vitezovi templari Srbije su se u ovim procesima ponašali diplomatski.

„Veliki priorat Srbije imao je svoju komanderiju u Bosni i Hercegovini, u Banjaluci", kazao mi je Veliki prior. „Nismo želeli da se stvori politički utisak da Srbija pravi sebi komanderije ili neki novi srpski Veliki priorat, pa smo osnivanje Templarskog reda u Republici Srpskoj prepustili Velikom prioratu Austrije. Kako u Crnoj Gori nema templara, tamo ništa konkretno nismo uradili. Planiramo, međutim, da na Kosovu i Metohiji otvorimo prvu komanderiju jer među Srbima, Albancima i Turcima imamo nekoliko kandidata."

PROSLAVA DEVETSTO GODINA TEMPLARA

Svečano i jubilarno zasedanje Velikog magistralnog veća OSM-
TH-a u Srbiji, posvećeno proslavi devetsto godina od osnivanja Vite-
zova templara jerusalimskog reda počelo je onog trenutka kada su u
Beograd 15. oktobra 2018. počeli da stižu prvi delegati iz čitavog sveta.

Od rukovodilaca OSMTH-a među prvima je stigao delegat Dejl
Starks iz Čikaga, a potom Veliki majstor gospodin Patrik Rea, novi
Veliki komander gospodin Džordž Maklin, Veliki prior Engleske i
Velsa, koji je ustoličen na zasedanju Veća u Atini i Džon Didžilio, Ve-
liki sekretar OSMTH-a.

U Beograd je stiglo ukupno 18 Velikih priora iz isto toliko Velikih
priorata, članovi rukovodstva OSMTH-a, delegati i prateće osoblje,
kao i pojedine supruge Velikih priora.

Delegati na Velikom magistralnom veću su bili: Antonio Andra-
de, Veliki prior Portugala, Lase Brathen, Veliki prior NATO-a, Paolo
Nikola Koralini Garampi, Veliki prior Italije, Nola Suzan Krev, Veliki
prior Kanade, Đuro Črnjak, Veliki prior Hrvatske, Oto Jahnl, Veliki
prior Austrije, Klejton Kemerer, Veliki prior Sjedinjenih Država, Žan
Pelegrin, Veliki prior Francuske, Rumen Ralčev, Veliki prior Bugarske,
Gerd Švager, Veliki prior Nemačke, Mikola Sergijenko, Veliki prior
Ukrajine, Aleksandar Šaravin, Veliki prior Rusije, Juha Viljama, Veli-
ki prior Finske, Dragutin Zagorac, Veliki prior Srbije, Entoni Katbert,
Veliki prior Ujedinjenog Kraljevstva, David Vagemans, izaslanik Ve-
likog priora Belgije i Mišel Moberg, izaslanik Velikog priora Švedske.

Veliki prior Argentine nije došao jer je preuzeo funkciju ministra
unutrašnjih poslova i bio je zauzet. Nije došao ni Veliki prior Grčke.

Rukovodstvo i delegati Međunarodnog reda templara su već 17.
oktobra u sali hotela *Kraun Plaza*, koja je pretvorena u templarski
hram, održali svoju prvu radnu sednicu.

Bili su prisutni članovi OSMTH-a i 22 velika priorata, ali i člano-
vi priorata Norveške, Švedske, Holandije, Rusije, Slovenije, Filipina i
Australije. Veliki priori su podneli izveštaje o radu u prošloj godini
s planom aktivnosti za 2018. i 2019. Dragutin Zagorac, Veliki prior
Srbije, podneo je poseban Izveštaj o radu Komisije OSMTH-a u Misiji
Ujedinjenih nacija u Ženevi, čiji je rukovodilac.

Narednih dana održano je u diskreciji niz sednica Velikog magi-
stralnog veća.

„Ovo nije prvi put da templarski vrh OSMTH-a posećuje Beograd. U srpskoj prestonici održano je Veliko magistralno veće 2003, tada u hotelu *Metropol*. Na dnevnom redu bila su pitanja funkcionisanja OSMTH-a u modernom svetu, naše borbe za očuvanje hrišćanstva i viteštva, zalaganje za ekumenizam i mir, izbor novog rukovodstva i usvajanje deklaracija i rezolucija o najvećim svetskim problemima, kao što su migracije ljudi, siromaštvo, glad, pitka voda, terorizam, ugrožavanje hrišćanskog sveta", izjavio je Veliki prior i domaćin Dragutin Zagorac.

Veliki priorat Srbije je u tom trenutku bio posebno ponosan jer je za održavanje jubilarnog zasedanja Međunarodnog reda vitezova templara u Beogradu dobio punu podršku Vlade Srbije, Ministarstva spoljnih poslova, Ministarstva unutrašnjih poslova i Srpske pravoslavne crkve.

Svoj susret s predstavnicima države, Crkve, medija i javnosti članovi OSMTH-a imali su 18. oktobra kada je održan koktel dobrodošlice. Na njemu su prisustvovali članovi OSMTH-a, predstavnici Ministarstva spoljnih poslova Republike Srbije, specijalni izaslanik ministra Ivice Dačića, ambasador Branimir Filipović, predstavnici kraljevskog dvora i kraljevskog zaštitnika kneginje Jelisavete Karađorđević, veliki broj članova Velikog priorata Srbije, njihovi prijatelji i simpatizeri, kao i novinari.

Tokom koktela otvorena je izložba umetničkih fotografija *Moskva nekad i sad* majstora Vlastimira Nešića Šoneta, koji je pola veka živeo i radio u Rusiji. Doktor profesor Ljubiša Despotović predstavio je novo izdanje časopisa *Viteška kultura*.

Na konferenciji za medije OSMTH-a, 18. oktobra, u 18.30, pojavili su se vrhovni oficiri i starešine Reda – Patrik Rea, Veliki majstor, David Eplbi, Veliki prior Sjedinjenih Država i novoizabrani Veliki majstor OSMTH-a, zatim Džordž Maklin, Veliki komander, Tom Kurtis, zamenik Velikog komandera, Džon Didžilio, Veliki sekretar, delegat pri Ujedinjenim nacijama, Dejl Starks, delegat OSMTH-a, Perti Rucalo, Veliki vikar u mantiji pravoslavnog sveštenika koji je blagoslovio ovaj skup.

„Drago nam je da smo se sastali u Beogradu nakon više od petnaest godina. Srbija je zemlja s jakom hrišćanskom i viteškom tradicijom na čijoj teritoriji su se susretale mnoge kulture i nacije. Prva je pravoslavna zemlja koja je osnovala svoj Templarski red i proširila ga na Bugarsku, Grčku i Rusiju. To su bila i dva glavna razloga zašto smo se odlučili da ovo zasedanje Velikog magistralnog veća održimo u glavnom gradu Srbije", istakao je Veliki majstor Patrik Rea.

Naglasio je i da su u ovom trenutku, kad Red slavi devet vekova postojanja, najveća briga OSMTH-a migranti.

„Preko svojih predstavništva u Ujedinjenim nacijama i vezâ s crkvama i državama činimo sve što možemo kako bismo ih vratili svojim zemljama i domovima."

Za pet dana, koliko je trajalo ovo beogradsko zasedanje, Srbija je bila centar templara sveta. Na Svečanoj večeri OSMTH-a i Velikog priorata Srbije prisustvovao je Ivica Dačić, ministar spoljnih poslova i potpredsednik Vlade Srbije.

Veliko magistralno veće u Beogradu donelo je i usvojilo nekoliko veoma značajnih deklaracija i rezolucija kojima su verifikovani aktuelni događaji i odluke OSMTH.

Tako je, na primer, usvojena Deklaracija o domaćinstvu, koja se odnosila na Veliki priorat Srbije i zasedanje Velikog magistralnog veća u Beogradu. Usvojena je Rezolucija o Velikom magistralnom veću održanom prethodnog proleća u Atini, na kome su izabrane nove starešine OSMTH-a.

Tim povodom usvojene su posebne deklaracije o nominaciji novog Velikog majstora, novog Velikog komandera, kao i Komiteta velikih majstora i Velikih komandera članova Velikih priorata.

Izvršeno je zvanično ustoličenje novih starešina OSMTH-a i njihovih predstavnika u Ujedinjenim nacijama, NATO-u i drugim organizacijama. Vitez Petar Boračev imenovan je za Velikog maršala OSMTH-a, čime je Veliki priorat Srbije dobio svog četvrtog pravoslavnog člana u rukovodstvu Međunarodnog reda templara.

Posebnom Rezolucijom o imenovanju velikih priorata OSMTH je praktično odobrio formiranje velikih priorata Danske, Slovenije i Rumunije. U skladu s tim odobreno je i mentorstvo velikih priorata nad prioratima u čitavom svetu. Grci su postali mentori za Jermeniju, Amerikanci za Brazil i Gruziju, Nemci za Dansku i Egipat, Finci za Estoniju i Latviju, Bugari za Makedoniju, Ukrajina za Litvaniju, Francuska za Poljsku i Filipine, Argentina za Peru, Kolumbiju i Urugvaj, a Italija za Rumuniju i Španiju.

Jubilarno zasedanje Velikog magistralnog veća OSMTH-a u Beogradu i sednica Vitezova templara Srbije posvećenih proslavi devetsto godina od osnivanja Vitezova templara jerusalimskog reda ne samo da je podiglo ugled naše zemlje već i srpske templare svrstalo među najuticajnije u svetu.

DOKUMENTA

DEKLARACIJA O POTREBI ZAŠTITE HRIŠĆANSKE KULTURNE BAŠTINE NA KOSOVU I METOHIJI I HRIŠĆANSKIH STRADALNIKA U SVETU

Aktuelni međunarodni izazovi i versko-konfesionalni sukobi su još jednom kao i nebrojeno puta u istoriji pred Red vitezova templara (OSMTH) kao glavni zadatak njihovog misionarskog rada postavili potrebu zaštite hrišćanstva u svetu. Kroz zapretenu mrežu medijske manipulativnosti ipak se sve jasnije promalja činjenica velike ugroženosti hrišćana u mnogim regionima sveta. Velike hrišćanske zajednice u Africi, na Bliskom istoku, Aziji, ali nažalost i u Evropi danas, osobito na prostoru Kosova i Metohije, predstavljaju jednu od najugroženijih religijskih skupina.

Osporena su im osnovna ljudska i verska prava, ruše im se i pale bogomolje, proteruju ili čak ubijaju sveštenici i monasi, zatiru hrišćanska teritorijalna obeležja o postojanju, a čitave porodice su prinuđene da zbog verskog terora napuštaju svoja vekovna staništa. Iako su ovim talasom nasilja pogođene na stotine hiljada hrišćana, zvanične međunarodne, međuvladine i nevladine organizacije još nedovoljno transparentno ukazuju na dubinu i razmere njihovog stradanja a kamoli da preduzimaju efikasne mere njihove zaštite. U takvom kontekstu javila se snažna potreba da upravo templarski red na sebe preuzme važnu ulogu pokretača sveobuhvatnih mera za sprečavanje daljeg versko-političkog nasilja i bolje zaštite hrišćanskih stradalnika. Takvom aktivnošću će na najbolji način biti potvrđena vekovna misija našeg reda te dokazana potreba i svrha njegovog modernog postojanja.

Konkretan primer radikalnog ugrožavanja hrišćanske baštine danas u Evropi jeste teritorija južne srpske pokrajine Kosova i Metohije. Na tom prostoru se nažalost i dalje dešavaju procesi devastacije ukupne versko-kulturne baštine, kulturno-istorijskih spomenika, a naročito hrišćanskih svetinja (manastira, crkava, groblja, spomenika i dr.). Prisutan je i sve radikalniji pokušaj otimanja i promene etničkog i versko-konfesionalnog identiteta te baštine i nasleđa.

Ovi procesi su izuzetno opasni jer se radi o prostoru koji je zavetna zemlja srpskog pravoslavno-hrišćanskog naroda, arhetipski kodiran u istorijskoj i nacionalnoj svesti Srba, koji je vekovima bio riznica hrišćanske duhovnosti i umetnosti, ali i prva predstraža i odbrana Evrope od nadirućeg islama. Zbog svega navedenog, neophodno je reaktualizovati inicijativu Velikog priorata Vitezova templara Srbije iz 2011. godine da se pred zvaničnicima i uglednicima Uneska pokrene postupak trajne zaštite hrišćanskih svetinja kao ukupne svetske kulturne baštine koja se mora staviti pod njegov protektorat i sačuvati za naredna pokolenja.

Radi boljeg sagledavanja trenutnog stanja ugroženosti tih svetinja, kao i radi potrebe ponovnog duhovnog hodočašća na izvorišta hrišćanske kulture i religioznosti, predlažemo da se sledeće godine organizuje hodočasničko putovanje na Kosovo i Metohiju međunarodnih predstavnika našeg Reda. Taj poklonički put bi pokazao ne samo našu iskrenu spremnost da učinimo čin velike metanije pred zadivljujućim svetinjama i svetiteljima hrišćanstva na Kosovu i Metohiji već i odlučnost da se ta viševekovna hrišćanska sakralna i kulturna dobra adekvatno zaštite i da ostanu kao trajni belezi veličine i raskoši hrišćanske kulture na Zapadnom Balkanu.

Mi, Vitezovi templari Srbije, osećamo posebnu obavezu da u sklopu ukupne viteške misije i poslanja koja podrazumeva revitalizaciju i oplemenjivanje bazičnih hrišćanskih vrednosti i simbola u našem društvu, posebno istaknemo važnost protektivne funkcije našeg reda u potrebi zaštite hrišćana i podizanja svesti o jačanju hrišćanske solidarnosti danas u svetu jer je nažalost hrišćanstvo, kao složeni i nezamenjivi deo naših kulturno-moralnih kodova postojanja, sve više izloženo korozivnim silama relativizacije i devastacije.

Literatura

Branko Šašić, *Znameniti Šapčani i Podrinjci*
Viteška kultura, časopis i radovi
Zoran Jevtović, Zoran Aracki, *Srpski mediji o templarima*
Zoran Vitorović, *Moderni viteški redovi*
Milekoviću u čast
Snežana Besermenji, *Kulturno nasleđe templara na prostoru Srbije i Hrvatske*
Templarska baština u Vojvodini, turistička valorizacija kulturnih dobara Bača
Manastir Kovilj posvećen Svetim arhanđelima Mihailu i Gavrilu
Milan Vidojević, *Templari u srednjovekovnoj Srbiji*
Dušan dr Tešić Lužanski, *Evropsko viteštvo i svetski poredak*
Profesor Ljubiša Despotović o Svetom Savi
Miško Đukić, *Crna Gora arheološko zlato*
Momir R. Marković, *Crnogorski templari izgubljeni u istoriji*
Zoran Nikolić, *Povratak templara*
Vitezovi templari Srbije, arhivska građa
Vitezovi templari Srbije, *Deklaracija o potrebi zaštite hrišćanske kulturne baštine na Kosovu i Metohiji i hrišćanskih stradalnika u svetu*
OSMTH, *Devet vekova Reda*
Živojin Andrejić, *Vitezovi reda Zmaja*
Isidora Bjelica, *Tajna društva u Srbiji*
Leo Tis, *Istorija reda jerusalimskog hrama*
Marko Lopušina, *Tajna društva u Srbiji*
Marko Lopušina, *Tapi*
Marko Lopušina, *Vitezovi templari Srbije*
Medijska arhiva: *Večernje novosti, Politika, Blic, Tanjug*, Narodna biblioteka Srbije, Vikipedija
Nik Harding, *Tajna društva – vladari sveta*
Templar, magazin OSMTH-a

Beleška o autoru

Marko S. Lopušina novinar je i publicista.

Lopušine su treb ješko bratstvo Jokanovića iz plemena Drobnjaka. Imalo je i nadimak Lopušine, jer je junak Vuk Jokanović „sekao turske glave kao lopure"...

Lopušina (Janković), ranije Jokanović, grana Gavrilovića (Trebješana ispod Trebjese) – Nikšićana, nastanjeni su u Strugu, Sirovcu (Drobnjaci) i drugim mestima.

Rođen 1951. godine u Raškoj, u Srbiji. Završio osnovnu školu i gimnaziju u Brusu i Fakultet političkih nauka u Beogradu. Nije član nijedne stranke. Oženjen je i ima sina. Radio u listu *Sekundarne sirovine* 1976. kao novinar i urednik, u listu *Zdravo* 1978. kao novinar, u magazinu *Intervju* od 1981. kao novinar i urednik, a 1997. bio i glavni urednik. A potom kao urednik u magazinu *Profil* 1999. i listu *Nedeljni telegraf* 2008.

Saradnik je portala *Serbiana*, *Dveno*, časopisa *Ogledalo* iz Čikaga, *Srpskog glasa* iz Melburna, *Novina* iz Toronta, Srpskog radija u Los Anđelesu i Sidneju, Srpske zajednice u Mariboru i portala u Hrvatskoj i Makedoniji. Saradnik je SANU i Matice srpske na *Srpskoj enciklopediji*, poglavlje o iseljenicima i dijaspori.

Član Udruženja novinara Srbije, član Udruženja književnika Srbije i član Udruženja ribolovaca Zemuna. Član Kongresa srpskog ujedinjenja iz Sjedinjenih Država i član asocijacije Srpska veza iz Beograda. Počasni član Tesline naučne fondacije u Filadelfiji od 2012. godine. Uvršćen u knjigu *Ko je ko u Srbiji* i u ediciju Kongresne biblioteke u Vašingtonu za 2008/09. godinu *Who is Who in USA and Canada*.

Dobitnik Nagrade „Laza Kostić", Udruženja novinara Srbije za 2002. godinu i vlasnik zlatnog prstena UNS-a kao jedan od najboljih novinara za 2004. godinu.

Dobitnik Priznanja izdavačke kuće *Narodna knjiga* u 2003. godini kao najbolji publicista u Srbiji i Crnoj Gori. Dobitnik Bronzane povelje na Internacionalnom festivalu reportaže 2004. godine u Somboru.

Dobitnik Zlatne značke Kulturno-prosvetne zajednice Srbije za 2008. godinu.

Nosilac ordena „Vuk Stefanović Karadžić" za doprinos novinarstvu, srpskoj kulturi, informisanju i očuvanja identiteta Srba u dijaspori.

Poslednje priznanje koje je dobio je Plaketa Narodne skupštine Srbije, Odbora za dijasporu, februar 2014. godine. A nagovešteno je i da je dobitnik prve nagrade za publicistiku „Dragiša Kašiković" za 2014. godinu.

Autor je pedesetak feljtona o iseljenicima, obaveštajnim službama, delinkvenciji, i još tridesetak knjiga iz ovih oblasti.

Autor je knjiga: *Najzagonetnije jugoslovenske ubice* (1987), *Crna knjiga: cenzura u Jugoslaviji 1945–1991* (1991), *Svi Srbi sveta* (1994), *Ubij bližnjeg svog 1: jugoslovenska tajna policija 1945–1995* (1996), *Ubij bližnjeg svog 2: akcija državne bezbednosti protiv špijuna od 1946–1997* (1997), *CIA protiv Jugoslavije* (1997), *Ubij bližnjeg svog 3: istorija jugoslovenskog podzemlja 1945–1998* (1998), *Svi Srbi sveta: vodič kroz dijasporu* (1998), *Tajne službe sveta: deset najvećih agentura i špijuna* (1999), *OVK protiv Jugoslavije: kako smo izgubili Kosovo i Metohiju* (1999), *Balkanska smrt: šiptarska narko-mafija* (1999), *Najbogatiji Srbi sveta* (1999), *Sačekuša: krvavo srce Beograda* (2000), *Mafije sveta* (2000); *Lov na Miloševića: američka antisrpska politika* (2000), *Ko je ko u YU podzemlju* (2000) *Srbi u Americi* (2000), *Komandant Arkan* (2001), *Radovan Karadžić: najtraženija srpska glava* (2001), *Svetska enciklopedija podzemlja* (sa sinom Dušanom, 2001), *KGB protiv Jugoslavije* (2001), *Tajne srpske policije* (2001), *Ubij bližnjeg svog 4: jugoslovenska tajna policija 1945–2002* (objedinjava sva tri prethodna toma, 2002), *Ceca: između ljubavi i mržnje* (2003), *Fudbal je više od igre: životna priča Milovana Mitića, majstora loptanja i učitelja fudbala* (koautor s Milovanom Mitićem, 2003), *Enciklopedija špijunaže* (koautor s Milanom Petkovićem, 2003), *Crnogorski klan* (2003), *FBI i Srbi: kako američka politička policija progoni naše ljude* (2003), *Srpska mafija: ko je ko* (2003), *Tajni ratnici ex-Jugoslavije* (2003), *KOS: tajne vojne službe bezbednosti* (2004), *Legija i zemunski klan* (2004), *Srbi u dijaspori: adresar i imenik* (koautor sa sinom Dušanom, 2004), *Srbi su harali svetom* (2005), *Tajne službe sveta* (2005), *Milo, jedna evropska priča* (2005), *Teroristi sveta* (2006), *Ilustrovana istorija srpske dijaspore* (koautor sa sinom Dušanom, 2006), *Lovci na Ratka Mladića* (2006), *Hotel Moskva: prvih 100 godina* (2008), *Srbi u Americi: 1815–2010* (koautor sa sinom Dušanom, 2010), *Masoni u Srbiji* (2010), *CIA u Srbiji: 1947–2010* (2010), *Britanska prevara: MI6 u Srbiji* (2011), *Ubice u ime države* (2012), *Špijuni majke Srbije* (2013), *Srbi u Australiji* (koautor sa sinom Dušanom, 2013), *Srbi u Istočnoj Evropi 1.* knjiga (2014), *Tajna društva u Srbiji i tajne verskih zajednica* (2015), *Crna knjiga: cenzura u Srbiji 1945–2015* (2015), *Srbi u Istočnoj Evropi 2.* knjiga (2016), *Srbi u Švedskoj i Skandinaviji* (2016), *Enciklopedija srpske dijaspore: Srbi u prekomorskim zemljama* (koautor sa sinom Dušanom, 2016), *Princ Čarls i Srbi: britanska podmukla diplomatija prema Srbiji* (2016), *Srbi u Rusiji* (2017), *Srbi u Nemačkoj: od Getea do danas* (2019), *Tajni čuvari hrišćanstva: templari, zmajonosci i masoni u Srbiji* (2019), *Srbi u Austriji* (2019), *Stranci koji nas vole* (2020), *Srbi u Berlinu: istorija doseljavanja* (2020), *Enciklopedija srpske dijaspore: Srbi u evropskim zemljama* (2021) i *Stranci koji nas mrze: nekad i sad* (2022).

Marko Lopušina je priredio knjige *Autobiografija Mire i Slobodana Pavlovića: Idi sine ali se ne vraćaj*, autobiografiju Nikole Kavaje *Komandos ili Sinovi izdate Srbije*, *Srpska bratska pomoć u SAD i Kanadi*, *Purpurna reka, ispovest Cvetana Slepčeva* i knjige *Bila sam žena Brozovog špijuna* Dušanke Prokić.

Marko Lopušina živi u Zemunu i piše širom srpskog rasejanja.

Veb-sajt adresa: www.lopusina.com

Sadržaj

www.ingramcontent.com/pod-product-compliance
Lightning Source LLC
Chambersburg PA
CBHW020612270326
41927CB00005B/292